中华优秀传统文化教程

费建明　沈小平　主编

中国石化出版社

内 容 提 要

《中华优秀传统文化教程》涵盖历史、汉语、哲学、文学、书法、绘画、戏曲、中医、科技、饮食、节日、建筑12个专题，内容选取力求知识深度和广度的融合、思想性和博雅性的融合、传统性和时代性的融合。基于服务高职院校学生跨文化交际能力培养的考虑，每章由专题概述、双语故事和拓展练习三节组成。所有客观练习题答案均以二维码形式呈现。《中华优秀传统文化教程》适合高职高专学生使用。

图书在版编目(CIP)数据

中华优秀传统文化教程 / 费建明，沈小平主编 .—北京 ：中国石化出版社，2019.11(2022.7 重印)
ISBN 978-7-5114-5606-9

Ⅰ.①中… Ⅱ.①费… ②沈… Ⅲ.①中华文化-双语教学-高等职业教育-教材-汉、英 Ⅳ.①K203

中国版本图书馆 CIP 数据核字(2019)第 271394 号

中国石化出版社出版发行
地址：北京市东城区安定门外大街 58 号
邮编：100011 电话：(010)57512500
发行部电话：(010)57512575
http://www.sinopec-press.com
E-mail:press@sinopec.com
北京力信诚印刷有限公司印刷
全国各地新华书店经销
*
787×1092 毫米 16 开本 14.75 印张 381 千字
2020 年 1 月第 1 版 2022 年 7 月第 4 次印刷
定价：58.00 元

前 言

PREFACE

2019 年 6 月 5 日，教育部正式颁布《教育部关于职业院校专业人才培养方案制订与实施工作的指导意见》(教职成〔2019〕13 号)。较之于新文件发布之日起停止执行的《教育部关于制定中等职业学校教学计划的原则意见》(教职成〔2009〕2 号)、《关于制订高职高专教育专业教学计划的原则意见》(教高〔2000〕2 号)，一个明显的变化就是新增中华优秀传统文化课程。文件要求各高职院校“严格按照国家有关规定开齐开足公共基础课程”。2018 年 10 月，部颁文件尚未出台，常州工业职业技术学院高瞻远瞩，成立中国传统文化教研室，并开设中华优秀传统文化课程。课程组潜心梳理中华优秀传统文化，如火如荼地开展教改活动，打造“金”课，拒绝“水”课。至此，《中华优秀传统文化教程》与大家见面了！

本教材是常州工业职业技术学院教学改革与实践立项项目《中华优秀传统文化在线开放课程建设》之阶段性研究成果。本教材由常州工业职业技术学院党委书记缪昌武主审，编写分工如下：沈小平编写第一章，第二章，第三章，第五章第二、三节，第六章第二、三节，第八章第二、三节，第十章第二、三节，第十一章第二、三节，第十二章，附录，并统稿；费建明编写第四章，第七章，第九章；孙爱民编写第六章第一节；杨建英编写第八章第一节；郭靖编写第十章第一节；周娟编写第五章第一节，第十一章第一节。课程组其他未参编的老师两年来热情关注教材编写工作，并提出了宝贵的建议，在此深表谢意。

本书具有以下显著特点：

1. 基于服务高职院校学生跨文化交际能力培养的考虑，每章创新设置1篇双语故事，自成1节。

2. 体例编排注意点面结合，第一节从宏观上用母语呈现中华优秀传统文化知识全景，第二节则是地道双语呈现的趣味特写镜头。

3. 拓展练习设计彰显“做中学”理念，具有“题量大、题型多、挑战性强”特点。

本书所选阅读材料具有很高的思想性、很强的艺术性，堪称文学佳作，为学生提供了一份丰盛的精神大餐。书中内容难免有疏漏或不妥之处，敬请读者和专家批评指正。我们谨向参考文献所列作者致以诚挚的谢意和敬意！

本书编写组

目 录

CONTENTS

第一章 绪论

课程思政

富强是中华民族的千年夙愿。

“凡治国之道，必先富民。”(《管子·治国》)

“国无九岁之储，不足备水旱；家无一年之服，不足御寒暑。”(唐·李世民《帝范·务农第十》)

“教之有道，则人才济济，风俗丕丕，而国以强。”(近代·孙中山《孙中山全集》第1卷)

第一节 中国传统文化概述

一、文化的内涵

文化包括人类加工过的一切东西，简单地说：文化就是人化。荒山野岭，无人烟处，可以说没有文化。一万年前，泰山虽有原始的岩石、清泉、青松、翠柏，但也跟其他的山峰没有多大区别。自从人类介入后，有了摩崖石刻、有了五大夫松、有了“会当凌绝顶，一览众山小”的诗句、有了封禅仪式，于是，泰山就有了丰富的文化内容，被联合国列入世界文化遗产名录。同样，距今约有四五十万年前的北京人、蓝田人对于时间变化只有本能的反应，但随着社会的发展，产生了二十四节气与传统节日，时间的人文意义逐渐凸显。

广义的文化指人类社会历史实践过程中所创造的物质财富和精神财富的总和。狭义的文化指社会的意识形态，以及与之相适应的制度和组织机构。广义的文化包括物质文化、制度文化、行为文化与精神文化四个层次。物质文化指人的物质生产活动及其产品的总和，是看得见、摸得着的具体实在的事物；制度文化指人们在社会实践中建立的规范自身行为和调节相互关系的准则；行为文化指人们在长期社会交往中约定俗成的习惯和风俗；精神文化指人们的社会心理和社会意识形态，包括审美情趣、价值观念、道德规范、宗教信仰、思维方式等。

二、中国传统文化

中国文化又称中华文化、华夏文化，是由中国境内 56 个民族构成的共同体文化。中国传统文化，指的是以中华文化为源头、中国境内各民族共同创造的、长期历史发展所积淀的文化。它强调的是文化的本源和沿着这个本源传承下来的全部文化遗产，它不局限于古代，而是迄今为止中华民族经过筛选、淘汰，不断丰富又不断增长的人文精神的总和。

（一）中国传统文化类型

从地理环境上看，中国传统文化的主要类型是河谷型文化。河谷型文化是一种以农业为主体的混合型文化，由于其自身的内聚力和容纳性，所以几千年来融合与同化了周围众多的草原型、山岳型和海洋型文化。

从生产方式上看，中国传统文化的主要类型是农业文化。中国传统文化孕育在一个农业宗法制①社会的母体之中，农业经济一直是中国社会的主干。长期的农耕生活使中国人形成了安土重迁、追求稳定和缺乏冒险的精神，甚至把工商视为“末业”加以抑制。

从哲学思想上看，儒家文化、道家文化、法家文化、佛教文化共同构成了中国传统文化的核心内容，但儒家思想始终处于主导地位。中国传统文化定位为伦理政治类型。

（二）中国传统文化特征

1. 悠久持续

中国进入历史的时间早，或者说，创造文明的时间早。考古发掘的辽宁红山文化说明，中国在 5000 年以前已经跨入所谓“古国”时代，以祭坛、女神庙、积石冢群、玉质礼器等为标志，形成了基于氏族公社又凌驾于公社之上的早期城邦式国家。现存最早的青铜器出土于河南二里头，距今约 3700 年。至于文字，在新石器时期的陶器上已经出现丰富的符号和徽标，而商代的甲骨文已经出现了复杂的记录与描述性的文字。因此，中国是一个具有 5000 年文明的文化实体。

中国文明没有中断。生活在公元前 551 年至公元前 479 年间的孔子恰恰是中国历史和文明的中间转折点，前后各 2500 年左右。孔子以后，儒家思想逐渐成为中国文化中的主导思想。中国文明主要通过意识形态调整社会经济关系，通过政治程序操纵劳动力实现财富的集中来发展文明。中国文明是借助政治程序（即人与人之间的关系）而不是借助技术或商业的程序（即人与自然之间的关系）来实现的，可以在不导致生态平衡破坏的情况下发展，因而是连续性的。中国传统社会的最高理想不是追求提高生产能力，聚敛财富，而是追求公平与和平，所以孔子说：“有国有家者，不患寡而患不均，不患贫而患不安。”中国古代的君主也以“致太平”为政治目标，把持权威，保持社会稳定。中国文化通过礼乐与征伐操纵和分配社会资源，延续文明发展。

由于有这样长久的文明发展过程，中国人自然有着强烈的历史意识，即“奉天法古”意识。奉天就是敬天，法古就是重视历史传统。中国人非常重视对制度、器物、艺术等方面的继承和演绎。

---

①中国古代维护贵族世袭统治的一种制度。由父系家长制演变而成，到周代逐渐完备。历代王朝长期利用这种制度，以巩固政权、族权、神权、夫权。

2. 多元融合

黄河、长江、辽河、珠江等水系流域都是发祥地，不同地域的古代民族也有差别。这些文化尽管自有其渊源和体系，但也相互影响，经过裂变、撞击和融合，不断组合或重组，突破了区域文化和血缘族群的体系，形成了多元一体的格局，共同构成了汉族与其他民族及其文化传统。

第一个王朝叫做夏，“夏”就是“大”的意思，“华夏”二字意为“尊贵而伟大”。此后经历了商、周时期，华夏就成了由中原地区诸侯国构成的文化共同体的称呼。华夏文化得到了周边的民族和小邦的认同。中国的历史因为不断涌入的周边文明而充实，文明的内涵也得到充实。

简言之，中国文化的多元性体现了不同民族的文化创造力；融合性体现了不同民族的文化凝聚力，这些都是中国文化得以持久延续的动力。

3. 家国天下

中国文化中规定了五种最重要的社会关系及其伦理原则，所谓的“五伦”，即父子有亲、长幼有序、夫妇有别、朋友有信、君臣有义。在中国人看来，人类社会的理想状态就是所有的人组成一个和谐的大家庭，所谓“老吾老以及人之老，幼吾幼以及人之幼”“人不独亲其亲，不独子其子”。在伦理至上的文化中，个体须服从群体，权利须服从义务。

（三）中国传统文化精神

1. 天人合一

人是自然之子，与宇宙同构互动，生死相依，这是天人合一的客观存在；在对宇宙父母般的敬畏和亲近中，人作为自然之子乘物游心①，物我交融，这是天人合一的精神境界；深刻地认识到人类文明的发展不能超越和违背自然法则，人类必须自觉地担当保护自然、完善宇宙的道德责任，这是天人合一的实践智慧。

2. 知行合一

中国文化特别提倡知识与实践、学问与美德必须合为一体，集于一身，强调理论与经验的统一、功能与价值的统一、知识理性与实践理性的统一、真与善的统一。

3. 中和刚健

在中国文化观念中，宇宙和人类社会运行、发展、繁衍的理想状态是和谐、平衡、自强不息。

和谐是宇宙万物生存发展的基本道理，其精义在于“和而不同”②：也是社会和谐的原理。和谐不是同质运动，而是共同发展；不是单元专一，而是多元统一。

平衡就是保持中和。中和是宇宙的秩序，是天人之际最理想的和谐状态。阴阳、刚柔、动静互相并生并济，构成宇宙和谐的运行。

儒家认为阳刚运动是中和境界中的主导力量。天道自行自为，刚健不止，象征着自强不息的美德。刚健的精神中还包含变革和革命力量：当阴阳刚柔等力量不再能够和而不同，

①乘物以游心，出自庄子的《人间世》。所谓“乘物”，就是驾驭自然规律、知识思想和法则；只有最大限度地顺应自然，才能够“游心”，以实现精神的自由和解放。

②谓和谐相处，协调不同意见，但不盲从苟同。《论语·子路》：“君子和而不同，小人同而不和。”

对立统一，天道的运动就造成了变革。

三、为什么要学习中国传统文化

文化最大的特质，就是具有极强的渗透性、持久性，像空气一样无时不在、无处不在，深刻作用于人们的生产生活。它渗透到政治领域，形成政治文化、官场文化；渗透到经济领域，形成企业文化、消费文化。文化表现于外，形成器物、制度，内蕴于里，沉积成心理习惯、气质风骨。文化是维系一个社会团结和睦的精神力量，无疑应当重视发挥文化教育人、引导人的作用。人们需要通过文化来启蒙心智、认识社会、获得思想上的教益，也需要通过文化愉悦身心、陶冶性情、获得精神上的满足和归依。如果没有精神文化上的充实和丰盈，就不能说有真正幸福的生活和美好的人生。当前，我们正处于经济转轨、社会转型的加速期，一些人的思想困惑、精神焦虑有所增多，人文关怀、心理疏导、精神抚慰的任务更加重要。所谓"以文化人""以文育人"，就是要更好地用文化温润心灵、舒缓压力、涵养人生，更好地丰富人们的精神世界。

改革开放以来，特别是进入21世纪以来，伴随着世界范围内的文明交流互鉴的国际思潮、中国自身经济的强劲发展和综合国力的提高以及人民群众精神上的内在需求，在文化上出现了"国学热"。

所谓国学，应指中国几千年来积累起来的传统文化，是我们中华民族在长期的历史发展中所形成的学术文化总体。它是在中国的地理环境、语言环境，在中国的政治、经济、社会等条件下所形成的，在中国文化母体中孕育、产生、演变、发展的学问总和。正因为国学指称的是一个无所不包的学问总体，其中也就必然含有精华和糟粕。在十年"文革"中，在极"左"思潮的支配下，传统文化被一概打倒，导致在中国历史上从未中断的几千年的历史文化传统在十年浩劫中发生断裂，其后果甚至使几代人失去了自己民族的历史文化记忆。当下，有些人以国学的名义兜售假、冒、伪、劣的文化产品和文化糟粕。结果，《周易》成了算卦的工具，道教经典成了养生秘笈，佛教成了轮回转世的指路明灯；求神问卜、烧香许愿、祈福求丹等国学糟粕大行其道，严重影响国民素质的提高。上述两种现象的存在，表明国学的核心价值和国学的基本精神容易被遮蔽，国学热也容易迷失方向。虽然我们每一个人都可以说是生活在中国传统文化当中，但是否能够自觉地传承和弘扬中华优秀传统文化则是另一回事。

在当代世界多极化、经济全球化背景下，世界范围内各种思想文化的交流交融交锋更加频繁。近年来，国内一些人极力宣扬所谓"普世价值论"，把西方特别是美国资产阶级价值观普遍化、神圣化、绝对化为超越时空、超越国家、超越阶级的人类共同价值，企图用西方价值观取代社会主义核心价值观，动摇党执政的思想基础，达到西化、分化图谋。这些不良思想倾向危害着青少年学生。加强中华优秀传统文化教育，对于落实立德树人根本任务，引导青少年学生增强民族文化自信，自觉践行社会主义核心价值观是十分重要和必要的。

四、高校开展中华优秀传统文化教育的路径

（一）坚持马克思主义指导地位，保持优秀传统文化定力

文化总是以丰富多彩的内容形式来展现的，但其中总有一种是占据主导地位、起着支

配作用的。在我国封建社会，尽管儒、释、道等多种思想文化长期并存，但长期居于正统地位的是儒家文化。近代以来的西方国家亦复如是。培育和壮大主流文化，是古今中外的通行做法。马克思主义是人类思想史上最伟大的成果，凭借科学的世界观和方法论，它揭示了人类社会发展的基本规律，也为先进文化建设指明了正确方向。在新的形势下，我们只有坚持马克思主义指导地位，始终坚持正确的政治方向，教育广大青年学生树立坚定的马克思主义信仰，抑制各种反马克思主义社会思潮的滋长，才能保持优秀传统文化定力。从而确保广大青年学生在纷繁复杂的社会意识和社会文化生态中，能辨析主流和支流、区分先进与落后、划清积极与消极，有效引领各种社会思潮、抵御腐朽文化影响。"方向性"原则关乎高校立德树人首要任务的成败。

（二）挖掘与阐释中华优秀传统文化，增强优秀传统文化吸引力

中国传统文化不仅是构成民族精神的载体，也是民族生存、发展的根基，更是几千年来维护中华民族团结的坚强纽带。中国传统思想文化中的优秀成分，对推动中国社会发展进步、促进中国社会利益和社会关系平衡，都曾发挥过十分重要的作用。中华优秀传统文化对于当代人类面临的难题有着重要的启示价值。中国社会5000年的发展，对于政治、社会、人生的诸多判断，以及思想资源的原创性与独特性，在当前全球化的进程中是不可或缺的宝贵财富。

中华优秀传统文化，是我们最深厚的文化软实力。但是在经济全球化、政治多极化、文化多元化的时代背景下，部分大学生却缺乏文化自觉和文化自信。在日益激荡的世界文化交流交融交锋中，一些人容易受西方文化的影响，表现出对西方文化及西方价值观的过度青睐。网络文化的快餐化、碎片化、娱乐化等特点也在某种程度上淡化了传统经典的熏陶，优秀传统价值观难以进入部分大学生的血脉，部分大学生的意识难以与民族文化的优良传统产生共鸣。鉴于此，要结合新时空的语境深入挖掘优秀传统文化的鲜活案例与素材，启迪年轻一代的智慧人生，尤其是要善于运用传统智慧引导学生走出伦理失范、信仰缺失、道德滑坡等现实困境。只有让年轻一代感觉到传统文化更像滋润人们心灵的一股清泉而不是令人望而却步的"博物馆"，才能有效提高中华优秀传统文化对青年学生的吸引力。

（三）传承与创新中华优秀传统文化，提升优秀传统文化张力

高校加强中华优秀传统文化教育不能仅仅停留在让大学生熟记古诗美文的层面，而是要引导学生在深入把握中华传统文化的精髓的基础上，处理好继承和创造性发展的关系。文化是在积累与传承的过程中形成和发展的，科学的文化态度是在传承的基础上再谈改造和创新。有学者指出，传统文化只是古人留下来的一个资源仓库，这个仓库并不是说都是好的或都是坏的，后人可以"吃现成饭""穿现成衣"，它是一个杂陈的资源仓库，等待后人去挑挑拣拣。挑选是要花心思的，要根据当下发掘历史，当下的现实环境和迫切危机，决定你发掘什么样的历史记忆；什么样的历史记忆，决定你在这个仓库里面挑选什么资源。"传统"不一定非要原汁原味不可。经过诠释的传统，不是旧传统，是新传统。这样，旧传统、新传统才能不断地传下来，不断地由旧变新，这才是传承。高校加强中华优秀传统文化教育既要体现继承、发扬中华民族优秀文化传统的要求，又要体现与时俱进、不断创新的要求，在创新过程中不断增强中华优秀传统文化教育的时代张力。

（四）践行中华优秀传统文化，凝聚受教育者的向心力

践行中华优秀传统文化，要不断丰富教育内容、创新教育载体、增强教育效果；要充分利用我国改革发展的伟大成就、重大历史事件纪念活动、爱国主义教育基地、中华民族传统节庆、国家公祭仪式等来增强人民的爱国主义情怀和意识；要运用艺术形式和新媒体，以理服人、以文化人、以情感人，生动传播爱国主义精神，唱响爱国主义主旋律。高校应紧紧围绕“为谁培养人、培养什么人、怎样培养人”这个核心问题，千方百计立德树人，确保青年学生扣好人生的第一粒扣子。践行中华优秀传统文化并不是要回归“子曰诗云”、作躬打揖的状态，而是要通过体验千锤百炼逐渐形成的“讲仁爱、重民本、守诚信、崇正义、尚和合、求大同”等中国传统文化的核心思想理念，进而自然而然地将一脉相承的新时代社会主义核心价值观内化于心、外化于行。高校不仅要用好课堂讲坛，还要用好校园阵地。可以依托丰富多彩的校园文化活动，譬如传统文化辩论赛、讨论会、经典诵读比赛、诗词大会、古汉语知识竞赛、考察民间艺术、参观人文历史景观等，弘扬“自强不息、敬业乐群、扶危济困、见义勇为、孝老爱亲”等传统美德，认同“求同存异、和而不同的处世方法”“文以载道、以文化人的教化思想”“形神兼备、情景交融的美学追求”“俭约自守、中和泰和的生活理念”等人文精神，让学生感受传统文化的真实存在，加深学生对传统文化的领悟和感知，于潜移默化中影响学生的品行操守。

五、学习中华优秀传统文化的具体方法

中国传统文化源远流长、博大精深。因而掌握正确的方法对于中华优秀传统文化的“内化于心、外化于行”十分重要。

第一，历史梳理和逻辑分析相结合。中国文化源远流长，历经数千年演化，内容异常丰富。我们既要对它的来龙去脉有明晰的了解，又要把握历史进程中的逻辑，避免被无法穷尽的枝节材料、起扰乱作用的偶然性淹没，因而只有将历史的和逻辑的方法有机结合起来考察，才能真正感悟中国文化的精髓，同时又明白文化就是凝结在具体器物、典章、制度中的精神，从而真正回到中国人的精神家园。

第二，典籍研习和社会考察相结合。中国文化的精髓，体现在具有经典意义的文献之中，例如《诗经》《周易》《论语》《老子》《史记》等。一方面，要带着敬意去研读经典文献；另一方面，中国文化的众多要素以非文本的形式存留于社会生活中，比如，起居习俗、宗教礼仪、道德规范等。这就要求我们要以开放的心胸，将研究视野扩大到文本之外的社会生活的广阔领域，将典籍研习和社会考察有机结合起来，相互比照、相互印证、相互补充，从而对生生不息的中国文化有一个动态的、全面的了解。不但要在书本和课堂上学，而且要在社会、在活动和现实生活中学。

第三，批判继承与开拓创新相结合。千百年来，我们的先辈对养育自己的中国文化，进行过详尽的研究并取得了丰硕的成果，我们没有理由拒绝或否定这一成果。一方面，苛求前人，否定过去，打倒传统的民族虚无主义态度是不可取的；另一方面，我们又不能被前辈的认识、成就所束缚，我们应该去粗取精、去伪存真，创造性转化和创新性发展，进一步激活和阐发传统文化中有益于当代社会主义精神文明的基因，以增强民族文化内在活力与动力，从而更好地弘扬中国文化。另外，开拓创新还意味着我们要虚心学习西方某些

优秀文化，保持高度的文化自觉和行动担当：我们要对自己国家的优秀文化保持应有的敬畏和自豪，对文化的生命力量和发展前景树立坚定执着的信念，同时对外来文化采取包容、借鉴态度，吸收西方文化的营养，以我为主，为我所用。坚定文化自信，建设社会主义文化强国。

原典杂辑

天行健，君子以自强不息。(出自《周易》中的乾卦《象传》)

【解释】天行：天道。健：运行不息。天之运行，四时交替，昼夜更迭，岁岁年年无有止息，无有差错，君子当效法天道之健，以自强不息。

第二节　双语阅读

一、以史为鉴

孔子的故事

公元前500年，齐景公和晏婴想拉拢邻国鲁国和中原诸侯，把齐桓公当年的事业重新干一下，就写信给鲁定公，约他在齐鲁交界的夹谷地方开个会。

那时候，诸侯开会，都得有个大臣当助手，称作"相礼"。鲁定公决定让鲁国的司寇(管司法的长官)孔子负责这件事。

孔子名叫孔丘，是鲁国陬邑(今山东曲阜东南)人。他父亲是个地位不高的武官。孔子三岁就死了父亲，靠他母亲带着他搬到曲阜住下来，把他抚养成人。据说他从小很爱学礼节，没有事的时候，就摆上大盆小盘什么的，学着大人祭

Confucius' Life Story

In 500 BC, Lord Jing of Qi and Yan Ying sought to have the support of the neighboring state of Lu, as well as dukes of the Central Plain, for a renewed effort to carry on the ambition of the late Lord Huan of Qi. To this end, a letter was sent out to Lord Ding of Lu, inviting him to a meeting at Jiagu on the border between Qi and Lu.

At that time, it was common practice for leaders of ducal states to bring along a minister called Xiang Li to a meeting of dukes as personal adviser. Lord Ding of Lu decided to bring his si kou (secretary of justice) Kong Zi (aka Confucius) with him as his xiangli.

The actual name of Confucius (Kong Zi, or Master Kong) was Kong Qiu. He came from Zouyi (southeast of today's Qufu in Shandong Province). His father was a low-ranking military officer, who died when Confucius was three years old. His mother took him to Qufu and raised him there. It is said that since he was a child he had been fascinated with rites, etiquette and

天祭祖的样子。

conventions. He would often arrange plates and dishes to imitate the rites of sacrifice to the gods or ancestors performed by the adults.

孔子年轻的时候，读书很用功。他十分崇拜周朝初年那位制礼作乐的周公，对古礼特别熟悉。当时读书人应当学的“六艺”，也就是礼节、音乐、射箭、驾车、书写、计算，他都比较精通。他办事认真。一开始他当过管理仓库的小吏，物资从来没有缺少过；后来又当管理牧业的小吏，牛羊成群繁殖。没到三十岁，名声就渐渐传开了。

The young Confucius was an assiduous student. He had great admiration for the Duke of Zhou, who set down political systems, prescribed rules of etiquette, conventions and rites, and developed musical accompaniments in the early years of the Zhou dynasty. He developed a deep knowledge of ancient etiquette and rites and was proficient in all the six classical arts that a man of learning was expected to master, namely, rituals, music, archery, riding, writing and arithmetic. He was always meticulous and conscientious in performing his duties. Early in his career, he served as a petty official in charge of a storehouse. During his term there was never any stored item missing. When he later became a low-ranking official in charge of animal husbandry, his flocks of cattle and sheep proliferated. By the time he was thirty years old, his reputation had spread far and wide.

有些人愿意拜他做老师，他就索性办了个私塾，收起学生来。鲁国的大夫孟僖子临死时，嘱咐他的两个儿子孟懿子和南宫敬叔到孔子那儿去学礼。在南宫敬叔的推荐下，鲁昭公还让孔子到周朝的都城洛邑去考察周朝的礼乐。

As some people expressed the wish to study under him, he decided to found a si shu (private classroom) and started accepting students. Meng Xizi, a high official of Lu, directed his two sons Meng Yizi and Nangong Jingshu to study ritual and etiquette under Confucius on his deathbed. Upon Nangong Jingshu's recommendation, Lord Zhao of Lu sent Confucius to Luoyi, the capital of the state of Zhou, to study the rites and ritual music of the ancestors.

孔子三十五岁那年，鲁昭公被鲁国掌权的三家大夫——季孙氏、孟孙氏、叔孙氏轰走了。孔子就到齐国去，求见齐景公，跟齐景公谈了他的政治主张。齐景公待他很客气，还想用他。但是当相国晏婴认为孔子的主张不切实际时，齐景公改变了主意。孔子再回到鲁国，仍旧教他的书。跟随孔子学习的学生

When Confucius turned 35, Lord Zhao of Lu was driven from his throne by three of his top aides, Ji Sun Shi, Meng Sun Shi and Shu Sun Shi. Confucius went to the state of Qi, and asked for an audience with Lord Jing of Qi in order to expound his political ideas. Lord Jing of Qi was very courteous to him, and even watched to enlist him in his service. But he changed his mind, when his prime minister Yan Ying commented that Confucius's ideas were impractical. Confucius returned to Lu to carry

越来越多。

到了公元前501年，鲁定公派孔子做中都（今山东汶上县）宰，第二年，做了司空（管理工程的长官），又从司空调做了司寇。

这一回，鲁定公把准备到夹谷跟齐国会盟的事告诉了孔子，孔子说："齐国屡次侵犯我边境，这次约我们会盟，我们也得有兵马防备着。希望把左右司马都带去。"

鲁定公同意孔子的主张，又派了两员大将带了一些人马，随同他到夹谷去。

在夹谷会议上，由于孔子的相礼，鲁国取得了外交上的胜利。会后，齐景公决定把从鲁国侵占过来的汶阳（今山东泰安西南）地方的三处土地还给鲁国。

齐国的大夫离鉏认为孔子留在鲁国做官对齐国不利，劝齐景公给鲁定公送一班女乐去。齐景公同意了，就挑选了八十名歌女送到了鲁国。

鲁定公接受了这班女乐，天天吃喝玩乐，不管国家政事。孔子想劝说他，但他躲着孔子。这件事使孔子感到很失望。孔子对学生说："鲁君不办正事，咱们走吧！"

从那以后，孔子离开鲁国，带着一批学生周游列国，希望找个机

on teaching, and soon saw a steady increase in the number of his followers.

In 501 BC, Lord Ding of Lu named Confucius the governor of Zhongdu (today's Wenshang County in Shandong Province), the next year he was designated si kong (official in charge of public works) and from that position he went on to become si kou (Secretary of Justice).

When Lord Ding of Lu told Confucius about the proposed meeting with Qi at Jiagu, Confucius said, "Given Qi's track record of incursions into our territory, it is prudent to go to the meeting with armed protection. Please consider taking both the right and the left ministers of war with you."

Lord Ding of Lu agreed with Confucius and brought the two top generals and a military contingent with him to Jiagu.

At the Jiagu meeting, Confucius acquitted himself well as xiangli, helping to ensure a diplomatic success for the state of Lu. After the meeting, Lord Jing of Qi decided to give back territory previously taken from Lu in three areas in Wenyang (southwest of present-day Tai'an in Shandong Province).

Li Chu, a top official in the state of Qi, considered Confucius a liability to Qi if he continued to serve Lu. He suggested that Lord Jing of Qi send a group of female musicians to Lord Ding of Lu. Lord Jing of Qi was persuaded and sent eighty female singers to Lu.

After accepting this gift of singers, Lord Ding of Lu started indulging himself in drinking, gluttony and merry-making and consequently neglected important affairs of the state. Although Confucius wished to persuade him to change his ways, the monarch kept avoiding him. Deeply disappointed, Confucius told his students, "The monarch of Lu is uninterested in serious business. Let's leave!"

Confucius then left the state of Lu and embarked on a series of travels through the various states,

会实行他的政治主张。可是，那个时候，大国都忙于争霸的战争，小国都面临着被并吞的危险，整个社会正在发生变革。孔子宣传的一套恢复周朝初年礼乐制度的主张，当然没有人接受。

accompanied by a group of his students, in search of an opportunity to realize his political visions. However, in that period the larger states were obsessed with their wars for hegemony, and the smaller states faced the ever present threat of invasion, the whole country lacked stability. There was therefore no interest in Confucius's proposition of restoring the system of rites and ritual music prevalent in the early years of the Zhou dynasty.

孔子先后到过卫国、曹国、宋国、郑国、陈国、蔡国、楚国。这些国家的国君都没有用他。

Confucius' travels took him to the states of Wei, Cao, Song, Zheng, Chen, Cai and Chu, but none of the monarchs in those states offered him public office.

有一回，孔子在陈、蔡一带，楚昭王打发人请他。陈、蔡的大夫怕孔子到了楚国，对他们不利，于是发兵在半路上把孔子截住。孔子被围困在那里，断了粮，几天都没吃上饭。后来，楚国派了兵来，才给他解了围。

Once, when Confucius was in the vicinity of the states of Chen and Cai, King Zhao of Chu sent for him. Believing that it would not be in their interest for Confucius to serve Chu, the ministers of Chen and Cai sent soldiers to intercept Confucius, who was therefore left stranded for days without food. He was saved only after Chu sent troops to rescue him.

孔子在列国奔波了七八年，碰了许多钉子，年纪也老了。末了，他还是回到鲁国，把精力放到整理古代文化典籍和教育学生上面。

After seven or eight years of constant traveling through the states and being repeatedly snubbed, Confucius was getting on in age. He finally returned to Lu and devoted the rest of his life to education and to sorting through and editing ancient literature.

孔子在晚年还整理了几种重要的古代文化典籍，像《诗经》《尚书》《春秋》等。《诗经》是我国最早的一部诗歌总集，共收集西周、春秋时期的诗歌三百零五篇，其中有不少是反映古代社会生活的民间歌谣，它在我国文学史上占有很重要的地位。《尚书》是一部我国上古历史文献的汇编。《春秋》是根据鲁国史料编成的一部历史书，它记载着公元前 722 年到前 481 年的大事。

In his old age, Confucius edited important ancient classics such as *Shi Jing* (The Book of Songs), *Shang Shu* (Book of Documents) and *Chun Qiu* (The Spring and Autumn Annals). *Shi Jing* is China's earliest collection of songs and verse, containing 305 songs and poems from the Western Zhou and the Spring and Autumn Period. Many of them are folk songs describing the daily life of people in ancient times, and therefore form a vital part of the history of Chinese literature. *Shang Shu* is a compilation of China's historical texts dating back to antiquity. *Chun Qiu* is a book of history based on the historical records of the state of Lu, covering major events from 722 BC to 481 BC.

公元前 479 年，孔子去世。他死后，他的弟子继续传授他的学

Confucius died in 479 BC. His theories and ideas, passed down by his disciples after his death, eventually

说，形成了一个儒家学派，孔子成了儒家学派的创始人。孔子的学术思想在后世影响很大，他被公认为我国古代第一位大思想家、大教育家。

（林汉达，曹余章）

formed the basis of the Confucius school of thought. The legacy of Confucius' thoughts and scholarship has greatly influenced succeeding generations, and has earned him the well-deserved title of the premier thinker and educator in China's history.

(Yawtsong Lee)

二、诵读唐诗

回乡偶书

贺知章

少小离家老大回，
乡音无改鬓毛衰。
儿童相见不相识，
笑问客从何处来。

Coming Home

He Zhizhang

I left home young and not till old do I come back,
My accent is unchanged, my hair no longer black.
The children don't know me, whom I meet on the way,
"Where d'you come from, reverend sir?" they smile and say.

（许渊冲译）

【陈志明赏析】就全诗来看，一、二句尚属平平，三、四句却似峰回路转，别有境界。后两句的妙处在于背面敷粉，了无痕迹：虽写哀情，却借欢乐场面表现；虽为写己，却从儿童一面翻出。而所写儿童问话的场面又极富于生活的情趣，即使我们不为诗人久客伤老之情所感染，却也不能不被这一饶有趣味的生活场景所打动。

三、重温《论语》

子曰："学而不思，则罔。思而不学，则殆。"（出自《论语·为政》）

【今译】孔子说："光学习而不思考，就会迷惑。光思考而不学习，就会危险。"

【英译】Confucius says, "To study without thinking will cause bewilderment. To think without studying will cause danger."

【朱熹注】不求诸心，故昏而不得。不习其事，故危而不安。

【现实意义】"填鸭式"的教学方式，把学生当死记硬背的"复读机"，把他们的脑袋塞得满满的，而不能融会贯通，举一反三，灵活运用，结果他们当然就会丧失自我，处处困惑。反过来，没有扎实的基础，没有深厚的积累，肚子里空空如也，却要去进行思考，则难免天马行空，像断线风筝那般飞得高、摔得重了。向前人学习，要与自己的思索、经验结合起来，只有站在巨人的肩膀上，才能比巨人看得更远，否则所谓的"思"就是低水平重复。"学而不思"，起码还能学到前人的好处，只是"困惑"而已，"思而不学"，却连前人的好处也没学到就想创新，那就是"危险"了。让学生具备深厚的人文素养，使他们在面对种种人生、社会问题时，能更好更深地“思”，是今天人文教育责无旁贷的任务。

原典杂辑

大学之道，在明明德，在亲民，在止于至善。(出自《大学·第一章》)

【解释】大学教人的道理，在于彰显人人本有，自身所具的光明德性，再推己及人，使人人都能去除污染而自新，而且精益求精，做到最完善的地步并且保持不变。

【宋·朱熹注】①大学者，大人之学也。②明德者，人之所得乎天，而虚灵不昧，以具众理而应万事者也。但为气禀所拘，人欲所蔽，则有时而昏。然其本体之明，则有未尝息者。故学者当因其所发而遂明之，以复其初也。

第三节　拓展练习题

一、单选题

1. 以下属于旧石器时代文化的是(　　)。

A. 裴李岗文化　　B. 大汶口文化　　C. 龙山文化　　D. 马坝人文化

2. 仰韶文化被称为(　　)。

A. 黑陶文化　　B. 白陶文化　　C. 彩陶文化　　D. 红陶文化

3. “胡焕庸线”把中国经济形态分为两大部分，东南以农耕为主，西北以(　　)为主。

A. 林业　　B. 畜牧　　C. 旅游　　D. 矿业

4. 2017 年 5 月 14 日晚，“一带一路”国际合作高峰论坛文艺演出(　　)在北京国家大剧院举行。

A.《千年之约》　　B.《北京欢迎您》　　C.《中国梦》　　D.《驼铃声声》

5.《清高宗实录》、“文景之治”、《永乐大典》三个专名中的“高宗”“文景”“永乐”依次分别是(　　)。

A. 庙号、谥号、年号　　B. 庙号、尊号、年号

C. 谥号、年号、年号　　D. 尊号、谥号、庙号

6. 下列文化是文化的核心部分的是(　　)。

A. 物质形态文化　　B. 行为形态文化

C. 制度形态文化　　D. 精神形态文化

7. 下列文化为物质文化形态的一组是(　　)。

A. 万里长城、都江堰、秦始皇陵、外滩建筑群

B. 清明扫墓、赛龙舟、中秋赏月、重阳登高

C.“郡县制”“科举制”、金瓶掣签、包产到户

D. 忠孝节义、知恩图报、邓小平理论、三个“代表”

8. 鹤是中国文化中的神灵动物，用来象征(　　)，最有名的被称为仙鹤。

A. 幸福　　B. 吉祥　　C. 健康　　D. 长寿

9. 有“花中君子”之誉的花卉是(　　)。

A. 荷花　　B. 牡丹　　C. 梅花　　D. 兰花

10. 嘉量是中国古代的标准量器，全套量器从大到小依次为(　　)。

A. 斛、斗、合、升、龠　　B. 斛、升、斗、合、龠

C. 斛、斗、升、合、龠　　D. 斛、斗、升、龠、合

11. “文景之治”“开元盛世”、清圣祖中的文景、开元、圣祖分别指(　　)。

A. 庙号、谥号、尊号　　B. 谥号、庙号、年号

C. 谥号、年号、庙号　　D. 年号、谥号、庙号

12. 好的家风能促成好的民风以及政风、党风。在我国古代，长辈十分重视对子女的言传身教，主要体现在“家训”类著作层出不穷。下面被视为开“家训”先河的著作是(　　)。

A.《颜氏家训》　B.《温公家范》　C.《朱子家训》　D.《曾国藩家训》

13. 中国姓氏文化源远流长，每一种姓氏都包含其独特的、丰富的文化内涵。下列关于姓氏的叙述，正确的是(　　)。

①复姓“司马”来源于古代的一种官职 ②“那”作为姓时读作“nā”③百年老社中华书局的创办人陆费逵，姓陆名费逵 ④《百家姓》一书收集的姓氏不止 100 个

A. ①③④　　B. ①②③　　C. ①②③④　　D. ①②④

14. 中国人对于不同的年龄有着不同的称谓，下面年龄称谓按从小到大排序应该是(　　)。

①弱冠之年　②期颐之年　③而立之年　④古稀之年　⑤耳顺之年　⑥耄耋之年

A. ①③⑤④⑥②　　B. ①③⑤④②⑥　　C. ③①⑤④⑥②　　D. ③①⑤④②⑥

15. 人类非物质文化遗产是人类以口头或动作方式相传，具有民族历史积淀和广泛、突出代表性的民间文化遗产。截至 2019 年，我国共有 40 个项目被列入联合国教科文组织“人类非物质文化遗产名录”。下列被列入此项名录的有(　　)。

①古琴　　②珠算　　③京剧　　④针灸

A. ①②③④　　B. ①③④　　C. ②③④　　D. ①②③

16. 历史上杰出的人物往往具备坚定的信念、爱国的情怀和高尚的情操。下面诗句与所吟咏的杰出人物对应正确的是(　　)。

①报国何曾惜此身，中原北望自伤心 ②雄姿英发，羽扇纶巾。谈笑间，樯橹灰飞烟灭 ③墨疏辞成雷雨势，霆惊可否裂霾天 ④清白才能持悬日，淡宁成性著宽衣

A. 陆游/诸葛亮/海瑞/于成龙　　B. 岳飞/周瑜/海瑞/于谦

C. 陆游/刘备/龚自珍/于谦　　D. 岳飞/诸葛亮/海瑞/于成龙

17. 中华民族是一个兼容并蓄、海纳百川的民族，在漫长历史进程中，不断学习他人的长处，并转化成自己的东西，形成自己的民族特色，是中华文明的一大特征。我们今天强调道路自信、理论自信、制度自信、文化自信，并不代表固步自封，而是要博采众长，不断完善自身，增强中国特色社会主义的信心、信念。下面哪些文化现象受到了中国以外文化的影响(　　)。

①春秋时期百家争鸣 ②公元一世纪到九世纪佛教兴起 ③明中叶到清初自然科学的发展　④鸦片战争后科技文化的飞跃

A. ①②③④　　B. ①②③　　C. ①③④　　D. ②③④

二、多选题

1. 随着网络技术的发展和文化输入方式的多样化，西方文化大量涌入，我们应该(　　)。

A. 以平等的、不卑不亢的态度来对待

B. 对其中优秀文明成果加以批判地借鉴和吸收

C. 反对那种盲目崇拜外国文化的心理

D. 坚决抵制外来腐朽文化的侵蚀

2. 下列时代精神中包含着中华优秀传统文化的基因的是(　　)。

A. 井冈山精神　　B. 长征精神　　C. 雷锋精神　　D. 航天精神

E. 抗震救灾精神

3. 中国在战国以前，氏是姓的分支。下面依次以封地、官职为氏的是(　　)。

A. 蔡、司马　　B. 孔、蔡　　C. 蒋、乐正　　D. 南郭、孔

E. 霍、西门

三、填空题

1. 根据我国的神话传说及相关古籍记载，中华民族的始祖分为三大集团：位于黄河上中游及北方的________集团；位于黄河下游及淮河流域的________集团；位于长江流域的________集团。

2. 根据自然地理特点，1933年，我国学者胡焕庸提出自东北的________至西南的________画一条直线，把中国分为东南和西北两个部分，这就是著名的“胡焕庸线”。

3. 我国最早论述教育问题的著作是战国后期的《礼记·学记》，其中，________、启发教育和师严而道尊等思想至今仍具有积极意义。

4. 文明________是推动人类文明进步和世界和平发展的重要动力。

5. ________成为最有影响力的古代国际文化交流路线，被视为文明交流的典范和象征。

6. 从哲学思想上看，儒家文化、道家文化、法家文化、佛教文化共同构成了中国传统文化的核心内容，但________思想始终处于主导地位。

7.《丑末寅初》为天津曲艺家骆玉笙演唱的著名鼓曲。该曲名从字面上理解指的是________点钟左右。

8. 在我国常被作为锦绣河山代表的河流是________江。

9. 我国最早使用“课程”一词的人是________。

10. 足球最早起源于中国古代的________。

四、交流与体验

1. 不忘历史才能开辟未来，善于继承才能善于创新。优秀传统文化是一个国家、一个民族传承和发展的根本，如果丢掉了，就割断了精神命脉。我们要善于把弘扬优秀传统文化和发展现实文化有机统一起来，紧密结合起来，在继承中发展，在发展中继承。你能分享一下对这则材料的理解吗？

2. 实现“中国梦”应该继承和创新中国传统文化。但有人认为，传统文化是“封建社会的护法神”，是“落后的、保守的”“ 已经死了”，只有“个别枝叶”还有一定的生命力，因此应该彻底放弃。对此你们怎么看？

3. 有人说，传统犹如一弯蜿蜒而行的溪水，它需要后人不断开凿新的渠道，才能润泽花草，又如树的根系，需要今人呵护培育，方能萌发新芽。我们身处传统之中，又承担着通过创新而发展优秀文化传统的责任。对此，你有何感想？

4. 为什么说中国传统文化是伦理道德型文化？

第二章 中国传统文化发展脉络

课程思政

只有坚定不移发展社会主义民主政治，才能体现社会主义的本质，才能保证社会主义现代化建设和社会主义和谐社会建设的顺利进行。

“民以君为心，君以民为体。”“君以民存，亦以民亡。”（西汉戴圣《礼记·缁衣》）

“以天下之权，寄天下之人。”（明末清初·顾炎武《日知录·守令》）

“国之强弱，悉推原于民主。”（近代·梁启超《与严幼陵先生书》）

第一节 中国传统文化发展脉络概述

一、中国文化的创始与奠基

中国文化的创始与奠基，指的是从远古至先秦这一漫长时期中的文化经历。这一悠久的历程见证着中国人的生活理想、社会观念及思想法则的生成，并已形成相当稳定的观念体系。就像古希腊文化是西方文化的渊源一样，先秦文化是中国文化的源泉。

（一）原始社会时期

这段时期没有文字记载，却有神话传说折射着当时人们的生产、生活和思想状况。“三皇五帝”是传说始祖。伏羲、神农、黄帝（图 2-1）为“三皇”，少昊、颛顼、帝喾、尧（图 2-2）、舜（图 2-3）为“五帝”。部落联盟的首领是各部落公推产生的，历史上称为“禅让制”。

中国的祖先目前最早可追溯到距今约 170 万年前的云南元谋人。北京猿人距今约 77 万年。北京山顶洞人距今约 1.8 万年。浙江余姚河姆渡氏族（距今 7000 多年）则是长江流域母系氏族社会的一个典型，出土的大量古稻粒，证明中国是世界上最早种植水稻的国家。陶器是母系氏族公社时期的重大发明之一。距今约 5000 年前，黄河、长江流域的氏族部落先后进入父系氏族公社时期。这一时期的氏族部落的文化遗存，主要有河南仰韶文化[①](图 2-4)、浙江良渚文化[②](图 2-5)、山东大汶口文化[③]、山东龙山文化[④]。

图 2-1　黄帝

图 2-2　尧

图 2-3　舜

图 2-4　仰韶彩陶玫瑰花图案

图 2-5　良渚玉琮

(二) 夏、商、周奴隶制社会时期

夏朝(约公元前 2070 年—公元前 17 世纪)是中国历史上的第一个世袭制王朝。夏朝继承了尧舜时代的阴历，并且在一定的时候，用设置闰月的办法来调整一周年的实际天数。夏朝制作铜器的手工业有了一定的发展，主要用于铸鼎和兵器。

商周时期是我国最早的有文字记载的历史时期。商代的文字主要刻在龟甲和兽骨上，称作甲骨文(图 2-6)。商周的青铜器上，往往铸有铭辞，这种刻在青铜器上的铭辞称为金文，又称钟鼎文。司母戊大方鼎(图 2-7)是迄今发现的世界上最大的青铜器。商代重视对天象的观测。商代用一、二、三、四、五、六、七、八、九、十、百、千、万等字来记数，并采用十进位。

---

①日用陶器以细泥红陶为主，细泥红陶上常彩绘几何形图案或动物形花纹，也曾被称作"彩陶文化"。

②该文化遗址最大特色是出土的玉器。挖掘自墓葬中的玉器包含有璧、琮、冠形器，玉镯、柱形玉器等诸多器型。此外，良渚陶器也相当细致。从目前的考古发现来看，实证中国 5000 年文明史，良渚文化能提供的证据是最充分的。2019 年 7 月 6 日，中国良渚遗址获准列入世界文化遗产名录。

③该文化的年代约开始于公元前 4500 年，约公元前 2500 年过渡为龙山文化。其陶器以灰陶最多。

④龙山文化中常有薄而有光泽的黑陶，故曾被称为"黑陶文化"。

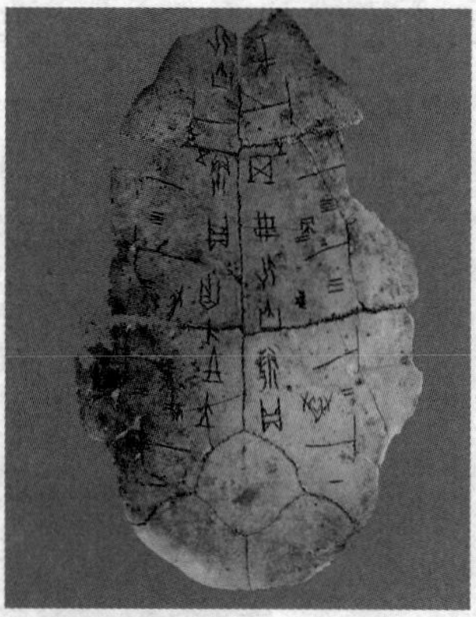

图 2-6　甲骨文

图 2-7　司母戊大方鼎

周代政权的性质是奴隶主贵族专政，实行分封制。周王朝还建立了宗法制度。制定了礼和刑。周朝推行井田制度①。周代的手工业分工更细，号称百工②。西周的学校分为国学与乡学两大系统。

（三）春秋（公元前 770 年—公元前 476 年）战国时期（公元前 475 年—公元前 221 年）

历史上，将先后在黄河流域争霸的齐桓公、宋襄公、晋文公、秦穆公、楚庄王称为“春秋五霸”。公元前 403 年，晋国分成韩赵魏三国，加上齐、秦、楚和燕，被称作“战国七雄”（图 2-8）。

铁器在农业和手工业上的使用和推广，是春秋战国时期社会生产力新发展的标志。水利工程有吴王夫差开掘的邗沟、李冰修建的都江堰、郑国修建的郑国渠。

战国时期被称作“百家争鸣”的时代。楚辞则代表了战国时期文艺方面的新成就。

春秋战国时期在科学技术和艺术上也获得了很多成就。在天文历法方面，测定了冬至、夏至日期；《春秋》中留下了关于哈雷彗星的最早记录；战国时已定出二十四节气；甘德和石申的《甘石星经》是世界上最早的天文学著作。名医扁鹊创“四诊法”。公输班（即鲁班）被后代木匠尊为祖师爷。湖北随县出土的全套编钟（图 2-9）表明音乐达到较高水平。

二、适应封建帝制要求的新文化确立

秦汉时期是中国封建王朝的成长期，适应封建帝制要求的新文化确立。

（一）秦朝

为了巩固统治，秦始皇（图 2-10）采取一系列措施。政治上，设立“三公九卿”③中央政府机构，推行郡县制度。经济上，统一度量衡，统一货币。文化上，统一文字，焚书坑儒统一思想。军事上，北击匈奴，修筑长城，南击百越，开凿灵渠。由于赋税、兵役和徭役过于沉重，激起了尖锐的阶级矛盾。秦始皇陵兵马俑被认为是“世界第八大奇迹”。

①“井田”是将一块方整的土地每边各以三分，割成九个等方块，八家农户各耕种外围的八块方地，并共同耕种当中一块“公地”，即公侯所领之地。

②周代的手工业是在商代的基础上发展起来的，分工更细，号称“百工”。

③“三公”即丞相、太尉、御史大夫；“九卿”即奉常、廷尉、治粟内史、典客、郎中令、少府、卫尉、太仆、宗正。

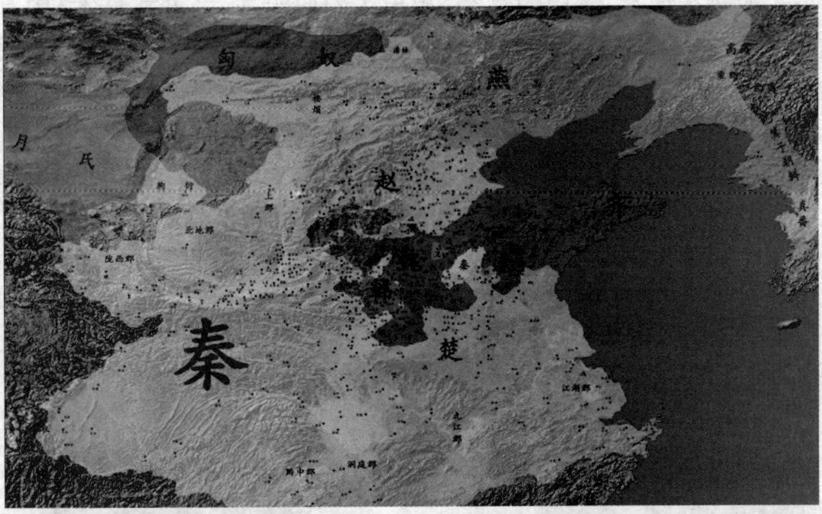

图 2-8　战国形势图

图 2-9　湖北随县战国曾侯乙编钟

（二）汉朝

西汉王朝建立后，主要从两个方面巩固封建政权：第一是从经济方面，采取修养生息的政策，使社会经济得到一定的恢复，出现了“文景之治”的局面。第二是汉武帝（图 2-11）颁布推恩令①，统一使用五铢钱②，采取“罢黜百家，独尊儒术”的政策。张骞出使西域，开通“丝绸之路”。出现了耦耕法③，还使用耧车④播种，发明了“井渠”法。南阳太守杜诗发明

①推恩令是汉武帝为了巩固中央集权而颁布的一项重要政令。这项政令要求诸侯王将自己的封地分给自己的子弟。后来根据这项政令，诸侯国被越分越小，汉武帝再趁机削弱其势力。

②钱上有“五铢”二篆字，故名。汉武帝于元鼎四年（前 113 年）下令禁止郡国铸钱，把各地私铸的钱币运到京师销毁，将铸币大权收归中央。

③两人各持一耜骈肩而耕。

④亦称“耧犁”，一种畜力条播农具。相传为西汉赵过所创。由耧架、耧斗、耧腿、耧铲等构成。作业时，人扶畜力牵引的耧架前进，耧斗中的种子经排种口、耧腿落入耧铲开出的种床中，完成播种。

水排①。东汉蔡伦改进造纸术。《周髀算经》提出了勾股定理。《九章算术》中有很多当时世界上领先的重要数学成就。张衡创制了世界上最早用水力转动的浑天仪，发明了最早测定地震方位的地动仪。西汉编定的《黄帝内经》是我国现存的最早的一部医书。东汉的《神农本草经》是我国第一部完整的药物学著作。医圣张仲景的《伤寒杂病论》奠定了中医治疗学的基础。华佗发明“麻沸散”。汉武帝创办太学。王充著《论衡》。司马迁写成第一部纪传体通史《史记》。班固写成第一部断代史《汉书》。西汉时期流行汉赋、乐府诗。艺术方面，长沙马王堆西汉墓中出土的帛画非常精美。流行蹴鞠、角抵、击剑、秋千等体育活动。

图 2-10　秦始皇

图 2-11　汉武帝

三、三国、两晋、南北朝时期文化

三国、两晋、南北朝时期是封建割据时期，同时也是各民族大融合时期。江南地区得到了进一步发展，不少领域取得了世界领先的成就。佛教的广泛传播，给固有的中国文化注入了许多新的精神因素；三教鼎立互相激荡与玄学一起共同构成此期显著的文化现象。

图 2-12　祖冲之

数学家祖冲之(图 2-12)在世界上第一次把圆周率的数值精确到小数点后第七位，比欧洲早了 1000 多年。北魏农学家贾思勰的《齐民要术》是我国现存最早、最完整的农书。北魏著名的地理学家郦道元著有《水经注》。南朝的范缜著有《神灭论》。

在文学、艺术方面，魏国“三曹”、东晋陶潜、南朝谢灵运都是著名的文学家。《昭明文选》对后代文学的影响很大。东晋王羲之的《兰亭集序》被誉为“天下第一行书”。擅长人物画的顾恺之则有《女史箴图》《洛神赋图》传世。云冈石窟、龙门石窟代表了当时绘画与雕塑艺术的高超水平。

四、中国文化进入鼎盛时代

隋唐宋元时期，中国文化进入鼎盛时代。在隋唐大一统、经济社会繁荣和全方位对外

①东汉南阳太守杜诗发明的水力鼓风机，利用水力鼓风冶铁。

开放的基础上，这种基于民族融合和对外开放而产生的文化融合效应，呈现出自信恢宏的“盛唐气象”。从中唐韩愈复兴儒学“道统”①，到宋明时，由儒、道、释三教合流，产生了思辨儒学体系“理学”②，以儒治国、以道治身、以佛治心的理念逐步得到士大夫的广泛认同，以儒为本位、儒道释三足鼎立的基本格局最终形成。

（一）隋朝

隋朝通过“三省六部制”③，巩固了封建皇权，同时实行均田制，大兴科举，扩大了封建统治的阶级基础。大运河的开通，对于维护统一、繁荣经济有很大作用。

隋初，工匠李春在赵州修建的赵州桥（又名安济桥）是世界上现存最古老的敞肩石拱桥。在绘画艺术上，展子虔的《游春图》是我国现今发现的最早的山水画。

（二）唐朝

唐太宗李世民（图 2-13）即位后，实行租庸调制④，完善科举制度，国力逐步强盛，史称“贞观之治”。唐玄宗李隆基在其统治的前30多年间，呈现出中国封建社会前所未有的盛世景象，史称“开元盛世”。“安史之乱”后，唐王朝由盛而衰，宦官专权、朋党之争⑤、藩镇割据日益严重。

图 2-13　唐太宗

唐代农业发展较快，改造了曲辕犁，创造了新型灌溉工具筒车。手工业方面，宋州、亳州绢的质量全国第一，益州、扬州、定州以织造绫锦而闻名。刑州的白瓷、越州的青瓷闻名于世。唐三彩以黄、绿、赫三色为主，色彩艳丽，造型多样美观。

868 年印制的《金刚经》卷册，是现存世界上最早的、有确切纪年的雕版印刷品。天文学家僧一行在世界上第一次测算出地球子午线的长度，他主持编定的《大衍历》是当时最精密的历法。唐朝廷组织编写的《唐本草》是世界上第一部由国家编定颁布的药典，比欧洲早 800 多年。医学家孙思邈被称为“药王”，著有《千金方》。茶圣陆羽写的《茶经》是世界上第一部茶叶专著。史学家刘知几写的《史通》是中国历史上第一部史学评论专著。史学家杜佑的《通典》是第一部分门别类记载历史典章制度的新体例史书。唐代是我国诗歌史上的黄金时期。“诗仙”李白、“诗圣”杜甫和白居易都是著名的诗人。韩愈、柳宗元是著名的散文家，韩愈居“唐宋八大家”之首。“传奇”是小说的前身，在唐代极盛。在绘画艺术上，唐朝阎立本和吴道子是当时最著名的画家。吴道子所画人物衣带飘拂若动，人称“吴带当风”，有“画圣”之誉。阎立

---

①唐韩愈作《原道》以排斥佛、老（道教），提出所谓“尧、舜、禹、汤、文、武、周公、孔、孟”关于道的传授系统说，以继承孟子自居。

②宋儒多以阐释义理、兼谈性命为主，故有此称。认定“理”先天地而存在，把抽象的“理”（实指封建伦理准则）提到永恒的、至高无上的地位。

③三省六部制：是中国古代封建社会一套组织严密的中央官制。它初创于隋朝，完善于唐朝，此后一直到清末，六部制基本沿袭未改。三省指中书省、门下省、尚书省，六部指尚书省下属的吏部、户部、礼部、兵部、刑部、工部。每部各辖四司，共为二十四司。

④唐前期向受田课丁征田租、力庸、户调三种赋役的合称。

⑤“朋党”的意思是排斥异己的结党宗派，这里指唐中叶的牛僧孺、李德裕的朋党之争。

本擅长政治人物画。莫高窟的唐代壁画和塑像是唐代佛教盛行的产物，是世界上最大的艺术宝库之一。唐代书法大盛，最著名的有欧阳询、虞世南、褚遂良、张旭、怀素、颜真卿、柳公权等。

（三）五代十国、辽、宋、西夏、金、元时期

907 年到 960 年，中原地区先后建立了后梁、后唐、后晋、后汉、后周 5 个朝代，历史上称为“五代”。902 年到 979 年，还先后存在过一些封建割据政权，其中有吴、前蜀、吴越、楚、闽、南汉、荆南(南平)、后蜀、南唐、北汉等国，历史上叫做“十国”。

辽建国于 907 年，国号契丹，916 年始建年号，938 年改国号为辽，983 年复称契丹，1066 年仍称辽。1125 年被金宋灭亡。

960 年，后周禁军统帅赵匡胤在陈桥驿发动兵变，夺取了后周的政权，建立北宋，建都开封，称为东京。1032 年元昊嗣夏王位，1038 年称帝，国名大夏(在汉籍中习称西夏)。1115 年，东北的女真族建立金国，实力日增。1125 年金国与北宋联合灭了辽国。1127 年金军攻陷东京，北宋灭亡。同年，北宋皇族康王赵构在应天府(今河南商丘)称帝，后定都临安(即今天的杭州)，历史上称为南宋。南宋与金长期战争，岳飞(图 2-14)曾四次北伐，收复失地，但关键时候宋高宗赵构和宰相秦桧却一意求和。在宋金议和过程中，岳飞遭受秦桧、张俊、万俟卨[mò qí xiè]诬陷入狱，1142 年 1 月，以“莫须有”的罪名被处死。1163 年(南宋隆兴元年)，宋孝宗下诏为岳飞昭雪，将岳飞遗体从九曲丛祠迁出，以“孤仪”(即一品礼)改葬于栖霞岭南麓。宋宁宗时追封岳飞为鄂王。杭州岳王庙(图 2-15)是墓庙一体的建筑群。

图 2-14　岳飞塑像

图 2-15　杭州岳王庙

1206 年，铁木真建立大蒙古国，尊号“成吉思汗”。1227 年灭西夏，1234 年灭金。1271 年，成吉思汗的孙子忽必烈定国号为元，定都大都(即今天的北京)，1279 年灭南宋。抗元英雄文天祥被俘不屈，遇害于大都。

宋元瓷器是中国陶瓷史上的珍品。钧窑、汝窑、定窑、越窑、哥窑和景德窑等各窑烧造的瓷器各有不同的风格。宋元时期的商业兴盛，出现了世界上最早的纸币：交子(图 2-16)。

宋元时期在科学技术上有显著的成就，其中很多项目直接跟社会生产有密切联系。宋

代发明了航海时用以指示方向的指南针。北宋毕昇发明了活字印刷术。活字印刷术东传日本、朝鲜，西传埃及、欧洲。五代时已用火药作武器，北宋已有多种火药武器。北宋杰出的科学家沈括著的《梦溪笔谈》，被誉为“中国科学史上的里程碑”。元代著名科学家郭守敬编写的《授时历》与现行的公历年周期相同，比现行公历的确立早了 300 年；他还推算出一年为 365.2425 天，同地球的公转周期相差无几。建筑方面，北宋大建筑家李诫著《营造法式》①。南宋初年，宋慈编写的《洗冤录》，在法医学方面有很大的科学价值。元代王祯的《农书》是我国第一部系统研究农学的著作。

图 2-16　交子

在思想、教育、史学、文化艺术方面，宋元时期也有很大发展。儒家学派在两宋时期形成程朱理学，代表人物是周敦颐、程颐、程颢，南宋的朱熹是其集大成者。湖南长沙岳麓书院、江西庐山白鹿洞书院、河南嵩山嵩阳书院、河南商丘应天书院是有名的四大书院。司马光主持编写的编年体史书《资治通鉴》是一部 294 卷的通史巨著，记述了从战国时期到后周末年 1362 年间的主要史事，具有很高的史料价值。发展于唐晚期的词在这一时期创造了文学的辉煌。陆游、黄庭坚则以诗见长。元代散曲和杂剧成就最高，《窦娥冤》是著名剧作家关汉卿的代表作，王实甫的《西厢记》也广为流传。荆浩以水墨山水画著名，黄荃以花鸟画著名，李公麟以画马、人物著名。北宋张择端的《清明上河图》是我国美术史上的不朽之作。北宋的苏轼、黄庭坚、米芾、蔡襄书法卓有成就，被称为“宋四家”。宋徽宗赵佶书画皆精，创瘦金体②书体。米芾、米友仁创米家山水③。元代的赵孟頫书画成就最高，黄公望以山水画著名。

五、明清两代中国文化走向衰落

1368 年，朱元璋在应天(即今天的南京)即皇帝位，国号明。明朝经过几十年的发展，经济、社会发展渐入兴盛阶段。1405—1433 年，大航海家郑和(图 2-17)七次奉命下西洋。每次下西洋的船队数量均在 100 艘以上，大型宝船 40—60 艘，还有运粮船、运水船、运马船和战船等。除水手和士兵外，随行的还有技术人员、翻译等。郑和下西洋比哥伦布发现美洲大陆早 87 年。抗倭民族英雄戚继光(图 2-18)肃清了明朝中后期侵犯东南沿海的倭寇。1644 年李自成在西安建立大顺政权，同年攻占北京，明王朝灭亡。

东北女真族首领努尔哈赤于 1616 年建立后金政权。其子皇太极于 1636 年改国号为大清。1644 年清军入关，击败李自成，迁都北京。抗清名将郑成功(1624 年 08 月 26 日—1662 年 06 月 23 日)(图 2-19)凭借海战优势固守泉州府的海岛厦门、金门。1661 年(清顺

---

①《营造法式》是宋崇宁二年(1103 年)出版的图书，作者是李诫，是李诫在两浙工匠喻皓《木经》的基础上编成的。是北宋官方颁布的一部建筑设计、施工的规范书。

②瘦金体是宋徽宗赵佶所创的一种字体，代表作有《楷书千字文》《秾芳诗》等。瘦金体运笔灵动快捷，笔迹瘦劲，至瘦而不失其肉，其大字尤可见风姿绰约处。因其笔画相对瘦硬，故笔法外露，可明显见到运转提顿等运笔痕迹，是一种风格相当独特的字体。

③米芾所创，其子米友仁加以继承和发展。描绘云烟掩映的江南山川景色。采用泼墨法，参以积墨和泼墨，又常用焦墨提神，其精妙在于见笔见墨，属水墨大写意画法，自称“墨戏”。对水墨山水发展影响很大。

治十八年，永历十五年①）郑成功率军横渡台湾海峡，翌年击败荷兰东印度公司在台湾大员（今台湾台南市境内）的驻军，收复台湾，成为民族英雄。

图 2-17　郑和

图 2-18　戚继光

在中国闭关锁国的时候，欧洲资本主义国家迅速崛起。英国资产阶级先把纺织品输往印度，然后把印度的鸦片输往中国，再从中国把茶叶、生丝等输往英国，英国人在这种三角贸易中大获其利。由于鸦片大量输入而引起的白银不断外流，已开始扰乱清王朝的国库和货币的流通，使清朝的经济面临崩溃的边缘。更为严重的是鸦片的泛滥极大地摧残了吸食者的身心健康，如任其发展下去，必将使中华民族面临灭亡的危险。道光十八年十一月十五日（1838年12月31日）道光帝任命林则徐（1785年8月30日—1850年11月22日）（图2-20）为钦差大臣关防，全国禁止吸食鸦片。林则徐于广东禁烟时，派人明察暗访，强迫外国鸦片商人交出鸦片，并将没收鸦片于1839年6月3日在虎门销毁，是当之无愧的民族英雄。

图 2-19　郑成功

图 2-20　林则徐

①自延平武王郑成功于永历十六年（1662年）收复台湾，至永历三十七年（1683年）十二月郑克塽降清止，在台湾一直使用永历年号。

明清两代狭隘的立国思想，日益对南方农业和工商经济构成巨大危害。中国文化由此走向衰落。西方世界崛起，中国已经被带入世界格局之中。因“天朝”观念下的固步自封，中国坐失良机，为以后的被动挨打埋下了祸根。明清文化专制使明清文化人士避开现世，而把目光投入了古代，把精力投入了“考据学”。适应社会经济和文化思想发展变化的市民文学逐渐发展起来，小说、戏曲应运而生，成为明清时代文学的主流。市井文明的长足发育，让中国知识分子阶层多了一种生存样式；西学东渐又为他们在本土经典之外多了一扇精神窗口。

明清统治者调动大量人力物力，对几千年浩如烟海的典籍文物进行收集、钩沉、考证、考辨，编纂了大型类书《永乐大典》《古今图书集成》、大型字典《康熙字典》、大型丛书《四库全书》等。

明清出现了好几部总结性的重要科技著作。明朝李时珍的《本草纲目》是对16世纪以前中国药物学和医学的一次总结。徐光启的《农政全书》是我国优秀的农学著作。地理学家徐霞客对我国西南石灰岩溶地貌进行了考察，是世界上第一个研究岩溶地貌的人，所著《徐霞客游记》融地理、旅游、文学、历史、社会学、民俗学为一体，具有很高的价值。宋应星《天工开物》被誉为“中国17世纪的工艺百科全书”。

理学在明清得到新的发展。理学在明代又称“心学”，代表人物有王阳明。明清时期的学术思想具有民主色彩的新特征，代表人物有明末的李贽，清初的黄宗羲、顾炎武、王夫之等，重要著作分别有《焚书》《明夷待访录》《日知录》《船山遗书》等。清代的龚自珍、魏源也是具有一定先进思想的著名学者。

明清文学艺术成就巨大。罗贯中的《三国演义》是我国最早的一部长篇历史小说，施耐庵的《水浒传》是我国第一部以农民起义为题材的长篇小说，吴承恩的《西游记》是一部浪漫主义长篇神话小说，曹雪芹的《红楼梦》是我国古代长篇白话小说的高峰，吴敬梓的《儒林外史》是我国古代优秀的讽刺小说，蒲松龄的《聊斋志异》是我国古代文言文小说的高峰，明代剧作家汤显祖以《牡丹亭》最为有名，清代洪昇的《长生殿》和孔尚任的《桃花扇》最著名。

京剧形成于清代乾隆末年四大徽班和湖北汉调进京以后，程长庚为开山祖师，谭鑫培为一代宗师。

书画艺术方面，明代吴门三家(祝允明、文徵明、王宠)和董其昌的书法成就较高，绘画上则有吴派①(沈周、文徵明、唐寅、仇英)活跃画坛。清代画家中，石涛、朱耷的画风独特，“扬州八怪”②的画个性突出，尤以郑板桥最为著名。清末的任伯年、吴昌硕也有创新。天津的杨柳青年画、苏州的桃花坞年画是清代民间年画的代表。

从清朝中期的“经世致用”思想，到晚清洋务派与部分维新派共享的“西学中源”“中体

①全称“吴门画派”。明中期吴门画派以“明四家”为首，末期以“张宏”为主。在太湖流域一带风靡一时。代表画家有沈周、唐寅、文徵明、仇英、谢时臣、钱谷、张宏、文嘉、文彭、仇珠、文伯仁等。

②扬州八怪，是清康熙中期至乾隆末年活跃于扬州地区的一批风格相近的书画家总称，美术史上也常称其为“扬州画派”。在中国画史上说法不一，较为公认指：金农、郑燮、黄慎、李鱓、李方膺、汪士慎、罗聘、高翔。他们大多出身贫寒，生活清苦，清高狂放，书画往往成为抒发心胸志向、表达真情实感的媒介。扬州八怪的书画风格异于常人，不落俗套，有时含贬义，因此称作“八怪”。

西用”等，再到清末国粹派、民国初年的孔教运动，以及五四新文化运动时期的文化保守主义和“整理国故”运动，传统文化不但没有被西方文化彻底击垮，反而展现出一定的自我革新空间。

五四运动拉开了中国新民主主义革命的帷幕，在国内、国际革命形势的发展中，1921年中国共产党应运而生。中国共产党自成立起就高度重视在思想上建党，其中十分重要的一点就是坚持用马克思主义哲学教育和武装全党。中国共产党的创建，是中华民族发展史上开天辟地的大事变，具有伟大而深远的意义。它给灾难深重的中国人民带来了光明和希望。近代以来，中国人民的斗争之所以屡遭挫折和失败，其最重要的原因，就是没有一个先进的坚强的政党作为凝聚自己力量的领导核心。中国共产党的诞生，从根本上改变了这种局面。从此，中国革命和社会主义建设有了正确的前进方向，中国人民有了强大的凝聚力，中国命运有了光明的发展前景。

第二节　双语阅读

一、以史为鉴

魏孝文帝移风易俗

北魏自从太武帝死去后，政治腐败，鲜卑贵族和大商人压迫人民，不断引起北方人民的反抗。公元471年，魏孝文帝即位后，决心采取改革的措施。

魏孝文帝规定了官员的俸禄，严厉惩办贪官污吏；实行了“均田制”，把荒地分配给农民，成年男子每人四十亩，妇女每人二十亩，让他们种植谷物，另外还分给桑地。农民必须向官府交租、服役。农民死了之后，除桑田外，其余都要归还官府。这样一来，开垦的田地多了，农民的生产和生活比较稳定，北魏政权的收入也增加了。

Emperor Xiaowen of Wei Reforms Social Customs

Following the death of Emperor Taiwu of the Northern Wei, the oppression of ordinary citizens by the Xianbei aristocracy and major business interests in the Northern Wei led to protracted civil unrest. Upon his accession in 471 AD, Emperor Xiaowen of the Northern Wei committed himself to reform.

Emperor Xiaowen established official pay scales for civil servants and began meting out harsh penalties to corrupt officials. He also instituted a system to distribute farmland fairly, allocating uncultivated plots to peasants for planting grain, with men receiving 40 acres each and women 20 acres each. The peasants were also allotted mulberry orchards for sericulture. In return for the award of land, the peasants paid rent to and performed services for the government. When a peasant died, all of the land allocated to him, with the exception of the mulberry orchards, should be returned to the government. Under this new system, the acreage under cultivation increased considerably, peasants were assured of a relatively steady income and greater security, and the coffers of the Northern Wei treasury swelled.

魏孝文帝是一个在政治上有作为的人，他认为要巩固魏朝的统治，一定要吸收中原的文化，改革一些落后的风俗。为此，他决心把国都从平城（今山西大同市东北）迁到洛阳。

Emperor Xiaowen had great political savvy. He was convinced that the consolidation of the Northern Wei regime would not be assured unless it shed its old-fashioned ways and assimilated the culture of Central Plains. To achieve this radical shift, he decided to move his capital from Pingcheng (northeast of modern-day Datong in Shanxi Province) to Luoyang, which had a more central location.

他怕大臣们反对迁都的主张，先提出要大规模进攻南齐。有一次上朝，他把这个打算提了出来，大臣纷纷反对，反对最激烈的是任城王拓跋澄。

To preempt opposition from his top advisers to the move, he first brought up the idea of launching a massive attack against the Southern Qi. When he brought his proposal before his court, his top aides objected immediately to this proposal. In particular, Tuoba Cheng, the Prince of Rencheng, protested quite vociferously, angering Emperor Xiaowen.

孝文帝发火说："国家是我的国家，你想阻挠我用兵吗？"

The emperor said, "The country is mine. Are you saying you can stop me from making war?"

拓跋澄反驳说："国家虽然是陛下的，但我是国家的大臣，明知用兵危险，哪能不讲。"

Tuoba Cheng countered, "The country may be your Majesty's, but as your adviser I cannot remain silent when I know the risks of the military action you are contemplating."

孝文帝想了一下，就宣布退朝，回到宫里，再单独召见拓跋澄，跟他说："实话告诉你，刚才我向你发火，是为了吓唬大家。我真正的意思是觉得平城是个用武的地方，不适宜改革政治。现在我要移风易俗，非得迁都不行。这回我出兵伐齐，实际上是想借这个机会，带领文武官员迁都中原，你看怎么样？"

Emperor Xiaowen considered his statement, and then dismissed his court. Returning to his quarters, he summoned Tuoba Cheng for a private meeting, at which he said, "To be frank, I scolded you in public really just to deter the others. I believe Pingcheng is an ideal location for making war, but not fertile ground for political reform. To achieve my vision of reform, there is no alternative to moving the capital elsewhere. The real intent behind my proposal to make war on the Qi is to take the opportunity to move the whole court to the Central Plains. What do you think about my plan?"

拓跋澄恍然大悟，马上同意魏孝文帝的主张。

Thus enlightened, Tuoba Cheng gave his immediate endorsement to the emperor's proposal.

公元493年，魏孝文帝亲自率领步兵骑兵三十多万南下，从平城出发，到了洛阳。正好碰到秋雨连绵，足足下了一个月，到处道路泥泞，行军困难。但是孝文帝仍旧带盔披甲骑马出城，下令继续进军。

In 493 AD, Emperor Xiaowen of the Northern Wei, at the command of 300,000 infantry and cavalrymen, set out from Pingcheng on a southward march. By the time they reached Luoyang, a month-long spell of incessant autumn rain had turned all the roads into muddy tracks, hampering their movements. Still, the armor-clad Emperor Xiaowen rode on out of the Luoyang city gate and ordered the troops to continue their march.

大臣们本来不想出兵伐齐，趁着这场大雨，又出来阻拦。孝文帝严肃地说："这次我们兴师动众，如果半途而废，岂不是给后代人笑话。如果不能南进，就把国都迁到这里。诸位认为怎么样？"

Since his ministers had never really supported this expedition against the Qi, they now tried to use the heavy rains as an excuse to have the operation called off. Hearing their pleas, Emperor Xiaowen answered solemnly, "We would go down in history as laughing stocks if we came this far with such a large force and then had nothing to show for it. If you really don't want to go further south, then why don't we stay here and make this city our new capital? What do the ministers think?"

大家听了，面面相觑，没有说话。孝文帝说："不能犹豫不决了。同意迁都的往左边站，不同意的站在右边。"

一个贵族说："只要陛下同意停止南伐，那么迁都洛阳，我们也愿意。"许多文武官员虽然不赞成迁都，但是听说可以停止南伐，也都只好表示拥护迁都了。

They merely looked at each other without speaking. The emperor pressed his question, "This is no time for delay. All those who are for the new capital, move to the left, and those against to the right!"

A nobleman said, "If your Majesty agrees to scuttle this southern expedition, then we will also go along with the idea of the new capital." Although many of the ministers were not fans of the idea of moving the new capital to Luoyang, the promised abandonment of the southern campaign made unwilling converts of them.

孝文帝把洛阳一头安排好了，又派任城王拓跋澄回到平城去，向那里的王公贵族，宣传迁都的好处。后来，孝文帝又亲自到平城，召集贵族老臣，讨论迁都的事。

After Emperor Xiaowen and his court settled down in Luoyang, he dispatched Tuoba Cheng, the Prince of Rencheng back to pingcheng to persuade the nobility of the benefits of the move to the new capital. Afterwards, the emperor himself went back to Pingcheng to discuss the matter with the assembled ministers and members of the aristocracy.

平城的贵族中反对的人还不少。但他们搬出的一条条理由都被孝文帝驳倒了。最后，那些人实在

Many of the aristocracy in Pingcheng were against the move. However, the emperor was able to shoot down each of their excuses one by one. When the noblemen

讲不出道理来，只好说：“迁都是大事，到底是凶是吉，还是卜个卦吧。”

ran out of arguments, they invoked one final defense: “Moving the capital is no light matter. We should consult the oracle to find out if the move would be auspicious or not.”

孝文帝说：“卜卦是为了解决疑难不决的事。迁都的事，已经没有疑问，还卜什么。要治理天下的人应该以四海为家，今天走南，明天闯北，哪有固定不变的道理。再说我们上代也迁过几次都，为什么我就不能迁呢?”

Emperor Xiaowen replied, “Divination is used to solve hard-to-decide cases. It is uncalled for in the present case because all the questions about moving the capital have been answered. We who have the charge of running the country should feel at home anywhere in our dominion. We should be ready to be here one day and in another place the next. Nothing is set in stone. Besides, in past eras others moved their capital. There's no reason why we cannot do the same.”

贵族大臣被驳得哑口无言，迁都洛阳的事，就这样决定下来了。

The noblemen and ministers had no answer to the emperor's arguments, and so the decision to move the capital to Luoyang was finalized.

孝文帝把国都迁到洛阳以后，决定进一步改革旧的风俗习惯。

After the official move of the new capital to Luoyang, Emperor Xiaowen set out to take the reform of society's old ways and old-fashioned customs one step further.

有一次，他跟大臣们一起议论朝政。他说：“你们看是移风易俗好，还是因循守旧好?”

At a discussion of statecraft, he asked his top aides, “Are you for business as usual, or for changing the old ways of doing things?”

咸阳王拓跋禧说：“当然是移风易俗好。”

Tuoba Xi, the Prince of Xianyang, replied, “We are certainly all for change.”

孝文帝说：“那么我要宣布改革，大家可不能违背。”

Emperor Xiaowen answered, “In that case, I will announce reform measures. Since you have already given your pledge of support, you cannot go back on your word.”

接着，孝文帝就宣布几条法令：改说汉语，三十岁以上的人改口比较困难，可以暂缓，三十岁以下、现在朝廷做官的，一律要改说汉语，违反这一条就降职或者撤职；规定官民改穿汉人的服装；鼓励鲜卑人跟汉族的士族通婚，改用汉人的姓。北魏皇室本来姓拓跋，从那时候开始改姓为元。魏孝文帝

The emperor soon promulgated decrees that, among other things, made the Han language the official language of the country. This new requirement was waived for people above the age of 30 who might find it difficult to learn a new language. However, court officials under 30 had to speak the Han Language. Anyone found in violation of this rule would be demoted or dismissed. The new regulations also required civilians and officials to wear traditional Han clothing. Xianbei n-

名元宏，就是用了汉人的姓。

魏孝文帝大刀阔斧的改革，使北魏政治、经济有了较大的发展，也进一步促进了鲜卑族和汉族的融合。

（曹余章）

atives were encouraged to intermarry into Han scholar-official families and adopt Han People surnames. The original surname tuoba of the Northern Wei royal lineage was thenceforth changed to Yuan. Emperor Xiaowen himself adopted the Han People name of Yuan Hong.

The radical reforms of Emperor Xiaowen of the Northern Wei were instrumental in advancing its political and economic development, and in promoting the harmonious intermingling of the Xianbei and the Han peoples.

(Yawtsong Lee)

二、诵读唐诗

登鹳雀楼

王之涣

白日依山尽，
黄河入海流。
欲穷千里目，
更上一层楼。

On the Stork Tower

Wang Zhihuan

The sun beyond the mountains glows,
The Yellow River seawards flows.
You can enjoy a grander sight,
By climbing to a greater height.

（许渊冲译）

【陈邦炎赏析】诗的前两句把上下、远近、东西的景物，全都容纳进诗笔之下，使画面显得特别宽广、辽远。当前景和意中景融合为一，增加了画面的广度和深度。后两句把诗篇推引入更高的境界，向读者展示了更大的视野。诗句看来只是平铺直叙地写出了登楼的过程，而其含意深远，耐人探索。这里有诗人的向上进取的精神、高瞻远瞩的胸襟，也道出了要站得高才能看得远的哲理。

三、重温《论语》

子曰："质胜文则野，文胜质则史。文质彬彬，然后君子。"（出自《论语·雍也》）

【今译】孔子说："质朴多过文采，就会显得粗鄙；文采多过质朴，就会显得虚浮。只有二者配合恰当，才能成为君子。"

【英译】Confucius says, "If inborn characteristics overshadow acquired refinement, then crudeness will show. If acquired refinement overshadows inborn characteristics, then pretentiousness will set in. To become a true gentleman, one has to strike a balance between the two."

【现实意义】"史"本义指宗庙里的祝史，或衙门里的文书。在这里指各种繁复、华而不实的礼节仪文。"文质彬彬"的要求，在现代社会也不过时。无论是品牌经营、个人形象，还是艺术创作，都要"文质彬彬"，既要内容又有形式，内在品质与外在包装缺一不可，如此方能获得成功。如果质胜于文，则产品不能悦人眼目，销路难畅；如果文胜于质，则虽能畅销一时，却后劲不足，不能长久。所以说，培养自己成为文质彬彬的人，是年轻人求学时期的一个重要目标。

原典杂辑

博学之，审问之，慎思之，明辨之，笃行之。（出自《礼记·中庸》）

【解释】广泛地学习各种知识，详细地向别人询问，缜密地进行思考，明确地分辨是非，踏踏实实地去践行。

【宋·朱熹注】学、问、思、辨，所以择善而为知，“学而知”也。笃行，所以固执而为仁，“利而行”也。

第三节　拓展练习题

一、单选题

1.“太学”这一官办教育机构是在(　　)出现的。

A. 唐代　　B. 汉代　　C. 秦代　　D. 周代

2. 中国历史上对外开放水平最高的朝代是(　　)。

A. 汉代　　B. 唐代　　C. 宋代　　D. 元代

3. 王朝时代最重要的礼是(　　)。

A. 婚礼　　B. 丧礼　　C. 饮酒礼　　D. 祭礼

4. 以下不是魏晋中正官考评人物依据的是(　　)。

A. 家庭出身　　B. 家族背景　　C. 道德品行　　D. 诗词歌赋

5. 以下属于新石器时代文化的是(　　)。

A. 仰韶文化　　B. 北京人文化　　C. 许家窑人文化　　D. 山顶洞人文化

6. 在封建社会，(　　)每三年一次在省城举行，取中者称“举人”，已有做官资格。

A. 会试　　B. 院试　　C. 乡试　　D. 殿试

7. 三省六部制是(　　)的中央官制。

A. 秦朝　　B. 战国时期　　C. 西汉时期　　D. 隋朝

8. 古代丝绸之路的开拓者是(　　)。

A. 唐代的玄奘　　B. 明代的郑和

C. 西汉的司马迁　　D. 西汉的张骞

9. 古代著名史学著作《史记》和《资治通鉴》的作者分别是(　　)。

A. 司马迁和司马昭　　B. 司马炎和司马迁

C. 司马迁和司马光　　D. 司马相如和司马昭

10.《马可·波罗游记》反映的是(　　)时期中国的情况。

A. 唐朝　　B. 秦朝　　C. 明朝　　D. 元朝

11. 世界上最早的纸币“交子”出现在(　　)时期。

A. 北宋　　B. 南宋　　C. 元朝　　D. 明朝

12. 围棋起源于中国，是一项益智类的游戏和运动。(　　)不是围棋的别称。

A. 手谈　　B. 烂柯　　C. 枯戏　　D. 坐隐

13. 人才蔚起，国运方兴。我国古代有很多慧眼识才的故事，下列事件按时间先后顺序排列应该是(　　)。

①萧何月下追韩信②李世民不计前嫌任用魏徵③刘备三顾茅庐请诸葛亮④秦穆公羊皮换百里奚

A. ④①③②　　B. ④①②③　　C. ④③①②　　D. ①④③②

14. 党的十八届三中全会高度评价了十一届三中全会召开35年来的成功实践和伟大成就，全会认为改革开放是党在新时代条件下带领全国各族人民进行的新的伟大革命，是当代中国最鲜明的特色，是决定当代中国命运的关键抉择，是党和人民事业大踏步赶上时代的重要法宝。在我国历史上也经历了多次改革，涌现出不少的改革家，下列改革家和改革措施对应正确的一项是(　　)。

A. 管仲——废井田，开阡陌　　B. 王安石——一条鞭法

C. 张居正——青苗法　　D. 雍正皇帝——摊丁入亩

15. 在我国历史上不乏爱国忠勇之士，下列名句与作者对应正确的是(　　)。

①人生自古谁无死，留取丹心照汗青——文天祥②位卑未敢忘忧国——屈原③天下兴亡，匹夫有责——顾炎武④苟利国家生死以，岂因祸福避趋之——林则徐

A. ②③④　　B. ①②④　　C. ①③④　　D. ②④

二、填空题

1. 明代以后，________被规定为科举考试的固有模式。

2. 被称为“中国的高尔夫”的中国古代球类运动是________。

3. “乌纱帽”在________朝指代官职得以正式确立。

4. ________是中国古代服饰当中最具有文化符号的产物，在世界上也有很大的影响力。

5. 丝绸之路上消失的古国最有名的一个是________古国。

6. 宋代在中书省内设政事堂，简称“中书”，与________院分掌事务，合称“二府”。

7. 秦代中央设置了三公九卿的职官制度，其中三公即________、太尉和御使大夫。

8. 我国________族的史诗《________》，是世界上最长的史诗之一。

9. 广西南部的________原始崖壁画是壮族古代文化艺术精华；土家族的土家锦与“________”并称为土家族人民的艺术之花。

10. 古代科举考试中，“连中三元”是指某人在乡试、________和殿试中均考取第一名。这三个第一名依次称解元、________和状元。

三、交流与体验

1. 中国传统思想的发展演变大致经历了哪些阶段？

2. 为什么说先秦文化是中国文化的源泉？

3. 为什么说隋唐两宋时期是中国文化的鼎盛时代？

4. 中华文化对外交流的历史源远流长，对中华文化发展产生了双向影响，一方面使中华文化向外传播，形成了稳定而悠久的中华文化圈；另一方面使中华文化得以利用其他文明成就，吸收多元文化因素进入中华母体，丰富和壮大中国传统文化体系。这一切又都展现着中华文化具有和平、包容、进取和稳定的优秀品质。你能简单概括一下两汉时期、隋唐时期、宋元明清时期的中外文化交流情况吗？

5. 元明清三朝，中国文化进入衰变期，重农抑商的国家观念是罪魁祸首。请以此命题为辩论题目，在班内开展一次辩论赛。

答案

第三章　汉语汉字

课程思政

文明是社会进步和国家发展的重要标志。文明是人类共同的期盼和不懈的追求。

“人无礼则不生，事无礼则不成，国无礼则不宁。”(战国·荀子《荀子·修身》)

“崇道而忘势，行义而忘利，修德而忘名。”(宋·苏轼《文与可字说》)

“勿以恶小而为之，勿以善小而不为。”(裴松之注引《诸葛亮集》《三国志·蜀书·先主传》)

第一节　汉语汉字概述

一、汉语概述

(一) 汉语的发展

现代汉民族共同语(普通话)是历史形成的。从汉语的历史发展情况来看，汉族早在汉代以前就使用着一种统一的书面语言。这种古代书面语言最初也是建立在口语的基础上的。后来，它跟口语的距离越来越远，成了一种脱离口语的书面语言，通常称为文言或文言文。到唐宋时代，又产生了一种接近口语的书面语言——白话。白话是在北方方言的基础上形成的。宋元以来，用白话写作的各种文学作品很多，有话本、戏曲，有影响较大的小说，如《水浒传》《西游记》《儒林外史》《红楼梦》等。这些白话文学作品都是用北方方言写成的。这些作品的流传，加速了北方方言的推广。

金元以来，北京成了我国政治、经济和文化的中心。由于政治、经济的集中，北京话的影响逐渐显著，其地位日益重要。一方面，北京话作为官府的通用语言传播到了全国各地而发展成为“官话”，“官话”便逐渐成了各方言区之间共同使用的交际工具；另一方面，白话文学作品，特别是元明戏曲，也更多地接受了北京话的影响。可见，远在数百年前，以北京话为代表的北方方言在整个社会中就已经处于非常重要的地位。汉语方言通常分为七大方言(图 3-1)：北方方言(又称官话)、吴方言、湘方言、赣方言、客家方言、粤方言和闽方言。北方方言大多比较接近普通话，容易听懂，其他方言就比较难听懂。在 3000 多年的时间里，汉语经历了长期的发展变化，也不断与其他民族语言交流融合。大家在游览中国的名胜古迹时，常常可以看到对联、诗歌、题字，大多数都是用中国古代的文言文和繁体字书写的。文言文是在先秦口语基础上形成的书面语。

图 3-1　七大方言区

到了唐代和六朝的时候，人们口头上说的汉语和书面的文言文已经有了很大的不同。明清时期中国的四大名著都是古白话文的代表作。1919 年“五四运动”后，白话文逐渐在全社会普及应用，现代汉语慢慢发展成熟。

新中国成立以后，由于国家的统一，人民的团结，政治、经济和文化的发展，对于民族共同语的进一步统一和规范化，有了更高的要求，各地人民对学习普通话也有了迫切的需要。因此，1953 年，国家语音工作人员曾先后两次来到河北省滦平县金沟屯镇金沟屯村(图 3-2)进行普通话标准音采集。普通话是根据从滦平采集的语音来最后定的标准。中国科学院于 1955 年召开了现代汉语规范问题学术会议，经国务院确定现代汉民族的共同语就是“以北京语音为标准音，以北方话为基础方言，以典范的现代白话文著作为语法规范的普通话”，并大力向全国推广。

新中国成立以来，由于我国的国际地位日益提高，汉语在世界上的影响也就越来越大。汉语是联合国的六种工作语言之一，在国际交往中，它发挥着很重要的作用。现在国际上，研究汉语的机构不断地在建立，学习和研究汉语的人也越来越多了。

图 3-2 普通话标准音采集地

（二）熟语

汉语里有很多从古代流传下来的熟语。所谓熟语指固定的词组，只能整个应用，不能随意变动其中成分，并且往往不能按照一般的构词法来分析。

成语的书面语色彩很浓，常常起源于古代历史故事、寓言故事、神话传说或文学作品。有时候不能简单根据字面意思猜出这个成语的意思。比如，“高山流水”是指遇到了很了解自己的人。

俗语(又称谚语)，是人们口头流传的通俗易懂的固定短语，常用来说明某个道理，如“不当家，不知柴米贵；不生子，不知父母恩”。

惯用语除了表面的意思外，还有深层次的比喻引申义。如“吹牛皮”“穿小鞋”“磨洋工”“背黑锅”“眼中钉”“肉中刺”“狗腿子”“不管三七二十一”“八竿子打不着”等。

歇后语分成前后两段，像谜语一样，前面是比喻，后面是说明。有谐音和寓意两种类型。谐音的如“外甥打灯笼——照旧(舅)”“和尚打伞——无法(发)无天”；寓意的如“哑巴吃黄连——有苦说不出”“过街老鼠——人人喊打”“泥菩萨过河——自身难保”。

（三）汉语的文化特征

汉语反映汉民族的语言习俗，比如，歇后语就是因汉语特点而形成的。

文化对语音有影响，如把北京语音作为普通话的标准语音，是与北京作为中华人民共和国的首都、作为中国的政治文化中心的地位分不开的。文化对语法也有影响，如随着近代中国文化对西方文化的吸收，汉语语法出现了欧化的倾向。文化对词汇的影响最明显，词汇常常会因社会生活和社会思想的变化而变化。如随着封建社会的消亡，许多表示封建社会称谓的词语，像“皇帝”“宰相”“状元”等，随着那个时代的消亡而不再出现在人们的日常生活中；随着高新科技的发展，许多新词语在社会上流传开来，像“网吧”“电子邮件”

“数码相机”等。

汉语方言众多，这给以方言为基础的地方曲艺的形成、发展和极大丰富提供了条件。

（四）中国传统的语言观念

趋吉避凶是每个民族都有的习俗，而利用语言进行趋吉避凶则反映了人们对语言的崇拜。汉语同音词多，因此人们往往利用同音词进行谐音取义，委婉地表达自己的心愿。例如，人们希望“年年有余”，因“鱼”与“余”同音，所以年夜饭里有“鱼”，年画(图3-3)中也有“鱼”。

图3-3　年画

我国方言歧异，为了取得好的传达效果，自古就有使用共同语的传统。孔子是山东人，他平时说的大概是山东话，但他在读《诗经》《尚书》的时候、在行礼的时候，使用的是“雅言”。

为了取得好的语言传达效果，古人还特别重视说话的场合、说话的对象、说话的时机、说话的分寸。

文采丰富了语言表现力，对文学的发展具有非常积极的意义。从汉赋和魏晋骈文，到唐诗、宋词、元曲、明清小说，中国文学蔚为壮观，修辞功不可没。但对形式美的追求，有时以牺牲内容为代价，则不可取。

二、汉字概述

汉字在数千年的历史发展中，顽强地维护着自己的表意文字特点，成为世界上最古老、最有严密系统的表意文字，其形式直接与意义相联系。

（一）汉字的起源

汉字有悠久的历史，从现在能见到的最早的甲骨文算起，汉字已有四五千年的历史。

汉字成为系统成熟的文字是在公元前16世纪的商朝。刻在龟甲和动物骨头上的甲骨文，在地下埋了3600多年，直到清朝末年才被人发现可能是中国的一种文字。一个多世纪以来，出土的有字甲骨文已经达到了十多万片。在商代，国王做任何事情之前都要占卜，问老天爷是吉还是凶。甲骨是占卜时的用具。占卜的人在甲骨上写的记录就是甲骨文。甲骨文记录和反映了商朝的政治和经济状况。甲骨文像一幅幅图画，是一种象形文字。目前发现的甲骨文单字有5000个左右，经过文字学家们的研究和整理，能够确认意思的字有1500个左右。

（二）汉字的演变

随着时代的发展，记录文字的工具由甲骨（商朝）变成了青铜器（商朝后期到周朝后期），然后是竹简（东周到魏晋），到东汉时成了纸。汉字也从甲骨文逐渐变为刻在青铜器上的金文，刻在石头上的大篆、小篆，写在竹简上的简化篆书、隶书，最后到写在纸上的隶书、楷书、草书和行书，并发展出中国独特的书法艺术和篆刻艺术。

在汉字发展过程中，社会发展不断对汉字提出新的要求，同时汉字书写工具的不断改善也为汉字形体（图3-4）的发展提供了条件，汉字形体先后经历了甲骨文、金文、小篆、隶书、楷书等字体的变化。甲骨文和金文以象形图画为主。秦朝统一文字，使用的小篆把每个字的笔画数固定下来；隶书构成了新的笔形系统，字形变成扁方形，是古今文字的转折点；楷书出现以后，汉字的字形字体就稳定下来，确定了横、竖、撇、捺、折、提、点的基本笔画，笔形得到了进一步的规范，各个字的笔画数和笔顺也固定下来了。一千多年来，楷书一直是汉字的标准字。

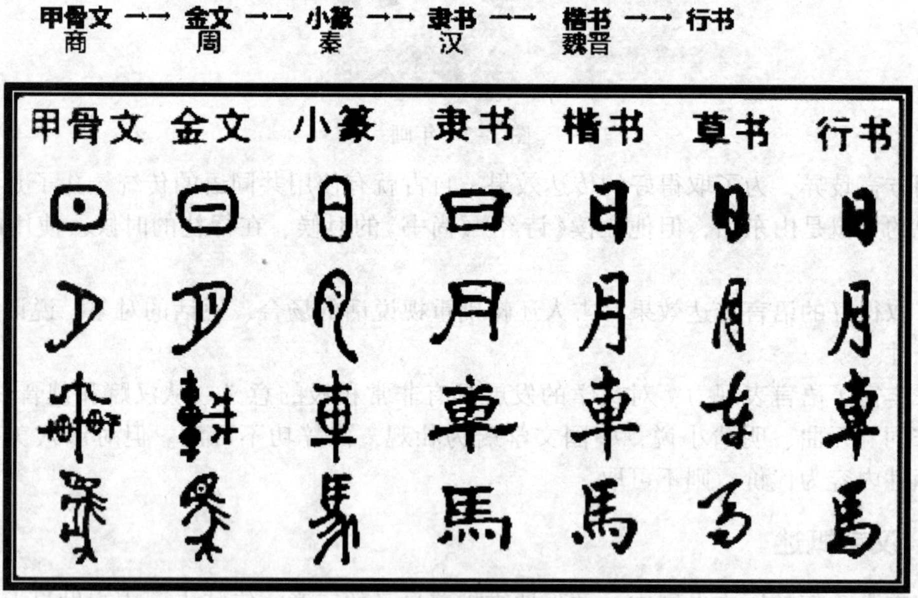

图3-4　汉子形体演变

（三）汉字造字法

汉字是一个个的方块，是在一个二维平面上构型的。这个两维度的空间为汉字构件的结合提供了许多区别的因素，除了不同的构件可以组合成不同的汉字以外，相同的构件也可以构成不同的汉字。如“木”“林”“森”是构件多少的差别造成的，“叶”与“古”、“杲”与“杳”是构件的位置不同造成的。

汉字在造字之初，以象形、指事、会意为手段。后来，随着汉语词汇的扩大，逐渐发展出形声的造字方法。

象形(图 3-5)指用文字的线条或笔画，把事物的外形、特点具体地画出来。象形字来自图画文字，是一种最早最古老的造字方法。它的局限性很大，因为有些事物是画不出来的。

少数指事字(图 3-6)只用抽象的符号，如“一”“二”“三”用一横、两横、三横来表示。大多数指事字在象形的基础上，加上有抽象意义的符号，表示别的意思，如“刃”在“刀”加一点，表示刀口；“甘”在口内加一点，表示口中含有甘美的食物。

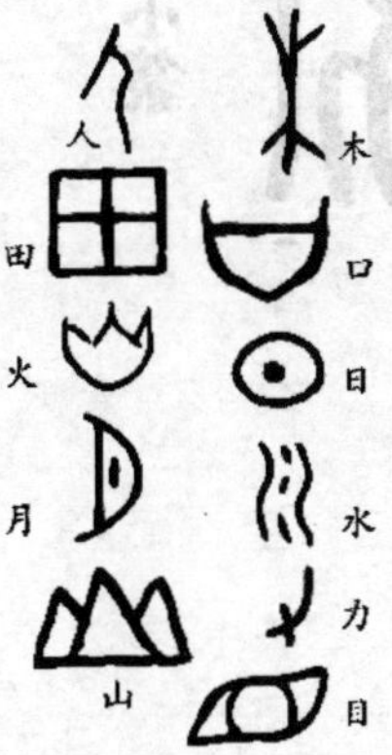

图 3-5　象形字

图 3-6　指事字

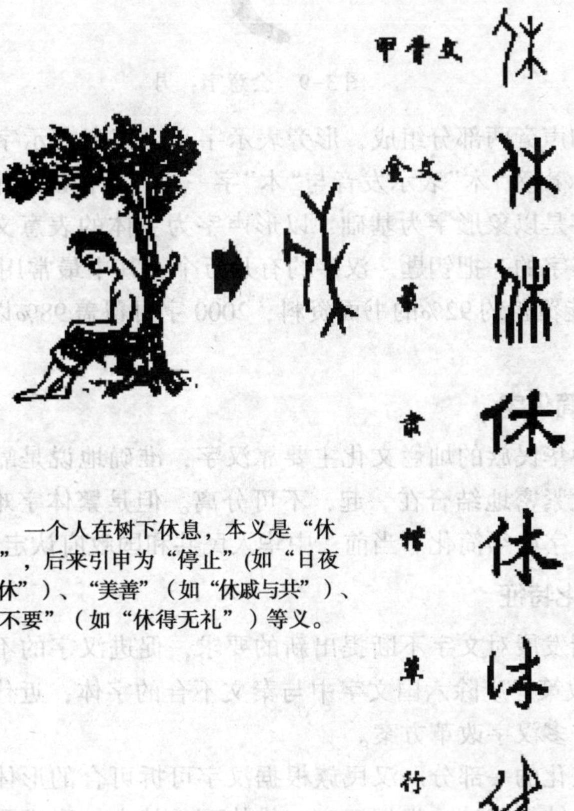

图 3-7　会意字：休

会意字由两个或多个独体字组成，两部分的形状和意思合起来表达这个字的意思。例如：“休”（图 3-7）：是一个人在树下，表示休息的意思；“家”（图 3-8）：上面表示房子，下面是一头猪；“男”（图 3-9）：上面是田，下面是力。

图 3-8　会意字：家

图 3-9　会意字：男

形声字由形旁和声旁两部分组成，形旁表示字义，声旁表示字音，例如：“沐”：形旁“氵”表示和水有关，声旁“木”表示发音与“木”字一样。现代汉字中形声字占了 90%以上。

总的说来，汉字是以象形字为基础，以形声字为主体的表意文字系统。象形字虽然字数不多，却是掌握汉字的一把钥匙。汉字约有几万个，其中最常用的有 3000 个左右。据统计，1000 个常用字能覆盖约 92%的书面资料，2000 字可覆盖 98%以上，3000 字时覆盖率已达到 99%。

（四）繁体字和简化字

三千多年来，中华民族的灿烂文化主要靠汉字，准确地说是靠繁体字流传下来的。繁体字与中国历史文化紧密地结合在一起，不可分离。但是繁体字难读、难写、难记。为了方便书写和识记，汉字必须简化。当前，中华人民共和国政府认定的简化字共有 2235 个。

（五）汉字的文化特征

中国文化的不断发展对文字不断提出新的要求，促进汉字的不断发展。如秦统一天下后，实行“书同文”政策，废除六国文字中与秦文不合的字体；近代文化史上为了与西方文化接轨，又提出了许多汉字改革方案。

文字本身就是文化的一部分。汉民族根据汉字可拆可合的形体特点，造成特有的字谜游戏和姓氏避讳中的缺笔避讳；根据汉字二维构型的特点，形成了特有的汉字书法艺术和印玺艺术。

文字是文化的载体。离开了文字，许多文化事象不可能传播和传承。例如，历代古书的失传非常严重，孔子研究六部古书：《诗》《书》《礼》《乐》《易》《春秋》，其中《乐》在战国时代失传了，于是“六经”变成了“五经”，我们今天已无法系统了解《乐》的内容，这说明汉字对中国文化传播的重要性。

（六）汉字观念

对于汉字的认识是与中华民族的盛衰紧密联系在一起的，从古至今的汉字观念主要有：汉字崇拜、汉字否定、汉字维护与重新认识。

1. 早期的汉字崇拜

大概从汉字作为一个系统初步形成之日起，我们的祖先就给它涂上了一层神秘的色彩，使人们对汉字产生神圣不可侵犯的敬畏心理。“河图洛书说”是文字神赐说的一个典型代表。这个传说认为，汉字是神派龙马、灵龟、凤凰等灵物驮到人间的。而“仓颉造字说”是圣人造字说的典型代表。《吕氏春秋·君守》说：“仓颉作书，后稷作稼。”仓颉（图 3-10）是传说中造字的圣人，他被赋予和教人们种植的后稷同样崇高的地位，被夸张成长着四只眼睛。在古人心目中，只有长了那么多的眼睛的人才可能对世界万物细致观察，才能够创造出反映大大小小事物的文字。

图 3-10　仓颉

2. 近代对汉字的否定

对汉字的否定主要是从近代开始的。当近代中国政治、科技落后于西方的时候，汉字成为首当其冲的批判对象，汉字的神秘性、尊严性不复存在了，汉字被当作传统文化中的糟粕，命运岌岌可危。否定派急先锋是吴稚晖和钱玄同。当然，新文化运动开始后，有不少有识之士，积极探索汉字改革方案，提出了许多拼音文字方案，如赵元任的《国语罗马字的草稿》、瞿秋白的《中国拉丁化字母草案》等。

新文化运动所提出的主要文字改革主张和措施，在建国后的文字改革运动中得以延续。提出了文字改革的三大任务——简化汉字、推行普通话、制定和推行汉语拼音方案。

3. 汉字维护与重新认识

在近代否定汉字的浪潮中，章炳麟发表文章予以反驳。他指出，一个国家的文字之所以能够保存、传衍，是因为它与本国的语言相契合。

20 世纪后期信息时代的到来使汉字在信息处理上又一次面临考验，再一次引起了人们对汉字的思考和论争。人们客观地评价汉字的优劣，肯定汉字在中华文化传播中的作用，并拓宽了汉字研究领域。人们注意揭示汉字本身蕴含的丰富的文化信息，突出了汉字与汉民族、汉文化等的关系研究，加强了汉字教育、汉字信息处理和汉字传播等汉字应用研究。这些研究加深了人们对汉字与思维方式、汉字与民族文化传播、汉字与艺术、汉字与民俗等关系的认识，并在信息处理方面取得了显著的成绩。比如，早在 1983 年王永民发明“王码五笔字型”汉字输入法，首创“汉字字根周期表”（图 3-11），有效解决了进入信息时代的汉字输入难题。2018 年 12 月 18 日，党中央、国务院授予王永民同志改革先锋称号，颁授改革先锋奖章，王永民同志还获评“推动汉字信息化的‘王码五笔字型’发明者”。再比如，王选（1937—2006 年）领导研制成功的“汉字激光照排系统”为中国新闻出版业普及推广中文计算机排版作出了巨大贡献。2018 年 12 月 18 日，党中央、国务院授予王选同志改革先锋称号，颁授改革先锋奖章，王选同志还获评“科技体制改革的实践探索者”。

图 3-11　王码字根表

第二节　双语阅读

一、以史为鉴

和为贵

很久以前有个张员外，他有三个女儿。大女儿叫金香，二女儿叫银香，小女儿叫和香。一天，张员外问三个女儿：“你们说天下什么东西最宝贵?”

Harmony Is Precious

There used to be a rich man whose surname is zhang, and he had three daughters. The eldest was called Jinxiang, the next-eldest was called Yinxiang, and the youngest was called Hexiang. One day, their father asked each of them in turn: “What is the most valuable thing in the world?”

"黄金"，大女儿不假思索地回答。二女儿回答说："白银。"张员外听了两个女儿的回答点点头。小女儿想了想说："天下最宝贵的是和。"张员外听了摇摇头。

"Gold", answered the eldest, without hesitation. Likewise, the second-eldest answered "Silver". Old Zhang nodded. When it came to the youngest girl's turn, she thought for a while, and then said, "Harmony". This time, her father shook his head.

过了几天，张员外又把三个女儿叫到跟前，给了金香一袋黄金、银香一袋白银、和香一个空口袋。末了，张员外说："你们去各找各的婆家吧。"他特别关心地对小女儿说："我的傻闺女，希望老天保佑你找个聪明的丈夫。"

A few days later, the rich man called his daughters to him once more. He gave to Jinxiang a bag of gold (Jin—Trans.), to Yinxiang a bag of silver (Yin—Trans.) and to Hexiang an empty bag. He then said, "Now go and find husbands for yourselves." To his youngest daughter, he said in a tone of great concern. "My foolish girl, I only hope that Heaven finds a clever husband for you."

带着黄金的金香找到了一个大户人家。带着白银的银香也找到了一个不错的丈夫。只有带着空袋的和香，还在路上走啊走。一天傍晚，她来到了一个深山沟里，又累又饿，坐在一块石头上伤心地哭了起来。

With her bag of gold, Jinxiang married into a rich family. With her bag of silver, Yinxiang married a man who was fairly well-off. But Hexiang, with her empty bag, was left wandering the streets. One evening, she found herself in a mountain gully. Tired and hungry, she sat down on a rock, and burst into broken-hearted sobs.

这时，来了一个青年汉子，名叫木驼。他见一个姑娘在哭，便走上去问："小姐，你怎么了?"

After a while, along came a sturdy young man called Mutuo. When he saw the tearful girl, he walked up to her, and said, "What is the matter, Miss?"

姑娘不说话，只是连连摇头。

But Hexiang made no reply, she just sat there shaking her head.

木驼又说："你一定是饿了。前面那间茅屋就是我的家，到我家吃点儿饭再说。"和香跟着他走到茅屋跟前。木驼说："吃完饭你要是走，我就提着火把送你。你要是累得走不动，就在我这里住一夜。你睡在床上，我睡在外面的锅灶旁边。"

Mutuo then said, "You must be hungry. That cottage ahead is my home. Please come in for a bite to eat." Hexiang followed him to the cottage. Mutuo then said, "After eating, if you want to continue your journey, I will escort you. But if you are too tired to go on, you may spend the night here, while I sleep outside next to the stove."

第二天一早，木驼煮好了早饭，吃完了就上山开荒去了。中午木驼回来，和香已经把饭煮好了。渐渐地，两个人熟了，就把自己的身世和遭遇告诉了对方。当和香讲到大姐分得一袋黄金，二姐分得一袋白银的时候，木驼就问："黄金

Early the next morning, after breakfast, Mutuo set off into the mountains to reclaim wasteland. When he returned at noon, he found that Hexiang had a meal ready for him. Little by little, they got well acquainted, and told each other of their backgrounds and experiences. When Hexiang told Mutuo the story of how her eldest sister had been given a bag of gold and her elder sister a

和白银是什么样的?"和香说:"黄金是放着金光,白银则白得发亮。"木驼说:"这些东西有什么稀奇的?我打柴那边的山洞里有的是。不信,我陪你去看。"他们来到山洞,和香一看,果真是黄金和白银。他们就拿了一些回来,换回木材、砖瓦,盖了一幢漂亮的房子。他们在大门上还安了一个装满金银的方斗。没过多久,两个人就成了亲。婚后,两个人和和睦睦,日子过得挺好。

过了几年,张员外要去看看三个女儿,到底谁的生活过得最好。他先到大女儿家,大女儿生活得挺好。再到二女儿家,二女儿过得也不错。最后,他来到小女儿和香家。和香夫妇开了侧门来迎接,张员外很不高兴。晚上,女儿女婿用山珍海味招待,张员外生气不肯吃。住了一夜,第二天一早张员外就要走。

他一边往外走一边说:"我回去不要你们送,只要让我走大门就行了。"

和香说:"爹,我家的大门是不能开的。"

"管它开得开不得。"张员外硬要从大门走。可是,大门刚一打开,方斗里的金子、银子就像雨点一样哗哗地往下掉,张员外被打得"哎哟哎哟"直叫。这时,他才明白,家和万事兴,世上最宝贵的是"和",有了"和",金银财宝才会进来,生活才会美好。

后来,人们就用"和为贵"这句话来教育子女要团结友爱,和睦相处。

(张呈富,王士均)

bag of silver, the young man asked her what gold and silver looked like. "Gold gives off a shiny gold gleam, while silver gives off a white light." Mutuo then asked, "What is rare about such things? There's plenty of them in a cave in the valley where I cut wood. I'll show you if you don't believe me." So the two of them went to the cave, and, sure enough, Hexiang saw that it was filled with heaps of gold and silver. They took some back to the cottage with them, bought some wood and some bricks, and built a nice little house. On top of the main gate they placed a pot full of gold and silver. Soon after that, they got married, and lived in peace and harmony.

Several years passed, and rich man Zhang decided to visit his three daughters to see which one of them had fared best. He found that his eldest was doing very well, and his second-eldest was doing all right. Finally, he made his way to his youngest daughter's house. Zhang was annoyed to find himself ushered in through the side gate, and when his daughter and son-in-law served him a banquet of fine dishes, he was still so angry that he could not eat.

As he was preparing the depart the following morning, he said, "Don't bother to see me off, just show me where the main gate is, I'll leave that way."

But his youngest daughter protested: "Father, the main gate doesn't open."

Zhang was adamant, and insisted on trying to open the main gate. As he did so, the gold and silver in the big pot on top of it showered down on him like a rainstorm. In the midst of his startled yelps, he realized that harmony in the family makes everything wonderful, that harmony is the most precious thing in the world, and that harmony can bring gold and silver with it, and make life beautiful.

Later, the expression "he wei gui," meaning "harmony is precious," was used to teach children the value of treating each other with kindness and consideration.

(Paul White)

二、诵读唐诗

春晓

孟浩然

春眠不觉晓，
处处闻啼鸟。
夜来风雨声，
花落知多少。

A Spring Morning

Meng Haoran

This morn of spring in bed I'm lying,
Not woke up till I hear birds crying.
After one night of wind and showers,
How many are the fallen flowers.

（许渊冲译）

【张燕瑾赏析】第一句破题，写春睡的香甜，也流露着对朝阳明媚的喜爱；第二句即景，写悦耳的春声，也交代了醒来的原因；第三句转为写回忆；第四句又回到眼前，由喜春翻为惜春。爱极而惜，惜春即是爱春——那潇潇春雨也引起了诗人对花木的担忧。时间的跳跃，阴晴的交替，感情的微妙变化，都很富有情趣，能给人带来无穷兴味。

三、重温《论语》

子曰："知者乐水，仁者乐山。知者动，仁者静。知者乐，仁者寿。"（出自《论语·雍也》）

【今译】孔子说："智者爱水，仁者爱山。智者活泼，仁者静穆。智者快乐，仁者长寿。"

【英译】Confucius says, "A wise person loves water. A humane person loves mountains. The wise person is active, but the humane person prefers to be quiet. The wise person is happy and the humane person lives long."

【李泽厚札记】用山、水类比和描写仁、智，非常聪明和贴切。作为最高生活境界的"仁"，其可靠、稳定、巩固、长久有如山；作为学习、谋划、思考的智慧，其灵敏、快速、流动、变迁有如水。真正聪明的人之所以非常快乐，不仅因为能够迎刃而解各种问题，还因为了解人生的方向而快乐。"仁"则似乎更高一层，已无所谓快乐不快乐。怀有仁爱之心的人，胸怀宽广，具有高尚的道德修养，心境平和宁静，容易长寿。在当今市场经济下，对于患嫉妒病、红眼病的人，需要学点养心修性的本领，这样不仅有利于事业，也有利于身心健康和祛病延年。

原典杂辑

一年之计，莫如树谷；十年之计，莫如树木；终身之计，莫如树人。（出自《管子》）

【解释】若是为一年谋算，没有比种植庄稼更合适的；若是为十年谋划，没有比栽种树木更合适的；而若是要为一生制定规划，就没有比培养人才更合适的。

第三节　拓展练习题

一、单选题

1. 下列各组汉字中，象形字、指事字、会意字、形声字都有的一组是(　　)。

A. 牛 鸟 林 河　　B. 旦 末 刃 莫　　C. 辩 本 鱼 信　　D. 武 逐 步 日

2. “不在一部分人民家中一时地打烂坛坛罐罐，就要使全体人民长期地打烂坛坛罐罐。”这句话用的辞格是(　　)。

A. 衬托　　B. 拟物　　C. 借喻　　D. 借代

3. 他极力压着火气，说：“我是来工作的，不要在我和干部群众当中砌上一堵墙”。这句话用的辞格是(　　)。

A. 借代　　B. 借喻　　C. 夸张　　D. 比拟

4. “底下、当中、外头”是(　　)。

A. 专有名词　　B. 介词　　C. 处所名称　　D. 方位名词

5. 汉字是中华文化的瑰宝，汉字属表意文字，具有集形象、声音和词义三者于一体的特性。汉字的演变经历了几千年的漫长历程，排列正确的演变次序是(　　)。

①甲骨文　②草书　③篆书　④楷书　⑤隶书　⑥行书

A. ①③⑤④⑥②　　B. ①③⑤④②⑥　　C. ③①⑤④⑥②　　D. ③①⑤④②⑥

6. 关于中国文字起源，经过考证，一般认为在(　　)时期已经创造了文字。

A. 大汶口文化　　B. 仰韶文化　　C. 龙山文化　　D. 城子崖文化

7. 把“玄武门”改为“神武门”，“玄武大帝”改为“真武大帝”是避(　　)皇帝之讳。

A. 康熙　　B. 雍正　　C. 乾隆　　D. 道光

8. 有人说“中文是一种文化底蕴”，语言是文化的载体，今天我们所使用的很多成语或惯用语，都有着丰富的传统文化内涵。下列词语所对应的解释正确的一项是(　　)。

A. “弄瓦之喜”指生了男孩　　B. “椿萱并茂”指夫妻和睦

C. “桑梓之地”指故乡　　D. “七月流火”指盛夏酷热

9. 自古以来，立志就是一个经久不衰的话题。一个人要有所成就首先必须树立远大的志向。中国古代有很多激励人们树立远大志向的名言警句，值得党员干部细细品味。下列名句，属于这一话题的一项是(　　)。

①晴空一鹤排云上，便引诗情到碧霄②穷且益坚，不坠青云之志③老骥伏枥，志在千里；烈士暮年，壮心不已④生当作人杰，死亦为鬼雄

A. ②③④　　B. ①②　　C. ①③④　　D. ①②③

10. 夫妻关系是家庭中最基本的关系，夫妻和睦方能“家和万事兴”。下列成语，用来形容夫妻之间和谐关系的是(　　)。

①举案齐眉　②琴瑟和鸣　③玉友金昆　④共挽鹿车

A. ①②③④　　B. ①②④　　C. ①③④　　D. ②④

11. 官员腐败，往往因为他们经不住外在的诱惑，下列名言警句有助于提高抵抗外在诱惑能力的有(　　)。

①不以物喜，不以已悲②壁立千仞，无欲则刚③风萧萧兮易水寒，壮士一去兮不复还④不要人夸颜色好，只留清气满乾坤

A. ①②③④　　B. ①②④　　C. ①③④　　D. ②③④

12. 理想树立后，最重要的是通过实践将其转化成现实，否则理想就会成为空想。在我国传统文化中，有很多名言警句指导人们如何将理想转化成现实。这些名言警句与作者对应正确的一项是(　　)。

A. 千里之行，始于足下——荀子

B. 路漫漫其修远兮，吾将上下而求索——屈原

C. 只要功夫深，铁杵磨成针——李白

D. 业精于勤而荒于嬉，行成于思而毁于随——朱熹

13. 我国古代文人在诗词中常运用典故表达自己的思想感受，下列作品中没有使用典故的是(　　)。

A. 折戟沉沙铁未销，自将磨洗认前朝　　B. 怀旧空吟闻笛赋，到乡翻似烂柯人

C. 元嘉草草，封狼居胥，赢得仓皇北顾　　D. 庄生晓梦迷蝴蝶，望帝春心托杜鹃

二、多选题

1. 与象形、指事相比，会意这种造字法扩大了造字的范围。下列说法中正确的是(　　)。

A. 有些会意字是用相同的字重叠组成的，如“林”“炎”等

B. 有些会意字是用简单的字变换组合方式而造成的，如两个“人”后向并立为“比”，两个“人”相背为“北”等

C. 有些会意字是在象形的基础上加指示性符号组成的，如“亦”“末”等

D. 有些会意字是用有关的几个字拼合在一起组成的，如“信”“甦”等

2. 现代汉语在语法方面的显著特点是(　　)。

A. 词形变化极少；语序和虚词是表达语法意义的主要手段

B. 代词十分丰富

C. 量词十分丰富

D. 有大量的语气词，表示种种有细微差别的语气

E. 叹词独立性强

3. 现代汉语在词汇方面的显著特点是(　)。

A. 现代汉语词的结构有双音化的倾向　　B. 广泛运用简缩法构成新词

C. 现代汉语词的结构有单音化的倾向　　D. 广泛运用词根复合法构成新词

E. 广泛运用派生法构成新词

4. 双唇音和舌尖中音 d、t 能够跟(　)。

A. 开口呼韵母拼合　　B. 齐齿呼韵母拼合

C. 合口呼韵母拼合　　D. 撮口呼韵母拼合

5. 声调符号应当标在(　　)。

A. 一个音节的韵腹上　　B. 一个音节的韵头上

C. 一个音节的主要元音上　　D. 一个音节开口度最大、最响的元音上

6. 普通话的“儿化”作用是(　　)。

A. 区别词义　　B. 区分词性

C. 表示庄严的感情色彩　　D. 表示细小、亲切或喜爱的感情色彩

7.“井冈山五百里林海里，最使人难忘的是毛竹。从远处看，郁郁苍苍，重重叠叠，望不到头。”这句话显然用了“叠音”。从修辞效果看，可以达到(　　)。

A. 突出词语的意义　　B. 增强气势

C. 对比鲜明　　D. 增强音乐美感

E. 加强对事物的形象描绘

三、填空题

1. 汉字是________体系文字。

2. 古代成人礼，男子称为冠礼，女子称为________礼。

3. 熟语主要包括成语、惯用语、谚语、格言、________。

4. 用上一句的尾做下一句的头，使邻近句子头尾蝉联，上递下接，这种修辞方法叫________。

5. 汉字从产生以来，不断地演变和简化，出现过________、金文、大篆、小篆、________楷书、草书、行书等八种各具特点的形体。

6. 汉字手写体主要是________和________。

7. 严格意义的汉字造字法是指象形、________、会意、形声四种。

8. 汉语的历史一般分为三个时期，其中从上古直至________以前为古代汉语时期。

9. 现代汉语大致有七大方言。它们是北方方言、吴方言、湘方言、________方言、________方言、闽方言、粤方言。

10. 现代汉民族的共同语就是以北京语音为标准音，以________为基础方言，以典范的现代白话文著作为语法规范的________。

四、交流与体验

1. 你觉得中国的国家通用语和少数民族语言、汉语的普通话和方言之间的关系是什么？为什么中国一方面要保护语言的多样性，一方面又大力推广普通话？

2. 举例说明汉语熟语的意思与来源。

3. 谈一谈汉字的发展与演变。

4. 理解汉字“六书”，并举例说明汉字所承载的文化信息。

5. 20世纪的很长一段时间，许多人认为汉字太难，影响了中国的教育和国家的发展，汉语方块字属于应该消灭的对象，计划用拼音字母取代。现在许多外国人开始亲近汉语，喜欢方块字。《人民日报》曾发表李泓冰的文章《让汉语在国内热起来》。他认为：“国内的

英语热和海外的汉语热，从不同角度印证了中外交流已经有了巨大发展。”他又认为国内汉语有被低俗化和被忽视的倾向，这跟考试制度有一定的关系。101 岁的德国哲学家伽达默尔说，200 年以后，全世界学习汉语，也会像现在学英语那样。请谈一谈你的感想。

第四章　中国传统思想

课程思政

和谐是中华文明遵循的核心价值理念，是千百年来融入中国人民血脉的观念和准则。

“万物各得其和以生，各得其养以成。”（战国·荀况《荀子·天论》）

“天时不如地利，地利不如人和。”（《孟子·公孙丑下》）

“和气致祥，乖气致异。”（东汉·班固《汉书·刘向传》）

第一节　中国传统思想概述

一个民族的哲学思想，是这个民族精神文化中最基本、最稳定的东西。古代的中国人在长期的生活实践中，对宇宙、社会、人生等都有自己的思考和认识，形成了一套完整的思想体系，具有自身的民族特性，影响着中国人的思维方式与生活方式。孔子创始的儒家学派被列为“九流”之首。其内容，主要是“祖述尧舜，宪章文武”①，崇尚“礼乐”和“仁义”，提倡“忠恕”和不偏不倚、无过无不及的“中庸”之道。政治上主张“德治”和“仁政”。重视伦理道德教育和自我修身养性。战国时儒家有八派，重要的有孟子和荀子两派。自汉武帝罢黜百家、独尊儒术后，其学说逐渐成为中国封建社会文化主流。儒家为适合各个时期封建统治阶级的需要，总是从孔子学说中演绎出各种应时的儒家学说来。儒家学派成为中国传统文化的主体，曾在漫长的历史中为维护民族的统一、稳定社会秩序起着积极作用，对中华民族的文化保存和发展，有着巨大的贡献。

一、先秦时期的哲学

先秦指秦代以前的历史时期。从远古起，直到公元前221年秦始皇统一中国为止。商周时期，虽然宗教迷信占统治地位，但已经产生了古代朴素自然观的萌芽。春秋时期经济

①出自《礼记·中庸》：“仲尼祖述尧舜，宪章文武。”遵循尧舜之道，效法周文王、周武王之制。

的发展推动了哲学的发展。战国时期哲学思想有很大的发展。

1. 周易

《周易》亦称《易经》，简称《易》。相传系周人所作，故名。内容包括《经》和《传》两部分。《经》主要是六十四卦和三百八十四爻，卦、爻各有说明(卦辞、爻辞)，作为占卦之用。旧传伏羲画卦，文王作辞，其萌芽期可能早在殷周之际。《传》是对《经》最早的解说，包含解释卦辞、爻辞的七种文辞共十篇，统称《十翼》，旧传孔子作。《周易》通过八卦形式(象征天、地、雷、风、水、火、山、泽八种自然现象)(图 4–1)，推测自然和社会的变化，认为阴阳两种势力的相互作用是产生万物的根源，提出“无平不陂，无往不复”等富有朴素辩证法的观点。

图 4–1　太极图

2. 五行

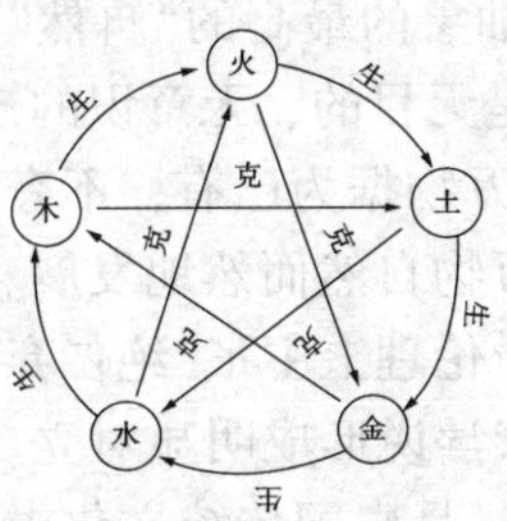

图 4–2　五行图

金、木、水、火、土五种物质(图 4–2)。中国古代思想家把五种物质作为构成万物的元素，以说明世界万物的起源和多样性的统一。战国时代，“五行”说颇为流行，并出现“五行相生相胜”理论。“相生”意味着相互促进，如“木生火，火生土，土生金，金生水，水生木”等。“相胜”即“相克”，意味着相互排斥，如“水胜火，火胜金，金胜木，木胜土，土胜水”等。这些观点具有朴素唯物论和自发的辩证法因素。“五行”说后来虽被唯心主义思想家神秘化，但由于它的合理因素，一直被保存下来，对中国古代天文、历法、数学、医学等的发展起了一定作用。

3. 儒家

创始者孔子(公元前 551 年—公元前 479 年)(图 4–3)是春秋末期的思想家、政治家、教育家。其学说以仁为核心，认为“仁”即“爱人”。提出“己所不欲，勿施于人”，“己欲立而立人，己欲达而达人”等论点，即所谓“忠恕”之道。又以孝悌为仁之本，以为“仁”的执行要以“礼”为规范，他说：“克己复礼为仁。”相信天命，但又重视人为，在生活和学习上取积极态度。政治上提出“正名”的主张，认为“君君、臣臣、父父、子子”，都应实副其“名”；提倡德治和教化。宣扬“中庸思想”，中，有中正、中和、不偏不倚等义；庸，有平常、常道等义。《论语 · 雍也》：“中庸之为德也，其至矣乎！”认为处理事情不偏不倚、无过无不及的态度，是最高的道德标准。儒家不仅以“中庸”为美德，而且还作为道德修养和处理事物的基本原则和方法。主张“执其两端，用其中于民”①，以求对立两端的统一与中和。孔子晚年开始整理或删修《诗》《书》《礼》《乐》《易》《春秋》，把自己的是非标准、人生智慧、政治思想都体现在这些书中。他的学生也把他的言论收集起来，编成《论语》一书。自汉以后，孔子学说成为两千余年传统文化的主流，影响极大。

图 4–3　孔子

①出自《礼记 · 中庸》，意为“将众人过与不及的意见加以折中，取其中道，施行于民众”。

孟子（公元前372年—公元前289年）把孔子“仁”的观念发展为“仁政”学说。提出“民贵君轻”说，劝告统治者重视人民。

荀子（约公元前313年—公元前238年）批判和总结了先秦诸子的学术思想，对古代唯物主义有所发展。反对天命、鬼神迷信之说，肯定“天行有常，不为尧存，不为桀亡”，即自然运行法则是不以人们意志为转移的客观存在，并提出“制天命而用之”的人定胜天思想。和孟子的“性善”说相反，认定人性生来是“恶”的，要有“师法之化，礼仪之道”，才可以为善，重视环境和教育对人们的影响。

4. 道家

图4-4　老子

以先秦老子（图4-4）、庄子关于“道”的学说为中心的学派。整个世界万事万物都是从“道”那里派生出来的。“道生一，一生二，二生三，三生万物。”“一”指具体万物形成之前的一种统一状态。他把这种具体万物形成之前的统一状态推崇为一种抽象的最高的“自然”法则。“道法自然”，认为“道”虽生长万物，却是无目的、无意识的，它“生而不有，为而不恃，长而不宰”，即不把万物据为己有，不夸耀自己的功劳，不主宰和支配万物，而是听任万物自然而然地发展。政治上主张“无为而治”，“不尚贤，使民不争”。伦理上主张“绝仁弃义”，以为“夫礼者忠信之薄而乱之首”，与儒家学说形成明显对立。道家思想对中国的政治、思想、科技、文化、艺术等方面都有深刻影响，是中国传统文化中的重要组成部分。道家的主要著作有《老子》《庄子》等。

5. 孙武

孙武（约公元前545年—约公元前470年）认为“兵者国之大事也”。提出“知彼知己，百战不殆”，注重了解情况，全面地分析敌我、众寡、强弱、虚实、攻守、进退等矛盾双方，并通过对战争客观规律的认识和掌握以克敌制胜。

6. 韩非

图4-5　韩非

韩非（约公元前280年—公元前233年）（图4-5）吸收道、儒、墨各家的思想，尤其有选择地接受前期法家的思想，集法家学说的大成。主张“为治者不务德而务法”，“赏厚而信，刑重而必”。称法的制订，应该“编著之图籍，设之于官府，而布之于百姓”。法的施行，应该“刑过不避大臣，赏善不遗匹夫”。综合了商鞅的“法”治，申不害的“术”治，慎到的“势”治，提出以“法”为中心的“法、术、势”三者合一的君主统治术，强调加强中央集权，对后世影响很大。认为“道”是事物运动的普遍规律，而“理”则是具体事物运动的特殊规律。肯定具体事物是不断变化的，“道”“理”也都要随之变化。主张用“参验”的方法来验证人的认识。注意到事物的矛盾性，强调对立面不可调和。认为历史是不断变化的，主张“世异则事异”“事异则备变”的历史观。还认为“人民众而货财寡”是社会动乱的原因。强调一切社会关系，如君臣父子、交换及剥削关系，均出于人们的“自为心”或“计算之心”。还肯定趋利避害乃人之常情，也是国家执行赏罚、法令的依据。

7. 墨家

创始人墨子(约公元前 468 年—公元前 376 年)。墨家在初期，以墨子本人所主张的“兼爱”“非攻”“尚贤”“尚同”“天志”“明鬼”“节葬”“节用”“非乐”“非命”等为中心，与儒家展开了一系列政治学术思想斗争。战国后期，墨子后学克服了墨子学说中宗教迷信成分，对认识论、逻辑学以至自然科学中的几何学、力学、光学等，都有一定研究和贡献。墨子组织的团体有严格的纪律，领袖称为“巨子”。

二、汉—唐时期的哲学思想

汉—唐时期是我国封建社会的前期发展阶段。两汉时期，以鼓吹“君权神授”“天人感应”唯心主义目的论为核心的今文经学成为占统治地位的官方意识形态。魏晋时期的官方意识形态则是玄学。东晋以后，佛教和道教又流行起来。由于地主阶级内部存在着一定的矛盾，又出现了与官方的正统思想具有不同倾向的封建学术与文化。例如，在汉代出现了与今文经学相对立的古文经学，在魏晋时期形成了与玄学和佛教神学相对立的注重实际致用的学派。

1. 董仲舒

图 4-6　董仲舒

汉武帝举贤良文学之士，董仲舒(公元前 179 年—公元前 104 年)(图 4-6)对策建议：“诸不在六艺之科，孔子之术者，皆绝其道，勿使并进。”为武帝所采纳，开此后两千年封建社会以儒学为正统的先声。其学以儒家宗法思想为中心，杂以阴阳五行说，把神权、君权、父权、夫权贯穿在一起，形成封建神学体系。体系的中心是“天人感应”说。认为“天”对地上统治者经常用祥瑞、灾异分别表示希望和谴责，用以指导他们的行动，为君权神授制造理论。将天道和人事牵强比附，试图论证“道之大原出于天，天不变，道亦不变”，假借天意把封建统治秩序神圣化、绝对化。认为人的认识就在于与天意相符，天意“唯圣人能见之”。还提出“三纲五常”的封建伦理和把人性分为上、中、下三品的论点。

2. 杨雄

杨雄(公元前 53 年—公元 18 年)仿《论语》作《法言》，仿《易经》作《太玄》。提出以“玄”作为宇宙万物根源的学说。强调如实地认识自然现象的必要，并认为“有生者必有死，有始者必有终”，驳斥了神仙方术的迷信。在社会伦理方面，批判老庄“绝仁弃义”的观点，而重视儒家的学说。认定“人之性也善恶混，修其善则为善人，修其恶则为恶人”。

3. 王充

王充(公元 27 年—约公元 97 年)一生致力于反对宗教神秘主义和目的论，发展了古代唯物主义。认为“天地合气，万物自生，犹夫妇合气，子自生矣”，即由于“气”本身的运动而产生万物，不存在有意志的创造者。指出天地、阴阳不生不死，初步接触到世界无限性问题。认为自然界的“灾异”是“气”变化的结果，与人事无关。承认感官经验是知识的来源，批判“生而知之”的唯心论调。重视理性思维的作用，强调用“效验”“验证”作为检查知识可靠性的标准。

4. 王弼

王弼(公元226年—公元249年)与何晏、夏侯玄等同开玄学清谈风气，竞事清谈。认为“道者‘无’之称也”，天地虽大，“寂然至无，是其本矣”。“无”是宇宙万物的本体，“万物皆由道而生”。强调“贵无”而“贱有”，并从本末、体用、动静、一多等关系上来论证“以无为本”。认识上提出“得意在忘象，得象在忘言”的思想。从“凡有皆始于无”，肯定名教(有)出于自然(无)。用“援老入儒”方式，为封建伦理纲常辩护，即以新的玄学代替当时逐渐失势的汉儒经学。其注《易》偏重哲理，扫除汉代经学烦琐之风。

5. 范缜

范缜(约公元450年—约公元510年)著《神灭论》。他从“形神相即”和“形存则神存，形谢则神灭”的基本命题出发，论证形体和精神的关系是“质”和“用”的关系：“形者神之质，神者形之用。”肯定精神本身并非物质实体，而是人的形体的一种作用，修正了以前唯物主义者误认精神为一种特殊物质的观点，有力地批判了佛教神不灭论。

6. 反佛、道两教思想

在唐朝，出身庶族的新官僚，在政治上同士族集团发生了矛盾，这种矛盾后来又形成了所谓的“朋党”之争。在文化思想领域，出现了古文运动。这个运动，到了唐朝中期，随着土地兼并的激化和王朝危机的加深，达到了高潮。在哲学思想上，有的反对佛、道两教的出世思想，有的则反对传统儒家的天命论思想。其中最著名的代表人物包括韩愈、李翱、柳宗元、刘禹锡等人。

三、宋元明清时期的哲学发展

北宋建国到清代中期鸦片战争以前，是中国封建社会的后期，前后约八九百年(公元960年至1840年)。理学是后期封建社会占统治地位的官方哲学。另外，反映兼营商业的地主阶层利益的哲学家陈亮和叶适提倡功利学说，发挥了唯物主义的观点。明代出现了代表普通地主利益的唯物主义哲学家罗钦顺、王廷相。明代后期还出现了功利派的进步思想家李贽。明清之际，出现了反映市民要求的进步的思想家黄宗羲，代表中小地主利益的著名唯物主义者王夫之把我国封建时代唯物主义的发展推向了高峰。

1. 李觏

李觏(1009—1059年)认为自然由阴阳二气会合而成。承认认识来自客观事物，“耳目有得则感于心，感则思”。抨击神仙方士、巫医相卜、鬼怪迷信。反对道学家不许谈“利”“欲”的虚伪道德观念，认为“人非利不生”“欲者人之情”。

2. 王安石

虽然只是一种朴素的想象，王安石(1021—1086年)(图4-7)认为“道立于两，成于三，变于五。”“道立于两”是说事物都有对立的两个方面；“成于三”是说两个对立面相配合，形成某一事物；“变于五”是说五行各有对立面，互相配合，生出事物的种种变化。他批评了以前的各种关于人性的说法，主张“性无善恶”论。他认为，人的“五事”

图4-7 王安石

(貌、言、视、听、思)和情欲等生理和心理方面的活动是人性的内容，这些又都是和人的形体联系在一起的，构成了人的生命。他认为，人本来有情感和欲望，未发作时，存于心内即是“性”，发作起来，表现于行动即是“情”，所以他说：“性情一也。”人同外物接触时，便引起情感欲望，情感欲望的发作正当就是善，就是仁和义，也就是“圣人”和“贤人”；情感欲望发作不正当就是恶，就是不仁不义，也就是“小人”。王安石关于社会历史变化的看法，不仅反对了复古主义，而且反对了老子的消极无所作为的宿命论的思想。他对老子的“无为”说进行了直接的批判。他认为，就万物的产生说，这是出于自然，不假于人力的。可是，就万物的成长说，涉及具体事物的形成时，必须依靠人力。王安石又进一步批判了老子和魏晋玄学的“以无为用”的思想。他认为不能离开有而谈无。他提倡积极有为，反对消极无所作为，其目的在于强调“礼乐刑政”的重要性。

3. 周敦颐

周敦颐(1017—1073 年)继承《易传》《中庸》和道教思想，依托道士陈抟的《无极图》，提出一个简单而有系统的宇宙构成论，说“无极而太极”，“太极”一动一静，产生阴阳万物。圣人又模仿“太极”建立“人极”。“人极”即“诚”，“诚”是“纯粹至善”的“五常之本，百行之源也”，是道德的最高境界，只有通过主静、无欲，才能达到这一境界。

4. 程颢和程颐

程颢(1032—1085 年)哲学的主要倾向是主观唯心主义，程颐(1033—1107 年)则主张客观唯心主义。他们认为世界的根源是“理”，也叫做“道”或者“天理”。程颢提出“天者理也”的命题，程颐认为“理”是万事万物所根据的法则，是物质世界的“所以然”。他们强调形而上与形而下的区别。形而下的即是物质世界，形而上的是“道”和“理”，他们认为形而上是形而下的根本，也就是认为理是气的根本，提出“存天理，去人欲”。

5. 张载

张载(1020—1077 年)提出“太虚即气”的学说，肯定“气”是充满宇宙的实体，由于“气”的聚散变化，形成各种事物现象。“形聚为物，形溃反原”，物质的气不生不灭。批判佛、道两家关于“空”“无”的观点。指出气“一物二体”，存在着对立矛盾，为物质世界运动变化的内在原因，“天地变化，二端而已”。强调对立面的协调、和解。在认识论上提出“有物则有感”“因物为心”，承认认识来自外界事物，但把认识分为“见闻之知”和“德性之知”，主张“德性之知，不萌于见闻”。

6. 朱熹

朱熹(1130—1200 年)(图 4-8)发展了程颢和程颐关于理气关系的学说，集理学之大成，建立了一个完整的客观唯心主义的理学体系，世称“程朱学派”。认为理气相依而不能相离，“天下未有无理之气，亦未有无气之理”。但又断言：“理在先，气在后”；“有是理便有是气，但理是本。”把一理和万理看作“理一分殊”的关系。提出“凡事无不相反以相成”，事物“只是一分为二，节节如此，以至于无穷，皆是一生两尔”。强调知先行后，但又认为“知行相须”，注意到行在认识中的重要性。

图 4-8　朱熹

强调“天理”和“人欲”的对立，要求人们放弃“私欲”，服从“天理”。他的理学在明清两代被提到儒学正宗的地位。

7. 陆九渊

陆九渊(1139—1193年)提出“心即理”说，断言天理、人理、物理只在吾心之中，心是唯一的实在，“宇宙便是吾心，吾心即是宇宙。”在“太极”“无极”问题和治学方法上，和朱熹进行长期的辩论。他的学说后由明王守仁继承发展，形成陆王学派。

8. 陈亮

陈亮(1143—1194年)提出“盈宇宙者无非物，日用之间无非事”的命题。认为道为“常行于事物之间者”，须在具体事物中识道。强调“行”对识“道”的作用。指出物欲是人的自然本性，“天理人欲可以并行”，但欲须由礼节制。批评理学家只讲主观动机而空谈“道德性命”。

9. 王守仁

王守仁(1472—1529年)(图4-9)断言“夫万事万物之理不外于吾心”“心明便是天理”，否认心外有理、有事、有物。提出“致良知”的学说，把封建伦理道德说成是人生而具有的“良知”。要求用反求内心的修养方法，以达到所谓“万物一体”的境界。他的“知行合一”和“知行并进”说，旨在反对宋儒如程颐等“知先行后”以及各种割裂知行关系的说法。

图4-9 王守仁

10. 王廷相

王廷相(1474—1544年)认为“天地未生，只有元气”。指出“理根于气，不能独存也”“气有聚散，无息灭”。批判了朱熹“理先于气”的说法。还认为“性之有无缘于气之聚散”，也没有离“气”而独立的“性”。为学主“思”“见闻”和“接习”(实行)并重，提出“知行兼举”，反对王守仁的“致良知”学说。

11. 李贽

李贽(1527—1602年)反对以一、理、太极为万物本原，认为“天下万物皆生于两，不生于一”。坚持“心外无物”。认为人的“是非”“无定质”“无定论”。继承并修正王守仁的“良知”说，提出“童心”说，主张保持“童心”(最初一念之真心)。

12. 黄宗羲

黄宗羲(1610—1695年)反对宋儒“理在气先”之说，认为“理”不是实体，只是“气”中的条理和秩序。但又说“盈天地皆心也”，具有泛神论倾向。

13. 顾炎武

顾炎武(1613—1682年)赞成张载关于“太虚”“气”“万物”三者统一的学说，承认“气”是宇宙的实体。反对空谈“心、理、性、命”，提倡“经世致用”的实际学问。认为“六经之旨与当世之务”应该结合，并提出“博学于文”“行已有耻①”两句古训，肯定社会历史(“文”)的探讨和操守气节(“耻”)的砥砺同样重要。提出“舍经学无理学”的命题。政治上，提出“以天下之权，寄天下之人”，要求君主分权而治。

①出自《论语·子路》，意为“一个人行事，凡自己认为可耻的就不去做”。

14. 王夫之

王夫之(1619—1692年)总结和发展了中国传统的朴素唯物论和辩证法。认为“气”是物质实体，而“理”则是客观规律。还用“诚”“实”“有”等概念论述世界的客观实在性，驳斥“程朱”关于“理气”的唯心主义观点。用“絪缊生化”①的命题来说明“气”变化日新的辩证性质，看到自然界的一切事物都处于对立统一之中。强调“天下惟器而已矣”“无其器则无其道”。从“道器”②关系建立了他的历史进化论，反对保守退化思想。认为人性是随着环境习俗的变化而变化的，否定了“人性不变”的说法。在知行关系上，强调行是知的基础。

四、近代中国哲学的发展

从1840年鸦片战争至1919年“五四运动”前夕，这八十年间的中国传统社会在逐渐走向解体。儒家哲学思想通过制度化而全面支配中国人的生活秩序的时代一去不复返了。随之而来的西方哲学和马克思主义哲学的广泛传人与影响，孕育着一个寻求转型创新的中国现代哲学时代的到来。

1. 龚自珍

龚自珍(1792—1841年)主张道、学、治三者不可分割，开知识界“慷慨论天下事”之风。坚持“性无善无不善”说，反对孟子“性善”论和荀子“性恶”论。主张“自古及今，法无不改”，强调改革的必然性。

2. 魏源

魏源(1794—1857年)与龚自珍同属于主张“通经致用”的今文经学派。主张“师夷之长技以制夷”，学习西方技艺，制造枪炮、轮船，加强海防，抵抗外国侵略。倡办民用工业，要求改革漕运、盐法，减轻赋税，兼顾商人利益。强调“变古愈尽，便民愈甚”。主张“及之而后知”，“知”从“行”中来，坚持“以实事程实功，以实功程实事”，抨击理学家的“心性迂谈”。

3. 康有为

康有为(1858—1927年)早期思想强调“变”为主，认为“变”是“物之理”，提出“能变则存，不变则亡；全变则强，小变则亡”。奉孔子为“托古改制”的圣人，糅合《公羊》“三世”说《礼运》“大同”思想，作为维新变法的理论根据。

4. 严复

严复(1854—1921年)反对顽固保守，主张维新变法。揭露和批判程朱的“理居气先”和陆王的“良知良能”。宣传“物竞天择，适者生存”，号召人们救亡图存，“与天争胜”。

5. 梁启超

梁启超(1873—1929年)(图4-10)认为唯物论和唯心论都是“恶执一”，是两个极端，都不能正确地说明世界的问题。因此，他要“非唯”，要超越唯物论和唯心论，要在二者之间找一个折中的点。强调心对物的创造作用，又指出了物对心的制约作用。梁启超总是力图把各种不同的哲学倾向加以综合。尽管如此，他更多地强调心的作用，其哲学的主要倾

①万物由相互作用而变化生长之意。《易·系辞下》：“天地絪缊，万物化醇。”张载《正蒙·太和》：“太和所谓道，中涵浮沉、升降、动静相感之性，是生絪缊相荡、胜负、屈伸之始。”王夫之：“絪缊，太和未分之本然。”

②“道”是无形象的，含有规律和准则的意义；“器”是有形象的，指具体事物或名物制度。道器关系实即抽象道理和具体事物的关系。

图 4-10　梁启超

向还是唯心论。梁启超的“非唯”的心物论并不只是一种单纯的哲学思考，而是与其具体的政治和生活实践及其历史观贯通的。他说历史的进步是由英雄人物推动的。他的新民论是对各种复杂的社会政治问题思考的复合体。他将道德分为两个范畴，一个是他所称的公德；另一个是私德。他认为，改变传统中国伦理对私德的偏重，中国最急需的是公德或民德。他认为卢梭的民主学说不仅是矫正传统专制主义，而且也是矫正中国人奴性的最有效办法。然而，他对群体凝聚力和国家统一的关注不久便使他感觉到自然权利学说的危险性，并最终从这种自由主义的思想立场上退却下来。指出自然权利思想的存在，助长了无政府主义的危险后果，并因此破坏秩序和稳定。克己概念也是梁启超的另一个理想，即“自治”的一个重要成分。克己是实现公民参与和民族自治的一个首要条件。他认为，“自由必与服从无缘”，只有服从“良心之自由”，才是“真自由”。

五、中国传统哲学思想的基本特色

中国传统思想源远流长，内涵极其丰富，在其漫长的发展过程中曾产生过许多不同的思想学说和流派。不论从纵向历时的角度还是从横向共时的角度来说，其内涵并不是静止的、单一的，而是呈现出多元共生、发展变化的景象。但是如果把中国传统思想放到整个世界人类文化思想的大背景下来看，中国传统思想则具有某些相对统一的、贯穿始终的基本特色。

1. 天人合一

强调“天道”和“人道”，“自然”和“人为”的相通、相类和统一的观点。最早由战国时子思、孟子提出，他们认为人与天相通，人的善性天赋，尽心知性便能知天，达到“上下与天地同流”。庄子认为“天地与我并生，而万物与我为一”，人与天本来合一，只是人的主观区分才破坏了统一。主张消除一切差别，天人混一。西汉董仲舒强调天与人以类相符，“天人之际，合而为一”。宋以后思想家则多发挥孟子与《中庸》的观点，从“理”“性”“命”等方面来论证天人关系的合一。明清之际王夫之说“惟其理本一原，故人心即天”，但强调要“相天”“造命”“以人道率天道”。天人合一各说，力图追索天与人的相通之处，以求天人协调、和谐与一致，实为中国古代哲学的特色之一。

2. 道器不离

“道器不离”的思想特色使得中国传统文化比较注重对具体事物的把握，重视实践与功用，关注现实的问题，善于在感性直观中去把握和表达理性和抽象的道理。

3. 仁民爱物

孟子说君子“亲亲而仁民，仁民而爱物”，意思是说君子基于出自人类本性的亲亲之爱，推而广之，以仁爱之心对待每个人，进而对天下万物皆存有一分爱惜之意。儒家之“爱人”，墨家之“兼爱”，道家之“贵生”，佛家之“慈悲”，都在不同程度上体现了“仁民爱物”之意。“以人为本”是主张把人作为价值核心和社会本位的政治理念，强调人的社会价值与个人价值的一致性。

4. 中庸之道，和而不同

中庸之道是说待人接物应采取不偏不倚、调和折中的态度，这种思维方式使中华民族形成了一种稳健笃实的民族性格。“中庸”不是没有原则地和稀泥，更不是要泯灭差异追求绝对的同一，而是孔子所说的“和而不同”。“和而不同”意思是和谐相处，协调不同意见，但不盲从苟同。“和而不同”包含了一种对人宽容、理解、容纳不同意见、求同存异、和睦共处的精神，体现出一种兼容并蓄、有容乃大的气度。中国历史上儒、道、释以及其他一些宗教在相当长的时间里能够共同存在，相安无事，并且互相补充、互相吸纳，几乎没有发生过西方那种不同宗教之间的严重对立乃至宗教战争，这在很大程度上是得益于中国文化思想中这种中庸和谐的精神。

5. 自强不息，变通日新

“天行健，君子以自强不息。”君子应当像天道运行、日夜不止一样，刚健有为，不断追求自我超越，永不止息。中国传统文化中的“自强不息”主要是自己跟自己竞争，自己超越自己，不太具有西方文化中自由竞争的那种进攻性和侵略性。自强不息精神具体表现为一种乐观进取、刚健有为、勤勉奋发、坚忍不拔、持之以恒的生存态度和文化形态。另一方面，“自强不息”也体现为一种与时俱进、革故鼎新的精神。“穷则变，变则通，通则久。”“苟日新，日日新，又日新。”中国传统文化思想对历史与先人往往持十分敬重的态度，并且把历史看成为现实提供借鉴的思想资源。但这不等于说中国文化缺乏变革与创新的精神。自强不息、变通日新的精神体现了中华民族的蓬勃生机和顽强生命力。

六、中国古代宗教

（一）传统信仰

宗教是了解和认识人类历史和民族文化很有价值的社会现象之一。佛教西来之前，宗教并没有在中国古典学术中拥有单独的分类。但中华民族在传统生活中的确存在自身固有之信仰。古代的传统认为，“君子使之，必报之。”当我们受到了恩惠，必然要进行报答。我们借用土地的力量来获得食物，年终的时候便要对土地的神灵进行答谢。最早的“大祭”被称为“报田祭”。到了汉代，明确了从冬至过后的第三个戌日为祭祀诸神的“腊日”。直到南北朝时，才将农历十二月初八作为“腊祭”的固定日期。

通过祠堂、家礼，儒生们将日常生活的行为规范及儒家的“修齐治平”的理念巧妙地糅合在了一起。

中国传统信仰文化有以下特征：第一，国家控制信仰。如占星及卜筮，最初均是由政府专门机关的官员主持，而私人并没有这样的能力。第二，祖先神灵崇拜为主。除了日月星辰及五岳名山之外，鲜有祭祀。第三，皇权大于神权。宗教的权利从未凌驾于政府之上。第四，中华神系的神明是诸多教派理论相容的结果，无明显的民族与神灵体系之间的对立。

（二）佛教

佛教算是第一种进入中国的具有较典型宗教特征的信仰，并且发展极为迅速，这其中不仅是因为佛教（尤其是大乘佛教）的教理契合当时的社会心理，更因为佛教在自身的发展过程中对于中原文化的吸收与融合。

佛教在中国的发展，主要分为三个时期：小乘时期、大乘时期及三宗（天台、华严、禅宗）的时期。小乘时期以“轮回”“果报”“福德”“罪孽”观念为主，宗教气味最浓。大乘时期以“世界虚实”“名相有无”为思辨主题，重在宇宙论方面，几乎是哲学气味胜过了宗教。三宗时期，其义理主要侧重在人生界之自我精修和内心密证，生活上的实践更胜于哲理上的思辨。

禅宗以专修禅定为主。禅定，意为“安静而止息杂虑”。禅宗认为静坐敛心，专注一境，久之可达身心轻松、观照明净的状态，即成禅定。南朝宋末菩提达摩由天竺来华传授禅法而创立。由达摩而慧可（487—593年）、僧璨（？—606年）、道信（580—651年），至第五世弘忍门下，分成神秀建立的北宗禅和六祖慧能建立的南宗。北宗数传即衰，独南宗盛行，成为禅宗正系。至唐后期，禅宗几乎取代其他宗派，禅学成为佛学的同义词。慧能主张不立文字，教外别传，直指人心，见性成佛。

（三）道教

道教是中国本土宗教。因以“道”为最高信仰，认为“道”是化生宇宙万物的本源，故名。道教源于古代神仙信仰和方士之术。东汉顺帝（125—144年在位）时，张道陵在鹤鸣山创立的五斗米道为道教定型化之始。道教奉老子为道祖，尊称太上老君。以三清为最高尊神，同时承袭祀神敬祖传统，敬拜其他古代神仙和中国古代圣贤人杰。以《道德经》为主要经典。东晋时，葛洪撰《抱朴子》，整理并阐述前代流传的神仙方术理论，丰富了道教的神仙思想。北魏时嵩山道士寇谦之改革张道陵的旧天师道，制定乐章诵戒新法，创立新天师道，即“北天师道”。南朝宋道士陆修静整理三洞经书，编著斋戒仪范，使道教科仪基本完备，所创派别称“南天师道”。唐宋时南北天师道与其他各派逐渐合流，至元时皆归并于正一派。金大定七年（1167年），王重阳在山东宁海（今烟台市牟平区）创立全真道，其徒丘处机为元太祖成吉思汗所重视，全真派遂盛极一时。道教重生贵生，以成仙得道为最终目的。道教认为，除了人居住的世界外，还有神仙居住的所谓十大洞天、三十六小洞天和七十二福地。

（四）其他外来宗教

基督教于唐贞观九年（635年）由波斯传入中国，当时被世人称为“景教”。唐武宗灭佛时，景教遭到废止。元世祖入主中原，基督教再度传入中国。意大利耶稣会教士利玛窦开创基督教在华传教的第三个时期。由于该教的传布往往与外国列强侵略中国的行为联系在一起，常引起中国人民的对抗情绪。

一般史家把唐高宗永徽二年（651年）大食国派使者来长安朝贡，作为伊斯兰教传入标志。“伊斯兰”意为“顺服”，指顺服唯一之神安拉的旨意。在中国旧称“回教”。8世纪中叶，日渐增多的阿拉伯商人集居于广州、泉州等地，不少人与汉人通婚，逐渐在中国繁盛起来。清代伊斯兰教学者将伊斯兰的“真一”说与“程朱”的“太极”说加以融合；将儒家“格物致知”加以改造，使之为“认主独一”的教义服务；将儒家的“五伦”称为“五典”，使之隶属于“忠于真主”这一最高信条。这样，伊斯兰教扎根在中国大地，伊斯兰文化成为中华民族文化的有机组成部分。

宗教的某些教义和抚慰形式可以调节社会心理，形成一定的社会平衡与和谐。在中国，从原始宗教产生，道教形成，佛教、伊斯兰教等先后传入，一直没有出现过一种宗教统治全民意识的局面，即没有形成所谓的“国教”，而是诸教并存，多神崇拜，互相吸收，彼此相通。无论何种宗教，来自异国何方，总要带上中国面目、中国特色。这种情况，于佛教尤其明显。这也说明中国文化有一种特别强大的融合能力。

七、伦理道德

纵观世界各国各民族的文化史，不难看出：为了维系社会、整饬人心，没有一个民族的文化是不要道德或不讲道德的；但没有一个民族像中国一样，把道德在文化价值体系中提升到最崇高的位置。

（一）中国道德史

在中国道德史上，早在《六经》时代，《尚书》就把人的道德概括为九项：宽而栗（坚强），柔而立，愿而恭，乱（治，有序）而敬，扰（劳）而毅，直而温，简而廉，刚而塞（有节制），强而义。孔子则构建了一个完备而简明的道德规范体系，他以仁、智、勇为“三达德”，围绕三达德又提出了忠、悌、恕、恭、宽、信、敏、惠、温、良、俭、让、礼、诚、敬、慈、直、简、克己、中庸、贵和等一系列德目，大大丰富了中国传统道德观念。《管子》提出所谓“四维”，“四维”是指礼、义、廉、耻四个德目，《管子》中还有一句很著名的话：“礼义廉耻，国之四维；四维不张，国乃灭亡。”这句话的影响是很深远的。值得注意的是，孟子以仁、义、礼、智为“四基德”或“四母德”，将它扩展为“五伦十教”，即君惠臣忠、父慈子孝、兄友弟恭、夫义妇随、朋友有信。孟子的这些概括，显然是对中国传统伦理道德观念的综合和发展，对于儒家伦理具有承上启下的特殊作用。汉代的董仲舒、班固整理的《白虎道德沦》以及郑玄诸人都把仁、义、礼、智、信作为中国传统道德的基本范畴，称之为“五德”或“五常”。

在当代中国，伦理学家和文化学者对于中国传统道德观念也有一些新的概括，比如张岱年、方克立二位先生主编的《中国文化概论》，提出“中华民族十大传统道德”的命题，其具体德目为：一、仁爱孝悌；二、谦和好礼；三、诚信知报；四、精忠报国；五、克己奉公；六、修己慎独；七、见利思义；八、勤俭廉政；九、笃实宽厚；十、勇毅力行。这些新的概括及阐述，对于我们正确认识中国传统道德的内容、含义、价值以及现代意义，是极具指导作用的。

（二）国之四德

仁、义、礼、智，国之四德，起源于远古，初创于孔孟，酝酿于整个春秋战国百家争鸣的文化轴心时代。它在汉代形成初步成熟的思想系统，此后渐行渐丰，日臻完备，终于成为中华民族基本道德德目和核心价值。它是国人维系人伦、优化人性、弘扬人道的道德根基，是民族凝聚、社会和谐的精神源泉，也是个人成长、修身养性的行为规范。

1. 仁：中华传统道德精神的魂魄

第一，仁德是对人际关系的反思。一方面，“仁”是包罗众德的最高观念；另一方面，“仁”爱的对象，不只是亲人，而且是天下所有的人。汉代董仲舒以天道释仁，“程朱”以天理言仁，他们对以往仁学做出了重大的改造，将仁抬到无上高度，仁爱已经超越了爱人的同类，更表现为对天下万物的爱。最终完成了仁的人道精神到仁的宇宙精神提升，充分揭示了仁的生命意义和终极信仰。

第二，仁德是对施政治民的规范。孔子通过创立仁学，倡导德治的社会政治理想。认为执政者必须自身有德，才能以身作则，树立起榜样。主张通过教化培养人们的道德，凭借道德力量感化社会。

第三，仁德是对人格高标的确立。“仁”被看作是人的本质特征，又被视为道德修养，一种人们应该通过道德内化而培养形成的为人准则。只有符合仁的素养才是君子，仁是君子作为的源泉和归宿。

2. 义：中华传统道德精神的辅翼

第一，义德是人禽之别的依据。人与草木禽兽的区别在于人有“义”。“义”作为中华传统道德的德目，是建立在古代圣贤对道德生活自觉认识基础上的，并通过个体的道德认知才能践行的。义德是社会广泛认同的道德法则，是维持社会秩序的必备条件。

第二，义德是仁德理念的外显。义德是在仁德基础上提出的实践性准则。孟子说：“仁，人心也；义，人路也。”(《孟子·告子上》)，仁为灵魂安宁的居所，义为人生处世的正路，但心灵发生的顺序是先怀有仁心，后践行道义，义是依据仁而展示出来的道德品质。

第三，义德是对善恶是非的评判。“义”包含了天下公义、民族大义、社会道义等语义，义德因而具有评判社会价值的功能，是衡量是非善恶的标准。

第四，义德是对现实状况的平衡。现实状况的平衡，包括了人与人之间社会关系的调节和义与利之间价值选择的权衡。义德让适宜的社会秩序正常运转，让恰当的功利欲望变为现实。义德社会功能确保社会各种角色承担相应的道德责任和义务，从而使社会和谐，秩序井然。

3. 礼：中华传统道德精神的骨干

第一，礼是道德行为的标尺，以便培养善良人格。礼是道德理性对人外部行为的规范。君子的一举一动都要守礼，每时每刻都不能违礼。

第二，礼是社会生活的仪轨，以便凡事皆有所遵循。调整千差万别的社会生活，实现和谐的人际关系。通过礼乐教化，把个人融入既定样式社会关系之中，可以让社会民风淳厚友善。

第三，礼是政治秩序的规整，以便各得其所，各安其分。中国传统社会的政治管理，首要的是基于道德理性和明文条理的礼治。可以说，礼是中国政治制度的根源。

4. 智：中华传统道德精神的血脉

第一，在仁智关系上主张以智辅仁。仁智相比，仁德是第一位的，仁德是核心，是灵魂。“夫聪察强毅之谓才，正直中和之谓德。才者，德之资也；德者，才之帅也。”(《资治通鉴》卷一)北宋司马光提出的“德帅才资”论，是儒家“以智辅仁”论的典型表现。

第二，在学业进取方面强调学贵志恒，规划人生。学者益智进学，贵在立志，贵在有恒。

第三，为了学术文化的进步，倡导和而不同，百虑一致。智德培养还有一条重要规律：不仅需要坚持真理的精神，还要具有兼容并包的宽广胸怀。学术上的差别和对立，有利于知识智能的进步。“相反之论”“一偏之见”可以促进认识的发展。

原典杂辑

中也者，天下之大本也；和也者，天下之达道也。致中和，天地位焉，万物育焉。（出自《礼记·中庸》）

【解释】中是天下最为根本的，和是天下共同遵循的法度。达到了中和，天地就会各安其位，万物便生长发育了。

第二节　双语阅读

一、以史为鉴

哲学在中国文化中的地位

许多人习惯地认为，儒、道、佛是中国的三种宗教。其实，儒家并不是一种宗教。道家和道教是不同的两回事，道家是一种哲学，道教才是宗教。它们的内涵不仅不同，甚至是互相矛盾的；道家哲学教导人顺乎自然，道教却教导人逆乎自然。举例来说，按老庄思想，万物有生必有死，人对于死，顺应自然，完全不必介意，而道教的宗旨却是教导长生术，这不是反乎自然吗？

至于佛教，佛学和佛教也是有区别的。对中国知识分子来说，佛学比佛教有趣得多。在中国传统的丧事仪式中，僧人和道士同时参加，并不令人感到奇怪。中国人对待宗教的态度，也是充满哲学意味的。

Place of Philosophy in Chinese Civilization

People have been accustomed to say that there were three religions in China: Confucianism, Taoism, and Buddhism. But Confucianism is not a religion. As to Taoism, there is a distinction between Taoism as a philosophy, which is called Dao Jia (the Taoist school), and the Taoist religion (Dao Jiao). Their teachings are not only different; they are even contradictory. Taoism as a philosophy teaches the doctrine of following nature, while Taoism as a religion teaches the doctrine of working against nature. For instance, according to Lao Zi and Zhuang Zi, life followed by death is the course of nature, and man should follow this natural course calmly. But the main teachings of the Taoist religion is the principle and technique of how to avoid death, which is expressly working against nature.

As to Buddhism, there is also a distinction between Buddhism as a philosophy, which is called Fo Xue (the Buddhist learning), and Buddhism as a religion, which is called Fo Jiao (the Buddhist religion). To the educated Chinese, Buddhist philosophy is much more interesting than the Buddhist religion. It is quite common to see both

今天，许多西方人看到：中国人不像其他民族那样重视宗教。例如，德克·布德教授在《构成中国文化的主要思想》一文中写道："他们(中国人)并不认为宗教思想和宗教活动是生活中的重要部分。……中国文化的精神基础不是宗教(至少不是有组织形式的宗教)，而是伦理(特别是儒家伦理)。……这一切使中国和其他主要文明国家把教会和神职人员看为文明的重要组成部分，有基本的不同。"

从某种意义上来说，这话一点不错。但是人们会问：这是为什么？如果追求彼岸世界不是人类内心的最深要求之一，为什么对世界许多人来说，宗教信仰和宗教活动成为生活中十分重要的组成部分呢？如果宗教信仰和宗教活动是人类的基本要求之一，何以中国人成为例外呢？有人认为，中国文化的精神基础不是宗教，而是伦理，这是否意味着中国人不曾意识到，在道德伦理之上，还有更高的价值呢？

人不满足于现实世界而追求超越现实世界，这是人类内心深处的一种渴望，在这一点上，中国人和其他民族的人并无二致。但是中国人不那么关切宗教，是因为他们太关切哲学了；他们的宗教意识不浓，是因为他们的哲学意识太浓

Buddhist monks and Taoist monks simultaneously participating in Chinese funeral services. The Chinese people take even their religion philosophically.

At present it is known to many Westerners that the Chinese people have been less concerned with religion than other people are. For instance, in one of his articles, "Dominant Ideas in the Formation of Chinese Culture" Professor Derk Bodde says: "They [the Chinese] are not a people for whom religious ideas and activities constitute an all-important and absorbing part of life ... It is ethics (especially Confucian ethics), and not religion (at least not religion of a formal, organized type), that provided the spiritual basis in Chinese civilization... All of which , of course, marks a difference of fundamental importance between China and most other major civilizations, in which a church and a priesthood have played a dominant role."

In one sense this is quite true. But one may ask: Why is this so? If the craving for what is beyond the present actual world is not one of the innate desires of mankind, why is it a fact that for most people religious ideas and activities constitute an all-important and absorbing part of life? If that craving is one of the fundamental desires of mankind, why should the Chinese people be an exception? When one says that it is ethics, not religion, that has provided the spiritual basis of Chinese civilization, does it imply that the Chinese are not conscious of those values which are higher than moral ones?

The craving for something beyond the present actual world is one of the innate desires of mankind, and the Chinese people are no exception to this rule. They have not had much concern with religion because they have had so much concern with philosophy. They are not religious because they are philosophical. In philosophy they satisfy their craving for what is beyond the present actual

了。他们在哲学里找到了超越现实世界的那个存在，也在哲学里表达和欣赏那个超越伦理道德的价值；在哲学生活中，他们体验了这些超越伦理道德的价值。

world. In philosophy also they have the super-moral values expressed and appreciated, and in living according to philosophy these super-moral values are experienced.

根据中国哲学的传统，哲学的功能不是为了增进正面的知识（我所说的正面知识是指对客观事物的信息），而是为了提高人的心灵高度，超越现实世界，体验高于道德的价值。

According to the tradition of Chinese philosophy, its function is not the increase of positive knowledge (by positive knowledge I mean information regarding matters of fact), but the elevation of the mind—a reaching out for what is beyond the present actual world, and for the values that are higher than the moral ones.

宗教倒是提供有关实际的正面信息，但是，它所提供的信息与科学提供的不同。因此，在西方出现宗教与科学的冲突。科学每前进一步，宗教便后退一步；它的权威在科学前进的历程中不断被削弱。维护传统的人们对这个事实感到遗憾，惋惜大众离开宗教，结果是自身的衰退。如果除宗教外，没有什么办法可以达到更高的价值，则今日人们的宗教意识日益淡薄，的确应当为之惋惜，因为大众抛弃了宗教，也就抛弃了更高的价值。他们只得被囿于现实世界之中，而与精神世界隔绝。幸好除宗教外，还有哲学能够达到更高的价值。而且，这条通道比宗教更直接，因为通过哲学达到更高价值，人不需要绕圈子，经由祈祷和仪式。人经过哲学达到的更高价值比经由宗教达到的更高价值，内容更纯，因为其中不掺杂想象和迷信。将来的世界里，哲学将取代宗教的地位，这是合乎中国哲学传统的。人不需要宗教

Religion does give information in regard to matters of fact. But the information given by religion is not in harmony with that given by science. So in the West there has been the conflict between religion and science. Where science advances, religion retreats; and the authority of religion recedes before the advancement of science. The traditionalists regretted this fact and pitied the people who had become irreligious, considering them as having degenerated. They ought indeed to be pitied, if, except religion, they had no other access to the higher values. When people get rid of religion and have no substitute, they also lose the higher values. They have to confine themselves to mundane affairs and have nothing to do with the spiritual ones. Fortunately, however, besides religion there is philosophy, which provides man with an access to the higher values—an access which is more direct than that provided by religion, because in philosophy, in order to be acquainted with the higher values, man need not take the roundabout way provided by prayers and rituals. The higher values with which man has become acquainted through philosophy are even purer than those acquired through religion, because they are not mixed with imagination and superstition. In the world of the future, man will have philosophy in the

化，但是人必须哲学化。当人哲学化了，他也就得到了宗教所提供的最高福分。

（冯友兰）

place of religion. This is consistent with Chinese tradition. It is not necessary that man should be religious, but it is necessary that he should be philosophical. When he is philosophical, he has the very best of the blessings of religion.

（赵复三）

二、诵读唐诗

山居秋暝

王维

空山新雨后，
天气晚来秋。
明月松间照，
清泉石上流。
竹喧归浣女，
莲动下渔舟。
随意春芳歇，
王孙自可留。

My Mountain Villa in an Autumn Evening

Wang Wei

After the rain has bathed the desolate mountain,
The fresh evening air blows the breath of autumn.
Into the forest of pines the moon sheds her lights,
Over the glistening rocks the spring water glides.
The bamboo leaves make noise when washer-girls are home,
The moving dories scattered the lotus blooms.
The fragrance of the vernal plants is on the wane,
Despite all this, here is the place I like to remain.

（吴钧陶译）

【傅如一赏析】这首山水名篇，于诗情画意之中寄托着诗人高洁的情怀和对理想境界的追求。这首诗一个重要的艺术手法，是以自然美来表现诗人的人格美和一种理想中的社会之美。表面看来，这首诗只是用“赋”的方法模山范水，对景物作细致感人的刻画，实际上通篇都是比兴。诗人通过对山水的描绘寄慨言志，含蕴丰富，耐人寻味。

三、重温《论语》

有子曰：“礼之用，和为贵。先王之道，斯为美，小大由之。有所不行。知和而和，不以礼节之，亦不可行也。”（出自《论语·学而》）

【今译】有先生说：“礼的作用，是能达到和谐。古代帝王治理国家，这一点做得最好，大事小事都能遵守这个原则。不过，如果只是为和谐而和谐，却不用礼来加以节制，那也是不行的。”

【英译】You Zi says, “The purpose of protocols is to achieve harmony. The emperors in ancient times did well in that they solved problems, great or small, using the protocol. However, it would not do to achieve harmony at the expense of protocols."

【现实意义】"和"不是不讲是非对错的"和稀泥"，不是要人去当是非不分的"和事佬"。有子(孔子弟子)这句话，"以礼节之"，含有反对为"和"而"和"，放弃原则的意思。今天，大至"和谐社会"，小至"和谐单位"，也要在承认各个阶层、团体、个人利益和价值取向的差异和多元化的基础上，用公正的原则加以调和，减少矛盾，形成真正的和谐。

原典杂辑

万物并育而不相害，道并行而不相悖。小德川流，大德敦化，此天地之所以为大也。(出自《礼记·中庸》)

【解释】万物一起生长而互不妨害，道路同时并行而不冲突。小的德行如河水一样长流不息，大的德行使万物敦厚淳朴，这就是天地的伟大之处啊。

第三节　拓展练习题

一、单选题

1. 稷下学宫是战国时代(　　)的一所著名学府，是战国"百家争鸣"的中心与缩影。

A. 楚国　B. 燕国　C. 齐国　D. 秦国

2. (　　)将法家的"法""术""势"三者糅合为一，建立了完整的法治理论和朴素唯物主义的哲学体系。

A. 商鞅　B. 韩非　C. 李斯　D. 秦始皇

3. 在八卦中，象征天、地、水、火的四卦分别是(　　)。

A. 艮、兑、坤、巽　B. 巽、乾、震、离

C. 坎、艮、兑、震　D. 乾、坤、坎、离

4. 儒家理念"修身、齐家、治国、平天下"是几千年来无数知识分子的最高理想，这句话出自(　　)。

A.《论语》　B.《孟子》　C.《大学》　D.《中庸》

5. 受佛教学术影响很大，被称为"诗佛"的诗人是(　　)。

A. 王维　B. 苏东坡　C. 元好问　D. 郑板桥

6. 佛教中有"四圣谛"，其中(　　)是"解释形成所有痛苦和烦恼的原因"。

A. 苦谛　B. 集谛　C. 灭谛　D. 道谛

7. 提倡心性本静，佛性本有，见性成佛的宗派是(　　)。

A. 唯识宗　B. 天台宗　C. 禅宗　D. 华严宗

8. 五行中的相克，以下答案正确的是(　　)。

A. 金→木→土→水→火→金　　B. 金→水→土→木→火→金
C. 金→木→火→水→土→金　　D. 金→火→土→水→木→金

9. 名言“为天地立心，为生民立命，为往圣继绝学，为万世开太平”的作者是(　　)。
A. 周敦颐　　B. 张载　　C. 程颢　　D. 朱熹

10. “穷则独善其身，达则兼济天下”的人生价值观是由(　　)提出的。
A. 孔子　　B. 孟子　　C. 老子　　D. 韩非子

11. 中国传统文化是以(　　)为主体的文化。
A. 儒家文化、道家文化、法家文化　　B. 儒家文化、道家文化、墨家文化
C. 儒家文化、道家文化、佛家文化　　D. 儒家文化、道家文化、农家文化

12. 我国古代学术思想最为开放，流派创建最为众多的黄金时代是(　　)。
A. 春秋战国　　B. 秦汉　　C. 三国两晋　　D. 南北朝

13. 代表以手工业者为主的下层百姓利益的“百家学说”的是(　　)。
A. 儒家学说　　B. 法家学说　　C. 墨家学说　　D. 道家学说

14. 孔子学说及儒家思想的核心是(　　)。
A. 仁学　　B. 礼治　　C. 民本　　D. 性善

15. 主张“吾心即宇宙”“破山中贼易，破心中贼难”的思想家是(　　)。
A. 周敦颐　　B. 王阳明　　C. 黄宗羲　　D. 朱熹

16.《周易》中的八个符号象征着八种基本自然现象，其中乾、坤、坎、离卦象征的是(　　)。
A. 天、地、雷、风　　B. 天、地、山、水
C. 天、地、山、风　　D. 天、地、水、火

17. 中华民族有着五千年的文明史，传统文化中的许多优秀文化典籍蕴含着做人做事和治国理政的大道理。所谓“半部《论语》治天下”，讲的就是这个意思。“半部《论语》治天下”传说是关于(　　)的故事。
A. 汉代丞相萧何　　B. 唐代宰相长孙无忌
C. 北宋宰相赵普　　D. 明代内阁首辅张居正

18. 孝一直是中华民族的传统美德。在我国古代有很多关于孝顺的故事，比较有名的是“二十四孝”。其中，“扇枕温衾”讲的是(　　)的故事。
A. 黄香　　B. 陆绩　　C. 吴猛　　D. 王祥

19. 和谐的人际关系无论是在工作还是生活中，都起着重要的作用。我国传统伦理道德一直推崇“仁者爱人”，注重以“仁爱”思想处理人际关系。下列语句体现出这一思想的有(　　)。

①己所不欲，勿施于人②老吾老以及人之老，幼吾幼以及人之幼③亲亲而仁民，仁民而爱物④兼相爱，交相利

A. ①②③④　　B. ①②③　　C. ①③④　　D. ②③④

20. “知行合一”在我国历史上是由(　　)提出的。
A. 王阳明　　B. 李卓吾　　C. 黄宗羲　　D. 陶行知

21. “实事求是”四字最早出现在(　　)。

A.《论语》　B.《史记》　C.《汉书》　D.《后汉书》

22. 以下典故表达了“顺应自然”理念的是(　　)。

A. 守株待兔　B. 祁奚举午　C. 大禹治水　D. 郑人买履

23.“苟日新，日日新，又日新”出自(　　)。

A.《易传》　B.《汤之盘铭》　C.《康诰》　D.《老子》

24.“老吾老以及人之老”是中华民族的传统美德，这句话是(　　)最早提出的。

A. 孔子　B. 孟子　C. 庄子　D. 老子

二、多选题

1. 下列传统文化观念中富有现代价值的是(　　)。

A. 苟日新，日日新，又日新　B. 和而不同

C. 天人合一　D. 修身，齐家，治国，平天下

E. 三纲

2. 下列属于战国时期儒家的代表人物有(　　)。

A. 孔子　B. 孟子　C. 韩非子　D. 庄子

E. 荀子

3. 孟子对儒家思想做了全面、深刻的发展，主要有(　　)。

A.“仁政”理论　B. 民本主义　C. 无为而治　D. 性善论

E. 以农耕安身立命

4. 下列属于禅宗高僧的有(　　)。

A. 玄奘　B. 道宣　C. 达摩　D. 慧能

E. 神秀

5. 两宋时期，儒学发展中的又一个新形式——理学出现，其代表人物有(　　)。

A. 周敦颐　B. 程颢　C. 张载　D. 朱熹

E. 王阳明

6. 中国古代五行说，把五行跟五方、五色相匹配。下列各项匹配正确的是(　　)。

A. 土、中、黄　B. 金、南、白　C. 水、北、黑　D. 木、西、青

E. 火、东、红

三、填空题

1.“________”的天下观念是中华文明的基本思想，代表着中华民族独特的精神标识。

2. 习近平同志深刻阐释了中华优秀传统文化的时代价值，系统概括了其蕴含的六个基本理念：“讲仁爱、重民本、守诚信、崇正义、尚和合、求________”。

3. 中华优秀传统文化是我们最深厚的________，为我们在世界文化激荡中站稳脚跟筑牢坚实根基。

4. 中华优秀传统文化是中华民族的精神命脉，是涵养社会主义________的重要源泉。

5. 坚定中国特色社会主义道路自信、理论自信、制度自信，说到底就是要坚定________。

6. 我们可以借助阐发中华优秀传统文化，围绕我国和世界发展面临的重大问题，着力提出能够体现中国立场、________、中国价值的理念、主张、方案，讲好________。

7. 老子之后，道家发展为四大学派：________学派、杨朱学派、宋尹学派和黄老学派。

8. 东方持国天王的法器是________，代表做事要合乎中道，恰到好处。

9. 普贤、地藏、文殊、观音四位菩萨分别指大行菩萨、大愿菩萨、________菩萨、大悲菩萨。

10. 南方增长天王所持的法器是________，代表斩断烦恼。

四、交流与体验

1. 清代皇家专储《四库全书》的藏书阁为文渊阁(北京故宫)、文源阁(圆明园)、文津阁(避暑山庄)和文溯阁(沈阳故宫)。四阁名称中间一字均为“氵”字旁。请用“五行”观念简述如此命名的原因。

2. 有人认为，中国没有严格意义上的宗教，中国人关注的是现实人生，对彼岸世界并不关心。对此你们怎么看？

3. 儒、道、佛三足鼎立构成了中国古代文化蔚为壮观的景观，因此有人说“以佛治心，以道治身、以儒治世”。对此你们怎么看？

4. 我国台湾著名学者南怀瑾先生将儒、释、道三家分别比喻为粮食店、百货店、药店。怎样理解他所作的比喻？

5. 求职竞争中要不要坚守传统道德？“求职竞争需要的是表现自己，争取别人的了解，推销自己，而不是谦虚；谦虚只能导致竞争的失败。”“竞争激烈，不得不作假，老实就会吃亏”，等等，传统文化的一些基本价值追求，都受到了严重的挑战。对此你们怎么看？

答案

原典杂辑

且夫水之积也不厚，则其负大舟也无力。覆杯水于坳堂之上，则芥为之舟，置杯焉则胶，水浅而舟大也。风之积也不厚，则其负大翼也无力。故九万里则风斯在下矣，而后乃今培风；背负青天而莫之夭阏(è)者，而后乃今将图南。(出自庄子《庄子·逍遥游》)

【解释】水积蓄得不够深厚，就没有负载大船的力量。在庭堂的低洼处倒一杯水，那么放一根小草便可当作船，而放上一个杯子就粘住不动了，这是因为水浅而船大的缘故。风聚积的力量不雄厚，则无力托负巨大的翅膀。所以，鹏鸟高飞九万里，那风就在它的下面，然后才乘着风力，背负青天无阻碍地飞往南海。

第五章　中国古代文学

课程思政

自由是双重的：既在于摆脱束缚，超越障碍，又在于自觉自愿地遵循客观必然性去从事创造性的活动。

“自由太过，则成为无政府；秩序太过，则成为专制。”（近代·孙中山《孙中山选集》）

“科学之力日盛，则迷信之力日衰；自由之界日张，则神权之界日缩。”（近代·梁启超《保教非所以尊孔论》）

“身贵自由，国贵自主。”（清·严复《原强》）

第一节　中国古代文学概述

中国文学源远流长，在数千年的发展进程中，取得了光辉灿烂的成就。中国古代文学是我们了解中国传统文化的最佳窗口。

先秦时期，揭开了我国古代文学的辉煌一页，奠定了中国文学健康发展的坚实基础。保留在古代典籍中的文献资料表明，早在远古时代，虽然文字还没有产生，但在百姓中间已经流传着神话传说和民间歌谣等口头文学。《诗经》是中国最早的诗歌总集，本只称《诗》，儒家列为经典之一，故称《诗经》；编成于春秋时代，共 305 篇；分为“风”“雅”“颂”三大类：《风》有十五国风，《雅》有《大雅》《小雅》，《颂》有《周颂》《鲁颂》《商颂》；大抵是周初至春秋中叶的作品，产生于今陕西、山西、河南、山东及湖北等地。据《史记》等记载，《诗经》系孔子编定，近人多疑其说。其中民间诗歌部分，相传由周王室派专人搜集而得，称为“采风”，有“男女相悦”之词，比如首篇“关雎”（图 5-1）。也有不少篇章揭露了当时政治的黑暗和混乱，反映了人民遭受的压迫和痛苦；部分西周上层统治者祀神祭祖、赞美业绩的作品，提供了关于周的兴起、周初经济制度和生产情况的重要资料。诗篇形式以四言为主，运用赋、比、兴的手法。其优秀篇章，描写生动，语言朴素优美，声调自然和谐，富有艺术感染力。《诗经》对中国两千多年来的文学发展有深广的影响，而且是很珍贵的古代史料。

图 5-1 夏亮熹：关雎图

战国后期，在南方的楚国，产生了“书楚语、作楚声、纪楚地、名楚物”的楚辞，以六言、七言为主，长短参差，灵活多变，多用语气词“兮”字。《离骚》是楚辞的代表作品，是中国古典文学中最长的抒情诗。作者屈原(图 5-2)是战国时期楚国诗人、政治家。《离骚》与《诗经》中的《国风》并称“风骚”。楚辞是中国现实主义文学和浪漫主义文学最重要的源头之一。

图 5-2 屈原

在百家争鸣的政治文化环境中，产生了一批政治家和思想家，写作了大量以说理透辟、逻辑严密、言辞锋利、善用比喻为特点的散文。诸子散文又各具特色，《论语》警策，《孟子》雄畅，《墨子》谨严，《荀子》淳厚，《韩非子》犀利，《庄子》汪洋恣肆。

两汉时期，疆土统一，国势强大，封建经济和文化得到了充分的发展。大一统帝国的君臣，追求物质和精神的享乐，要用文学来歌舞升平，于是一种烙上鲜明贵族印记的文学样式——辞赋便应运而生。司马相如的《子虚赋》《上林赋》，极写帝王苑囿之盛、田猎之乐。两汉文学中最有价值的是乐府诗。早在西汉武帝时期，就设立了官方采诗机构，名为乐府。乐府民歌深刻反映了两汉社会生活的各个方面，体现了当时劳动人民的心态、愿望和要求。在汉乐府民歌的直接哺育下，汉代文人五言诗也开始酝酿，并逐渐发展、成熟，成熟标志是《古诗十九首》。两汉文学的另一个重要成就就是散文创作，代表两汉散文最高成就的是司马迁的《史记》。《史记》一书，以人为经，以事为纬，开创了纪传体这种以人物为中心的史书编写体例。《史记》不虚美，不隐恶，它的实录精神为人们所称道。

魏晋南北朝时期，文学日益摆脱经学的影响，而获得独立的发展，开始进入文学的自觉时代。诗歌、散文、辞赋、骈文、小说等文学样式，都取得了显著的成就。

唐代文学的繁荣，既来自国家的强大和统一，也是文学本身不断发展的结果。唐诗的主题不仅是爱情，更多的是理想、友情、山水等。唐诗之前的诗歌称为古体诗，唐诗及其之后的诗歌称为近体诗，因为从唐诗开始，诗歌的形式有了严格的韵律，讲究平仄，形式也更加丰富多彩，有五绝、七绝、五律、七律和排律等。唐诗数量众多，作者广泛，据《全唐诗》存录，唐诗有 4.89 万余首，2200 多名作者。唐诗的“意象”打动人心。初唐时期，一方面虞世南等人延续齐梁华靡诗风，另一方面以“初唐四杰”为代表的一些中下层文人自觉批判六朝文风，开创新的风格。盛唐是唐诗的繁荣昌盛期。高适、岑参、王昌龄等人写下了许多边塞诗。王维、孟浩然更擅长写田园风光。李白和杜甫(图 5-3)可称为盛唐璀璨星空中最耀眼的双子星座。其中，前者最大的成就在于浪漫主义的表现手法，而后者则是伟大的现实主义诗人。中唐是唐诗的繁衍期。此时的风格流派更多，影响最大的要推白居易、元稹等人兴起的新乐府运动。其余还有刘长卿等人的山水诗、李益等人的边塞诗等。晚唐是唐诗逐渐衰落期。最初有世称“小李杜”的李商隐、杜牧，之后就未曾出现有重大影响的诗人。

图 5-3　李白和杜甫

词至宋代，发展到极盛时期，成为中国诗歌史上的又一高峰。宋词是中国古代文学皇冠上光辉夺目的一颗巨钻，与唐诗争奇，与元曲斗妍，历来与唐诗并称双绝。宋词分为两大流派，一派因苏轼而形成，称为“豪放派”，代表作有《水调歌头》(“明月几时有”)（图 5-4)、《念奴娇》(“大江东去”)、《江城子》(“老夫聊发少年狂”)；一派则是“婉约派”，代表作有《雨霖铃》(“寒蝉凄切”)(图 5-5)、《鹊桥仙》(“纤云弄巧”)、《踏莎行》(“雾失楼台”)等。北宋前期，“二晏”的词，上承南唐遗风，但不卑俗、淫艳、轻薄，在词的发展上，具有自己的特色。柳永创作了大量慢词。北宋中后期，苏轼登上词坛，创豪放一派。再加上秦观、贺铸等人的艺术创造，促使宋词出现多种风格竞相发展的繁荣局面。北宋后期，周邦彦兼采众家之长，进行了一系列集大成的工作，体现了宋词的成熟与深化。南渡后，宋词创作出现了新的情况。南宋初期，主要词人有张元干、张孝祥等，而成就最高的当推女词人李清照。南宋中期，爱国词和豪放词空前发展，出现大词人辛弃疾。南宋后期，出现姜夔与吴文英两大巨臂。

图 5-4　明月几时有(意境图)

图 5-5　寒蝉凄切(意境图)

随着城市经济的进一步繁荣，元代迎来了通俗文学大发展的时期。经过长期的酝酿，元杂剧以它高度的社会历史价值、独特的艺术风格和形式体制，开辟了我国戏曲文学的黄金时代。重要杂剧作家有关汉卿(图 5-6)、王实甫、康进之、白仆、马致远、郑光祖等。关汉卿的代表作是《窦娥冤》(图 5-7)。

图 5-6　关汉卿

图 5-7　《窦娥冤》插图

明代出现了长篇章回小说，一种由宋元讲史话本发展而来的小说形式。罗贯中历史演义《三国演义》叙写魏蜀吴三国之间的军事、政治、外交斗争，再现乱世动荡现实，揭示东汉败亡根由，歌颂明君贤相理想，表达人民智慧和愿望。施耐庵英雄传奇《水浒传》描写了梁山起义军生成、发展、壮大和失败的整个过程，挖掘了起义的社会根源——政治的极端黑暗和腐败，总结出中国农民起义的重要特征——官逼民反，逼上梁山。吴承恩所写的神魔小说《西游记》，通过唐僧师徒四人去西天取经的艰难历程，表现了广大人民群众对美好理想的不懈追求和战胜自然、克服困难的大无畏精神，具有鲜明的浪漫主义艺术特征。《西游记》巧妙地把人物思想性格和动物体态习性结合起来，成功地塑造了孙悟空、猪八戒等艺术形象，“使神魔皆有人情，精魅亦通世故。”明代短篇小说的主要形式是拟话本，代表作有冯梦龙的《喻世明言》《警世通言》和《醒世恒言》，以及凌濛初的《初刻拍案惊奇》《二刻拍案惊奇》，合称“三言”“二拍”。在戏曲领域，明传奇取代了杂剧的主导地位，产生了杰出的剧作家汤显祖。

图 5-8 曹雪芹

清代是中国古代文学史上最后一个重要的阶段。《红楼梦》以贾、史、王、薛四大家族由盛而衰的过程为背景，以贾宝玉、林黛玉的爱情悲剧为中心，表现了具有叛逆性格的青年的民主思想与传统思想的尖锐冲突，揭示了封建社会走向没落的必然趋势。作者曹雪芹(图 5-8)生于荣华，他的父祖辈为清廷内务府官员，曾历任江宁、苏州两地织造，后来突遭变故，家道中落，曹雪芹由锦衣玉食而绳床瓦灶，他饱经风霜，备尝辛酸，于是根据他的社会阅历和理解，饱蘸着血泪之笔，创作了这部伟大的现实主义小说。《红楼梦》不愧为我国古典小说的艺术高峰。吴敬梓的《儒林外史》刻画了一批面目各异的封建知识分子形象，显示了社会的种种病态，把批判的矛头指向以八股取士的考试制度，是我国文学史上少有的讽刺杰作，对晚清谴责小说有极大影响。清传奇的杰作当推洪昇的《长生殿》和孔尚任的《桃花扇》。清代的诗、词、散文，虽然总的成就未能超越前代，但是名家迭出，流派众多，也不可轻视。

第二节　双语阅读

一、以史为鉴

走近杜甫

安史之乱结束了。这对于饱受战乱痛苦、盼望安定的百姓来说，毕竟是一件值得高兴的事。当时在梓州(今四川三台)过流亡生活的诗人杜甫，听到这个消息，更是欣喜若狂，泪流满面。

杜甫，字子美。他跟李白一样，是唐代最著名的大诗人之一。在文学史上，他们被合称为“李杜”。杜甫原是河南巩县人，生长在一个没落的官僚家庭，从小就下

A Profile of Du Fu

The An Shi Rebellion was finally over. This was indeed cause for celebration for the populace, who craved order and stability after so many years of suffering the ravages of war. When news of the end of the rebellion reached the great poet Du Fu, who was a war refugee in Zizhou (modern-day Santai, Sichuan Province), he wept with irrepressible joy.

Du Fu's courtesy name is Zimei. Like Li Bai, he has a prominent place in the pantheon of Tang poetry. In Chinese literature they are often mentioned in tandem as "Li and Du." Du Fu's home town was Gong County, Henan, where he was born into a family of bureaucrats

苦功读书，也游历了许多名山大川，写下了不少优秀的诗歌。三十几岁的时候，他在洛阳，遇见了李白。杜甫比李白小十一岁。两个人性格不一样，但是，共同的志趣和爱好使他们成为亲密的好友。

who had fallen on hard times. His keen interest in reading started at a very young age. He visited many parts of the country famed for the beauty of their mountains and rivers, leaving a rich legacy of beautifully written verse. In his thirties, he met Li Bai in Luoyang, who was 11 years his senior and had a very dissimilar temperament. However, they became good friends because of many shared interests and opinions.

后来，他到长安参加进士考试。那时候正是奸相李林甫掌权的时候。李林甫最忌恨读书人，怕这些来自下层的读书人当了官，议论起朝政来，对他不利，于是勾结考官，欺骗玄宗说这次应考的人考得很糟，没有一个够格的。唐玄宗正在奇怪，李林甫又上了一道祝贺的奏章，说这件事正说明皇帝圣明，有才能的人都已经得到任用，民间再没有遗留的贤才了。

He went to Chang'an to participate in the court-administered National Civil Service Examination during the time when the villainous Li Linfu was Prime Minister. Li Linfu had a visceral hatred for intellectuals, and was especially worried that students coming from humble origins would be inimical to his interests if they were allowed to comment on affairs of state at the court once they passed this examination. In collusion with the examiners, he falsely informed Emperor Xuanzong that none of the candidates had made the grade. As Emperor Xuanzong puzzled over this unusual result of the examination, he received a congratulatory memorial from Li Linfu, explaining that the result spoke volumes about the wisdom of the emperor, who had clearly invited into his government all the people of talent in the realm, leaving no more candidates of like caliber outside the government.

那时候的读书人都把科举作为谋出路的途径，杜甫受到这样的挫折，懊丧的心情就不用说了。他在长安过着贫穷愁苦的生活，亲眼看到权贵的豪华奢侈和穷人受冻挨饿的凄惨情景，按捺不住心里的愤慨，就用诗歌控诉这种不平的现象。"朱门酒肉臭，路有冻死骨"，就是他写下的不朽诗句。

Intellectuals and scholars of the time regarded the court-administered Civil Service Examinations as a way to advance their career prospects. With his hopes thus frustrated, Du Fu was understandably upset. He lived in poverty in Chang'an, where he had a chance to witness the contrast between the extravagance and profligacy of the rich and powerful on the one hand, and the deprivation and want of the poor inadequately fed and clothed on the other. In indignation, he denounced this inequity through verse. In a memorable line, he once wrote: Behind vermilion gates, excess wine and meat turns rancid/ As corpses of the frozen dead strew the streets.

杜甫在长安待了十年，唐玄宗

Du Fu stayed in Chang'an for ten years. Shortly af-

刚刚封他一个官职，安史之乱就爆发了。长安一带的百姓纷纷逃难。杜甫一家也挤在难民的行列里，吃尽了千辛万苦，好不容易才找到一个农村，把家安顿下来。正在这时候，他听到唐肃宗在灵武继位的消息，便离开家投奔肃宗，哪想到在半路上碰到叛军，又被抓到了长安。

ter Emperor Xuanzong offered him a commission, the An Shi Rebellion broke out, forcing the civilians in the area to take to the road. Du Fu and his family joined the exodus of refugees. After an odyssey filled with hardships, they came to a farming village, where they were finally able to settle down in a manner. It was in this period that he learned of the accession of Emperor Suzong in Lingwu. He decided to leave his family in the village and go to Lingwu to offer his services to Suzong, but ran into some rebels on the way and was taken to Chang'an.

长安已经陷落在叛军手里，叛军到处烧杀抢掠，宫殿和民房在大火中熊熊燃烧。唐王朝的官员中，有的投降了，有的被叛军解送到洛阳去。杜甫被抓到长安以后，叛军的头目看他不像什么大官，就把他放了。

Chang'an had by that time fallen to the rebels, who were burning and looting everywhere; palaces and civilian dwellings were engulfed in flames. Officials of the Tang court either surrendered or were taken to Luoyang by the rebels. Once in Chang'an, Du Fu was let go by the rebel chief, who did not believe he was a high official of the Tang.

第二年，杜甫从长安逃了出来，打听到唐肃宗已经到了凤翔（今陕西凤翔），就赶到凤翔去见肃宗。那个时候，杜甫已经穷得连一套像样的衣服都没有了，身上披的是一件露出手肘的破大褂，脚上穿的是一双旧麻鞋。唐肃宗对杜甫长途跋涉投奔朝廷的行为，表示赞赏，派给他一个左拾遗的官职。左拾遗是个谏官。

The following year Du Fu managed to escape from Chang'an. Having heard that Emperor Suzong was then in Fengxiang (modern-day Fengxiang, Shaanxi Province), he set off to seek a meeting with the emperor there. Du Fu was so poor at the time that he could not afford a decent outfit, and had to wear a threadbare tunic and a pair of well-worn hemp sandals. As a token of appreciation for the hardships he faced in coming all the way to offer his services to the Tang court, Emperor Suzong of Tang made him zuo shi yi, a Remonstrance Official.

唐肃宗虽然给杜甫这个官职，但可并没有重用他的意思，杜甫却认真地办起事来。过了不久，宰相房琯被唐肃宗撤了，杜甫认为房琯很有才能，不该把他罢免，就上了奏章向肃宗进谏。这一来，得罪了肃宗，亏得有人在唐肃宗面前说了好话，才把他放回家去。

Emperor Suzong's token of appreciation was just that—a token, but Du Fu took it very seriously. Thus, when Prime Minister Fang Guan was dismissed by Emperor Suzong, Du Fu presented a petition to the emperor arguing against the dismissal, because in Du's opinion Fang Guan was a capable Prime Minister. By this act Du Fu managed to offend the emperor. Thanks to the intercession of friends before the emperor, he was spared severe punishment and received only the sanction of being fired and sent home.

唐军收复长安以后，杜甫也跟着许多官员一起回到长安。唐肃宗把他派到华州(今陕西华县)做个管理祭祀、学校工作的小官。杜甫带着失意的心情，来到华州。那时候，长安、洛阳虽然被官军收复了，但是安史叛军还没被消灭，战争还很激烈。唐军到处拉壮丁补充兵力，把百姓折腾得没法过活。

After the recovery of Chang'an by the Tang army, Du Fu returned with many other officials to the capital. He was sent by Emperor Suzong to Huazhou (modern-day Hua County, Shaanxi Province) to fill a minor post in charge of sacrificial rites and school affairs. A disillusioned Du Fu arrived in Huazhou at a time when war was still raging with pockets of An and Shi rebels, despite the recovery of Chang'an and Luoyang by government troops. The civilians' lives were disrupted, and they faced the constant fear of being drafted to replenish the Tang troops.

有一天，杜甫经过石壕村(今河南陕县东南)，时间已经很晚了。他到一个穷苦人家去借宿，接待他的是老农夫妻俩。半夜里，他正翻来覆去睡不着觉的时候，忽然响起一阵急促的敲门声。杜甫在房里静静听着，只听到隔壁那个老人翻过后墙逃了，老婆婆一面答应，一面去开门。

Late one night, Du Fu sought lodging at a humble home in Shihao (a village southeast of modern-day Shan County, Henan Province) on his way to another place. His hosts were an elderly peasant couple. In the middle of the night as he tossed and turned in bed unable to fall asleep, he was startled by an urgent knocking. As Du Fu listened in his room without making a sound, he realized his elderly host had run away by jumping over their back fence while his elderly wife went to answer the door.

进屋的是官府派来抓壮丁的差役，他们厉声吆喝着，问老婆婆说："你家男人到哪里去了?"

It turned out the midnight visitors were lackeys sent by the government to round up anybody deemed fit for military service. They yelled menacingly at the old peasant woman, "Where are the men in your household?"

老婆婆带着哭声说："我的三个孩子都上邺城打仗去了，前两天刚接着一个儿子来信，说两个兄弟都已经死在战场上。家里只有一个儿媳和吃奶的孙儿。你还要什么人?"

The elderly woman answered in a teary voice, "My three sons have been drafted to fight in Yecheng. I received a letter two days ago from one of them that said his two brothers had died on the battlefield. I have with me only a daughter-in-law and a suckling grandson. What more do you want?"

老婆婆讲了许多哀求的话，差役还是不肯罢休。老婆婆没有法子，只好跟着差役，到军营去给兵士做苦役。

The lackeys were not placated by the pleading of the elderly woman, who had no alternative but to follow them to a barracks, where she was pressed into hard labor.

天亮了，杜甫离开那家的时候，送别的只有老农一个人了。

When Du Fu took to the road at daybreak, only the elderly peasant man was left in the house.

杜甫亲眼看到这种凄惨情景，心里很不平静，就把这件事写成诗歌，叫做《石壕吏》。他在华州的时候，前后一共写过六首这样的诗，合起来叫做“三吏三别”(《石壕吏》《潼关吏》《新安吏》《新婚别》《垂老别》《无家别》)。由于杜甫的诗歌大多是写安史之乱中人民的苦难，反映了唐王朝从兴盛到衰落的过程，所以，人们把他的诗篇称作“诗史”。

Deeply disturbed by this tragic episode he had witnessed, Du Fu wrote a poem with the title “A Lackey of Shihao.” In his tenure in Huazhou, he wrote a total of six poems along this theme, known as the “San Li San Bie” (“Three Lackeys and Three Partings”). These poems are, “A Lackey of Shihao,” “A Lackey of Tongguan,” “A Lackey of Xin’an,” “Parting of the Newlyweds,” “Parting in One’s Old Age,” and “Parting of the Homeless.” Du Fu’s writings have often been referred to as historical poetry, because most of them deal with the stark human suffering during the An Shi Rebellion, and depict the decline of the Tang dynasty from its former glory.

第二年，杜甫辞去了华州的官职。接着，关中闹了一场大旱灾，杜甫在那里穷得过不下去，带了全家流亡到成都，依靠朋友的帮助，他在成都西郊的浣花溪边，造了一座草堂，在那里过了将近四年的隐居生活。后来，因为他的朋友死去，在成都没有依靠，又带着全家向东流亡。公元770年，竟因贫困和疾病，死在湘江的一条小船上。

Du Fu occupied his post for only a year before resigning. The Guanzhong area was soon hit by a serious drought and, no longer able to make ends meet, Du Fu took his family on the road again and sought the help of a friend in Chengdu. He lived there for nearly four years as a recluse, in a thatched hut he built on the bank of a stream in the western fringe of the city. When his friend died, he was again in dire straits. He and his family moved east to seek a better life. In 770 AD, ill and penniless, he died on a small boat on the Xiang River.

他死后，人们为了纪念这位伟大诗人，把他在成都住过的地方保存起来，这就是有名的“杜甫草堂”。

(曹余章)

In memory of this great poet, his dwelling in Chengdu has been preserved for posterity. This is the famed Thatched Hut of Du Fu.

(Yawtsong Lee)

二、诵读唐诗

静夜思

李白

床前明月光，
疑是地上霜。
举头望明月，
低头思故乡。

A Tranquil Night

Li Bai

Before my bed a pool of light,
Is it hoarfrost upon the ground.
Eyes raised, I see the moon so bright,
Head bent, in homesickness I’m drowned.

(许渊冲译)

【马茂元赏析】短短四句诗，写得清新朴素，明白如话。它的内容是单纯的，但同时却又是丰富的。它是容易理解的，却又是体味不尽的。诗人所没有说的比他已经说出来的要多得多。它的构思是细致而深曲的，但却又是脱口吟成、浑然无迹的。从这里，我们不难领会到李白绝句的"自然""无意于工而无不工"的妙境。

三、重温《论语》

"点，尔何如?"鼓瑟希，铿尔，舍瑟而作，对曰："异乎三子者之撰。"子曰："何伤乎?亦各言其志也。"曰："暮春者，春服既成，冠者五六人，童子六七人，浴乎沂，风乎舞雩，咏而归。"夫子喟然叹曰："吾与点也。"(出自《论语·先进》)

【英译】"Zeng Zi, what about you?" Zeng Zi is playing a lute. On hearing the question, he stops suddenly, puts down his lute and answers, "What I am thinking is different from the other three." Confucius says, "What does it matter? They were only talking about their ambitions." Zeng Zi says, "At the start of spring when the spring clothes have been made, I would go to take a bath in the river with 6 or 7 youngsters and 5 or 6 grown-ups in hats. I would also cool myself by staying next to the altar. I would go home singing." Confucius sighs a long sigh, saying, "I agree with Zeng Zi."

【现实意义】宋代的理学家认为曾皙所说的已达"天地境界"，是"天地气象"。曾皙的志向可以说正是太平盛世的缩影，是理想施政的结果，是理想与志趣的结合，含蓄地道出了孔子政治理想要达到的境界。如果一个社会能使人自由自在地生活，则这个必然是物质丰足、制度完备的和谐社会。

第三节　拓展练习题

一、单选题

1. 开创我国田园诗新领域的诗人是(　　)。

A. 陶渊明　　B. 谢灵运　　C. 王维　　D. 孟浩然

2. 宋代陆游的诗作《游山西村》"莫笑农家腊酒浑，丰年留客足鸡豚。山重水复疑无路，柳暗花明又一村"描写的是(　　)。

A. 江苏省内　　B. 浙江省内　　C. 湖北省内　　D. 安徽省内

3. 对联"胜地据淮南，看云影当空，与水平分秋一色；扁舟过桥下，闻箫声何处，有风吹到月三更"，描写的是(　　)的风景。

A. 苏州　　B. 常州　　C. 无锡　　D. 扬州

4. 宋代范成大的诗作《横塘》"南浦春来绿一川，石桥朱塔两依然。年年送客横塘路，细雨垂柳系画船"描写的是(　　)的风景。

A. 浙江省内　　B. 江苏省内　　C. 安徽省内　　D. 湖南省内

5. 对联"尘劫历一千余年，重复旧观，幸有名贤来作主；诗人题二十八字，长留胜迹，可知佳句不须多。”描写的是(　　)的风景。

A. 扬州　　B. 南京　　C. 苏州　　D. 杭州

6. 属于王维的诗句是(　　)。

A. 飞流直下三千尺，疑是银河落九天

B. 不识庐山真面目，只缘身在此山中

C. 大漠孤烟直，长河落日圆

D. 君不见黄河之水天上来，奔流到海不复回

7. 杜甫的诗“会当凌绝顶，一览众山小”描写的是(　　)。

A. 嵩山　　B. 华山　　C. 恒山　　D. 泰山

8.“尘劫历一千余年，重复旧观，幸有明贤来做主；诗人题二十八字，长留胜迹，可知句不须多。”此联描述的是(　　)。

A. 山东曲阜　　B. 灵隐寺　　C. 寒山寺　　D. 黄鹤楼

9.“海纳百川、有容乃大”是(　　)题写的对联。

A. 邹福保　　B. 林则徐　　C. 郑板桥　　D. 徐渭

10. (　　)是以古代人名、故事做名称的词牌名。

A.《水调歌头》　　B.《念奴娇》　　C.《菩萨蛮》　　D.《浪淘沙》

11.“吴楚东南坼，乾坤日夜浮”表现了(　　)的浩渺与气势。

A. 洞庭湖　　B. 洪泽湖　　C. 鄱阳湖　　D. 太湖

12.“山重水复疑无路，柳暗花明又一村”的作者是(　　)。

A. 王维　　B. 王安石　　C. 陆游　　D. 刘禹锡

13.“渭城朝雨浥轻尘，客舍青青柳色新”中的“渭城”是指现在的(　　)。

A. 山西绍兴　　B. 山东西南　　C. 陕西西安西北　　D. 陕西汉中

14.“君不见黄河之水天上来，奔流到海不复还”出自李白的(　　)。

A.《使至塞上》　　B.《登岳阳楼》　　C.《将进酒》　　D.《蜀道难》

15. 济南趵突泉中的“云雾润蒸华不注，波涛声震大明湖”这副楹联属于(　　)。

A. 节令联　　B. 喜庆联　　C. 杂感联　　D. 名胜联

16. 风雨送春归，飞雪迎春到。(　　)犹有花枝俏。

A. 已是悬崖百丈冰　　B. 已是黄昏独自愁

C. 瀚海阑干百丈冰　　D. 六出冰花滚似锦

17.“山近月远觉月小，便道此山大于月。若有人眼大如天，当见山高月更阔。”这是明代思想家王守仁的《蔽月山房》，与此中哲理最接近的是(　　)。

A. 不识庐山真面目，只缘身在此山中　　B. 若言声在指头上，何不于君指上听

C. 问渠那得清如许，为有源头活水来　　D. 纸上得来终觉浅，绝知此事要躬行

18. 词句“青山依旧在，几度夕阳红”的作者是(　　)。

A. 施耐庵　　B. 罗贯中　　C. 杨慎　　D. 杨基

19.“咬定青山不放松，立根原在破岩中。千磨万击还坚劲，任尔东西南北风”写的植物是(　　)。

A. 松树　　B. 野草　　C. 竹子　　D. 柏树

20. “山郡逢春复乍晴，陂塘分出几泉清？郭边万户皆临水，雪后千峰半入城。”清代诗人王士祯这首诗写的是(　　)。

A. 成都　　B. 杭州　　C. 泉州　　D. 济南

21. 元末明初诗人唐珙的诗《题龙阳县青草湖》曾因诗境近似唐人被错选入《全唐诗》，请给下面四句诗正确的排列顺序是(　　)。

①醉后不知天在水②一夜湘君白发多③西风吹老洞庭波④满船清梦压星河

A. ③①④②　　B. ④②①③　　C. ③②①④　　D. ④①③②

22. “中国四大名著”即《三国演义》《水浒传》《西游记》《红楼梦》四部古典小说的合称，它们代表了中国古典文学中小说类作品的最高成就，至今已成为家喻户晓的传统文化象征性读物。下列诗句与其相关著作连线不正确的是(　　)。

A. 是非成败转头空——《三国演义》　　B. 敢笑黄巢不丈夫——《水浒传》

C. 姑妄言之姑听之——《西游记》　　D. 一朝春尽红颜老——《红楼梦》

23.《三国演义》中许多典故蕴含哲学寓意，下列选项中的典故与哲学论断对应不正确的是(　　)。

A. 诸葛亮借东风——人可以认识并利用规律

B. 望梅止渴——理性认识依赖于感性认识

C. 士别三日，当刮目相看——用发展的眼光看问题

D. 巢毁卵破——事物是普遍联系的

24. 经史子集是中国古代图书分类的主要方法，今天，它仍是我们熟悉古籍、进而了解传统文化的一把钥匙。由于不少古籍很难纳入中图法的分类体系，因此一般古籍图书馆(库)的庋藏和检索，仍袭用传统的四部分类法。如果我们想借阅收录了屈原作品的《楚辞》，应该在(　)里寻找。

A. 经　　B. 史　　C. 子　　D. 集

25. “二十四史”是我国古代二十四部正史的总称，下列哪一部著作包含在“二十四史”之列(　　)。

A.《宋纪》　　B.《新元史》　　C.《宋书》　　D.《东观汉记》

26. 称王维为王摩诘，称柳宗元为柳河东，称张籍为张水部，称左光斗为左忠毅公，称陆游为陆放翁，分别是以(　　)来称呼。

A. 号/籍贯/官职/谥号/字　　B. 字/号/官职/籍贯/谥号

C. 号/谥号/字/籍贯/官职　　D. 字/籍贯/官职/谥号/号

27. 我国古代文人在诗词中常运用典故表达自己的思想感受，下列作品中没有使用典故的是(　　)。

A. 折戟沉沙铁未销，自将磨洗认前朝　　B. 怀旧空吟闻笛赋，到乡翻似烂柯人

C. 元嘉草草，封狼居胥，赢得仓皇北顾　　D. 庄生晓梦迷蝴蝶，望帝春心托杜鹃

28. 左思所写的(　　)轰动一时，留下了“洛阳纸贵”的历史佳话。

A.《二京赋》　　B.《归田赋》　　C.《三都赋》　　D.《鹏鸟赋》

29. “儿童散学归来早，忙趁东风放纸鸢”描写的是什么时候的情景(　　)。

A. 初春　　B. 晚春　　C. 初夏　　D. 晚秋

30.“牧童骑黄牛，歌声振林樾。意欲捕鸣蝉，忽然闭口立”是性灵派名家(　　)的诗。

A. 袁宏道　　B. 杨万里　　C. 朱彝尊　　D. 袁枚

31. 中国古典戏剧作品塑造了王昭君、李香君、杜丽娘和崔莺莺等经典女性形象，下列作品与上述人物对应关系正确的是(　　)。

A.《西厢记》/《汉宫秋》/《桃花扇》/《牡丹亭》

B.《西厢记》/《桃花扇》/《汉宫秋》/《牡丹亭》

C.《汉宫秋》/《桃花扇》/《牡丹亭》/《西厢记》

D.《汉宫秋》/《牡丹亭》/《桃花扇》/《西厢记》

二、多选题

1. 下列中属于道教诗人的有(　　)。

A. 王勃　　B. 王绩　　C. 张九龄　　D. 杜甫

E. 白居易

2. 下列宋词词牌中，与道教有关的是(　　)。

A.《瑶池宴》　　B.《解佩令》　　C.《华胥引》　　D.《献仙音》

E.《如梦令》

3. 中国下列古典文学作品中，属于明代著名小说的是(　　)。

A.《西游记》　　B.《三国演义》　　C.《金瓶梅》　　D.《聊斋志异》

E.《水浒传》

4. 词的“片”，是音乐已奏了一遍的意思，也有乐曲的休止或终结的意思。“片”就是(　　)的意思，也叫做(　　)。

A. 遍　　B. 引　　C. 令　　D. 阕

三、填空题

1. 孔尚任《桃花扇》中的主人公是侯方域、________。

2.《诗经》的主要表现手法是赋、比、________。

3. 中国古代神话主要集中在《________》和《淮南子》两部书中。

4. 著名的元曲四大家是关汉卿、________、马致远、白朴。

5.“鸡声茅店月，________”是唐代温庭筠《商山早行》中的诗句。

四、交流与体验

1. 中国历史上被誉为诗仙、诗圣、书圣、茶圣的四个人分别是谁？他们分别生活在哪个朝代？

2. 为什么说盛唐是诗歌创作的黄金时代？

3. 诗、词、曲有何区别与联系？

4. 中国的小说发展经过哪些主要阶段？

5. 请谈一谈自己喜爱的中国古代文学作家和作品。

6. 在中国古典诗歌中，“渔父”是个经典形象，它是“出世”思想的代表，“隐逸”形象的化身。“一帆一桨一渔舟，一个渔翁一钓钩。一俯一仰一场笑，一江明月一江秋。”有人说它反映了作者豪放洒脱、寄情山水的情怀，有人说它表达了作者消极苦闷、避世桃源的心态。对此你们怎么看？

7. 组织“经典诵读”活动，每个学生从中国诗词歌赋中挑选自己最喜爱的篇章，有声有色地将其诵读出来，邀请评委打分。

8. 过去在学习中国古代诗文时强调朗诵和背诵，现在强调素质教育，反对死记硬背。请对是否应该朗诵和背诵中国诗词歌赋发表你的看法。

9. 晚晴作家刘鹗在《老残游记》序中说：“《离骚》为屈大夫之哭泣，《庄子》为蒙叟之哭泣，《史记》为太史公之哭泣，《草堂诗集》为杜工部之哭泣。李后主以词哭，八大山人以画哭，王实甫寄哭泣于《西厢记》，曹雪芹寄哭泣于《红楼梦》。”这里所谓的“哭泣”既是一种家国情怀，也是一种忧患意识，它是中国古代作家们人文精神的一种昭示。请你联系具体作品试作阐述。

10.《中国诗词大会》是中央电视台 2016 年开播的一档全民参与的诗词节目，节目以“赏中华诗词、寻文化基因、品生活之美”为基本宗旨，力求通过对诗词知识的比拼及赏析，带动全民重温那些曾经学过的古诗词，分享诗词之美，感受诗词之趣，从古人的智慧和情怀中汲取营养，涵养心灵。栏目中最激动人心的环节当属选手间的对抗赛“飞花令”。想测试一下你的诗词储备吗？和你的小伙伴们玩一次“飞花令”，关键字可选一个诗词中的常用字，如“风”“雪”“云”“月”等。

答案

原典杂辑

才者，德之资也；德者，才之帅也。（出自司马光《资治通鉴·周纪一》）

【解释】才干、能力只是德行的支撑、凭借，而德行是才能的统帅。

第六章　中国书法与绘画

课程思政

社会主义平等是经济权利、政治权利、文化权利的全面平等。社会主义平等是起点平等、过程平等、结果平等的整体平等。社会主义平等是权利平等、机会平等、规则平等一致的平等。

“天予人权，独立平等。”（清·康有为《大同书》）

“水至平而邪者取法，镜至明而丑者无怒。”（西晋·陈寿《三国志·蜀志·李严传》）

“一国之中言平等之义，则国为康乐之国，而国必强。”（清·皮嘉祐《平等说》）

第一节　中国书法与绘画概述

中国书法艺术和绘画艺术都是中华文明的重要组成部分。书法与绘画在起源上有相同之处，书画同“起”。书法与绘画在表现形式方面，尤其是在笔墨运用上具有共同的规律性，书画同“形”。书法与绘画具有相同的精髓、意趣之源，书画同“神”。字如其人，画如其人，人的品性皆会融入其书画作品之中，书画同“心”。简言之，书画同源，绘画和书法源于共同的笔墨精神。书法注重气势之美、意态之美、韵律之美，可说是真正的抽象派艺术。中国绘画是充分运用书法艺术这种抽象手段的，中国画本身带上了强烈的书法趣味，国画的线条、墨韵，处处都透露着抽象之美。

一、传统书法艺术

中国书法是指用汉字进行书写的一种艺术。书法与日常书写文字有本质的差别。绝非随意书写，而是讲究执笔、用笔、用墨、点画、结构、分布、体貌风格等。中国书法艺术已有三千多年历史，商、周金文已具艺术性，秦篆、汉隶、魏碑、唐楷、宋行、明人小楷等更见风采多姿。由于各个历史时期的社会背景不同，人们的意愿、追求和情趣也不尽相同，书法艺术因此表现出一些时代的特征，即晋人尚韵，唐人尚法，宋人尚意，明人尚姿，清人尚变。

（一）晋人尚韵

晋人尚韵是指书法创作不拘泥于前人的风格和特点，努力追求不同的风格，体现自己的特点。

钟繇《宣示表》笔画平稳、流畅，有稳健之感；笔锋内藏，笔势内敛，笔法张而不显。

《兰亭序》是王羲之与谢安、孙绰等 41 人在山阴兰亭“修禊”时所作的诗序。该序记述了兰亭周围的山水美景和聚会时的欢快情景，也抒发了自己对好景不长和生死无常的感慨，采用行书字体书写。行书字体字形较规整，既不失稳重之感，又有笔画多连笔、省减等特点，书写者没有太多的拘谨，可以较随意地运用笔势和笔法。王羲之很好地表现出作品的意境(图 6-1)。

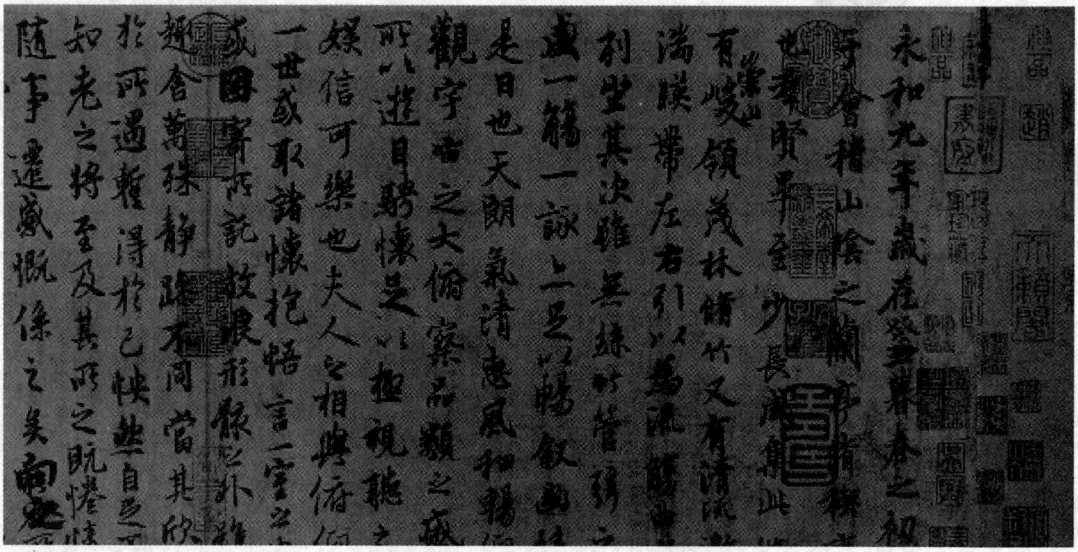

图 6-1　王羲之《兰亭序》(局部)

（二）唐人尚法

尚法，就是崇尚法度，恪守“写经体”的法度。唐代人站在他们那个时代，他们回望过去历史，就得出了他们那个时代所认为的最重要的历史教训，那就是一定要修明法度，并且建立起一个严谨有序的法度国家。体现在书法上就是一丝不苟的唐代书风。唐代书法虽然也有狂草艺术，汪洋恣肆，不拘一格，但是不管他们写得多么潇洒、率性，其内在的书法核心仍然是讲求法度，符合规范的。

初唐的著名书法家有欧阳询、虞世南、褚遂良、薛稷。欧阳询楷书法度严谨，笔力险峻瘦硬，意态精密俊逸。其书法最初效法王羲之，又参合了六朝碑书后独辟蹊径，自成一家，世称“欧体”。欧阳询晚年所写的《九成宫醴泉铭》(图 6-2)，浑厚沉劲，意态饱满，千余年来，成为人们临习楷书的范本。

颜真卿书法精妙，擅长行、楷；初学褚遂良，后师从张旭，得其笔法；其正楷端庄雄伟，行书气势遒劲，创“颜体”楷书，对后世影响很大；代表作有《多宝塔碑》(图 6-3)；与赵孟頫、柳公权、欧阳询并称为“楷书四大家”，又与柳公权并称“颜柳”，被称为“颜筋柳骨”。

图 6-2 欧阳询《九成宫醴泉铭》(局部)

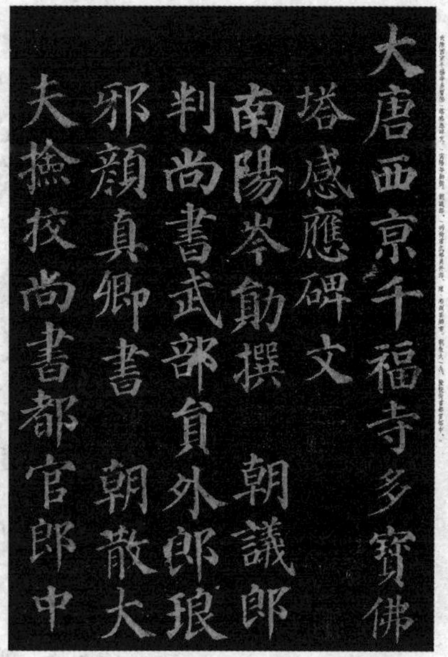

图 6-3 颜真卿《多宝塔碑》(局部)

柳公权书写的字字形结构严谨协调，每笔顿挫呈凸起状，犹如骨骼形状，显得笔画挺拔、清俊骨立、刚健有力(图 6-4)。

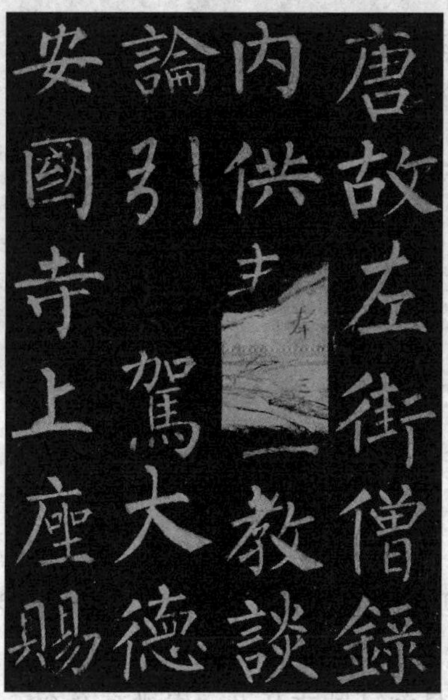

图 6-4 柳公权《玄秘塔碑》(局部)

唐代书法艺术的成就还有行书和草书。颜真卿《祭侄稿》(图 6-5)被誉为“天下第二行书”。

唐代的草书作品尤以张旭、怀素最具代表性。张旭的草书跌宕奔腾，笔画纵横连绵；怀素的草书则开合有度，笔力劲健(图 6-6)。

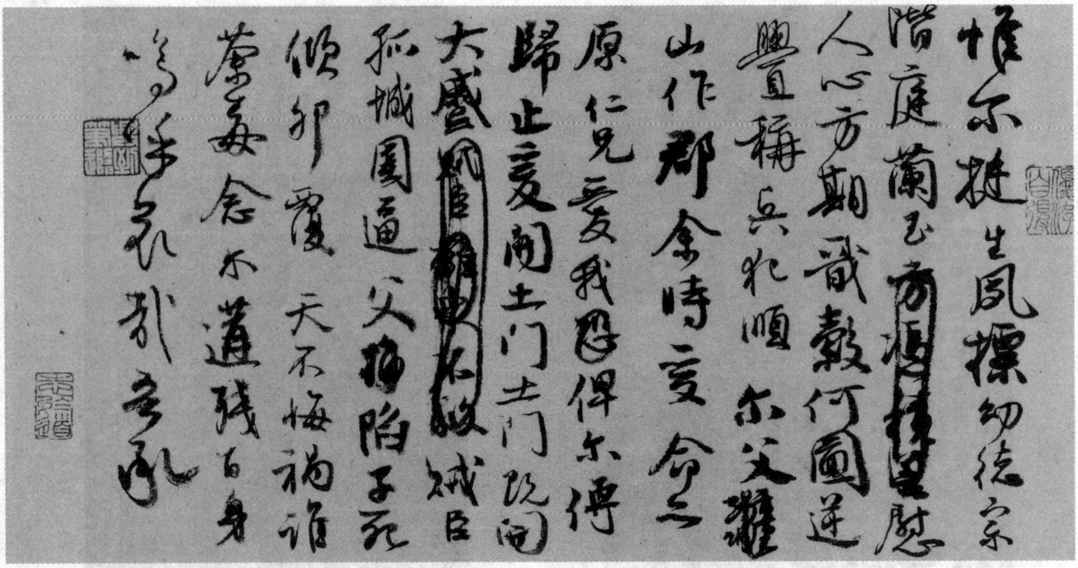

图 6-5 颜真卿《祭侄稿》(局部)

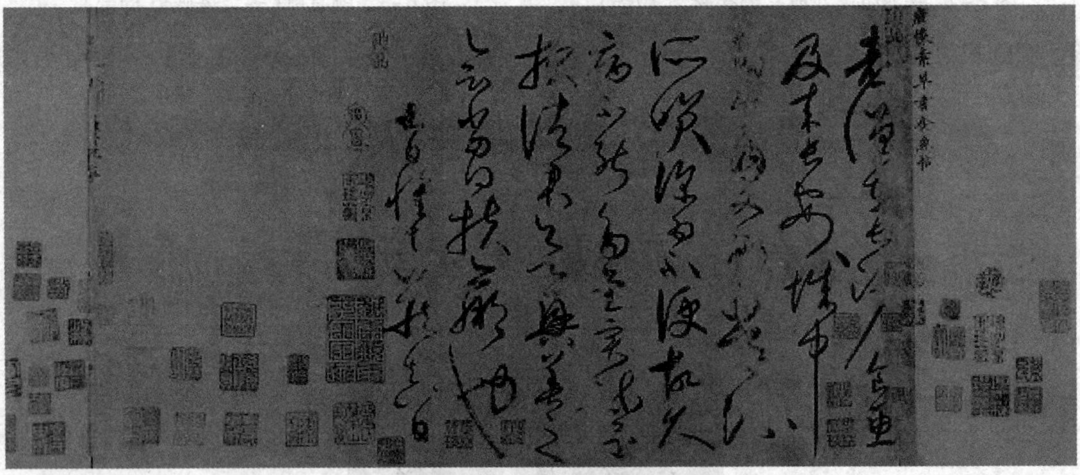

图 6-6 怀素《食鱼帖》

(三) 宋人尚意

宋人尚意，是说书法家通过汉字的字形、结构、笔画等外在的形式，表现书法家所追求的意境或情趣。被誉为“宋四家”的蔡襄、苏轼、黄庭坚、米芾的作品，反映了这种特点。其中，尤以苏轼的作品最具代表性。

《黄州寒食诗帖》(图 6-7) 是苏轼撰诗并书，墨迹素笺本，横 34.2 厘米，纵 18.9 厘米，行书十七行，129 字，现藏台北故宫博物院，那时苏轼因宋朝最大的文字狱，被贬黄州第三年的寒食节作了二首五言诗：“自我来黄州，已过三寒食。年年欲惜春，春去不容惜。今年又苦雨，两月秋萧瑟。卧闻海棠花，泥污燕支雪。暗中偷负去，夜半真有力，何殊病少年，病起须已白。”；“春江欲入户，雨势来不已。小屋如渔舟，蒙蒙水云里。空庖煮寒菜，破灶烧湿苇。那知是寒食，但见乌衔纸。君门深九重，坟墓在万里。也拟哭途穷，死灰吹不起。”

此帖是苏轼行书的代表作。这是一首遣兴的诗作，是苏轼被贬黄州第三年的寒食节所发的人生之叹。诗写得苍凉多情，表达了苏轼此时惆怅孤独的心情。此诗的书法也正是在这种心情和境况下，有感而出的。通篇书法起伏跌宕，光彩照人，气势奔放，而无荒率之笔。《寒食诗帖》在书法史上影响很大，被称为“天下第三行书”。

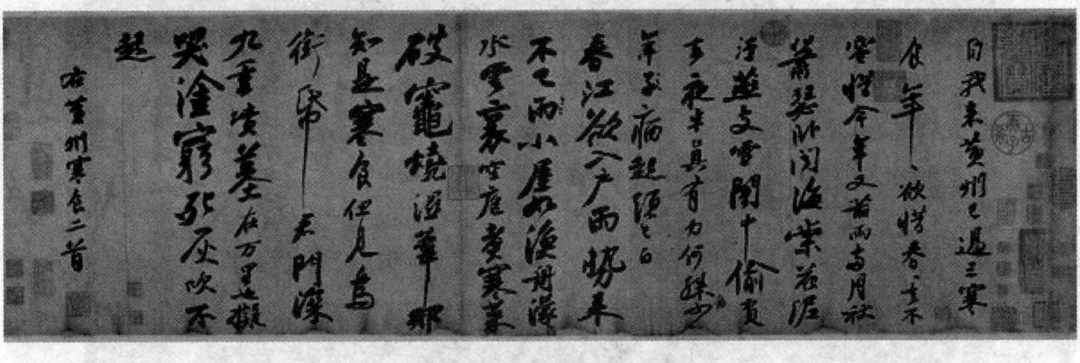

图 6-7　苏轼《黄州寒食诗帖》

元代书法家赵孟頫的书法作品，也有鲜明的尚意风格。他的楷书笔画匀整生动，用笔圆转流美，笔势刚柔并济，结字饱满酣畅，兼有行书笔法，但又不失楷书之规。赵孟頫与颜真卿、柳公权、欧阳询并列为楷书“颜、柳、欧、赵”四家。《止斋记》(图 6-8)是赵孟頫行书代表作之一，书于至大元年(1308 年)，时年 55 岁。通篇字形俊秀飘逸，而笔笔又谨守法度，体现了他极深的行楷功力。

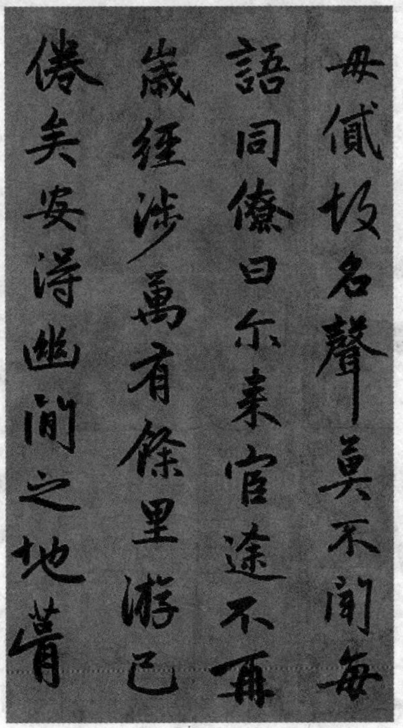

图 6-8　赵孟頫《止斋记》(局部)

(四) 明人尚姿

文徵明既工行草(图 6-9)，又精小楷，其字匀整秀美，给人一种清新、舒展的感觉。

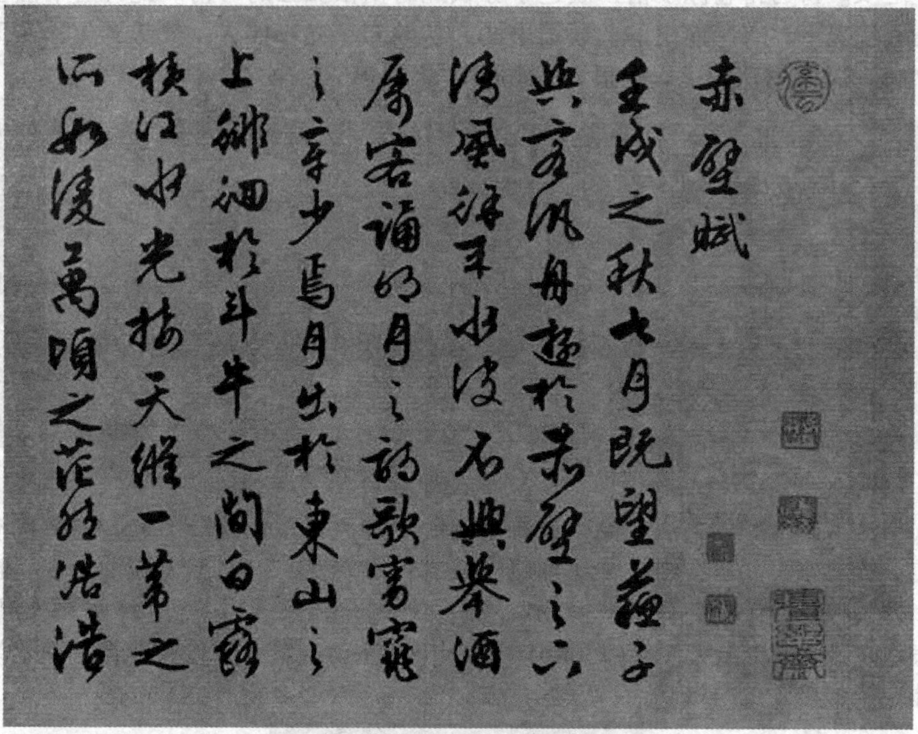

图 6-9　文徵明《前赤壁赋》(局部)

祝枝山草书作品(图 6-10)，用笔如长虹贯日，气势逼人；笔势如激流遇石而击，迂回婉转。每个字无论笔画繁简，均能一气呵成，显示高超脱俗的运笔技巧。

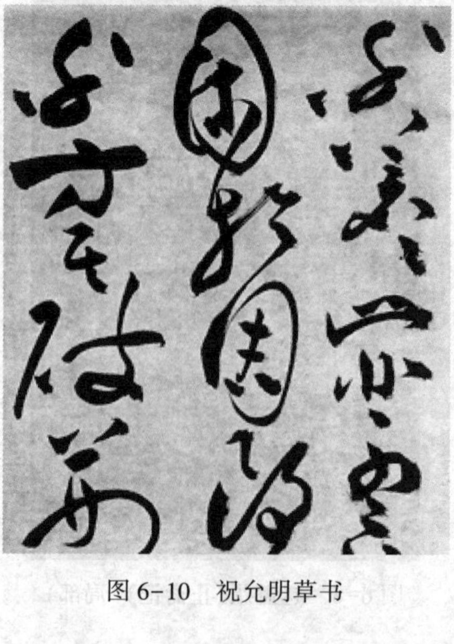

图 6-10　祝允明草书

(五) 清人尚变

清代不少书法家转向古篆隶和碑刻文字，“新篆隶”蔚然成风，使书法进入了求变时期。清中期，著名的书法家有邓石如、金农、黄易。清中后期，写篆书的名家有洪亮吉、孙星衍等人，写隶书的名家有伊秉绶、阮元、钱咏，写楷书的名家有包世臣、何绍基。属晚期书法大家的有赵之谦和吴昌硕。

二、传统绘画艺术

中国画简称“国画”，是指具有悠久历史和优良传统的中国民族绘画。在世界美术领域中自成独特体系。约可分为人物、山水、花卉、禽鸟、走兽、虫鱼等画科；有工笔、写意、勾勒、没骨、设色、水墨等技法形式；以钩皴点染、干湿浓淡、阴阳向背、虚实疏密和留白等表现手法，来描绘物象与经营构图；取景布局视野宽广，不拘泥于焦点透视。有壁画、屏障、卷轴、册页、扇面等画幅形式，并以特有的装裱工艺装潢画幅。在画风上，元代趋向写意，明、清和近代继续发展，侧重达意畅神；在魏、晋、南北朝、唐和明、清，还先后受到佛教艺术和基督教艺术的影响。中国画强调“外师造化，中得心源”，要求“意存笔先，画尽意在”，做到以形写神，形神兼备。由于书、画同源以及两者在达意抒情上都通过笔墨来体现，因此绘画同诗文、书法、篆刻相互影响，日益结合，形成了显著的艺术特征。工具材料为中国特制的笔、墨、砚、纸和绢。新中国成立以来，中国画在继承发展传统，积极借鉴外来技艺，努力创制新貌上，有所发展。

(一) 山水画

山水画，以描绘山川自然景色为主体，在艺术表现上，注重构图和表达意境。这一题材的绘画，兴起于魏晋南北朝时期，隋唐时期达到很高的水平。

隋代展子虔的《游春图》(图 6-11) 描绘了早春三月山青水碧的郊野，贵族、仕女们骑马、泛舟、踏青时的情景。

图 6-11　展子虔《游春图》

宋初画家李成所作山水画，笔势锋利、简洁，用笔准确，疏密有致，擅于表现山川地势和季节气候的变化(图6-12)。

图6-12 李成《读碑窠石图》

而范宽的笔法雄健，墨色润泽，善于使用细密的“雨点皴”技法描绘群峰积雪的磅礴气势，其代表作为《雪景寒林图》(图6-13)。

图6-13 范宽《雪景寒林图》

《踏歌图》(图 6-14)是南宋画家马远的代表作。《踏歌图》中，作者表现了雨后天晴的京城郊外景色，同时也反映出丰收之年，农民在田埂上踏歌而行的欢乐情景。《踏歌图》上端显著位置有题诗：“宿雨清畿甸，朝阳丽帝城。丰年人乐业，垄上踏歌行。”

图 6-14 马远《踏歌图》

《富春山居图》(图 6-15)是元代画家黄公望于 1350 年画成的纸本水墨画，描绘了富春江两岸初秋的秀丽景色。画面用墨淡雅，墨色浓淡干湿并用，极富于变化，山和水的布置亦疏密得当，为中国十大传世名画之一。

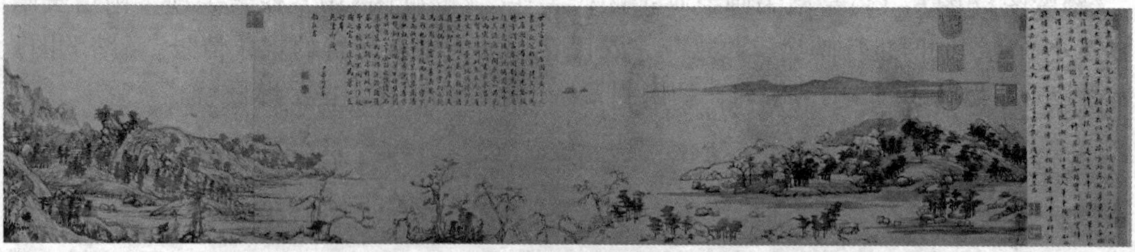

图 6-15 黄公望《富春山居图》(局部)

(二) 人物画

中国传统绘画艺术中的人物画，通过对人物的活动、所处的情境、相关的景物等要素的描绘，表现人物的心理和情感。人物画发轫于战国时期，在魏晋南北朝得到长足的发展。

东晋顾恺之横空出世，其代表作是《洛神赋图》。《洛神赋图》(图 6-16)这幅 1600 年前的画卷，形象再现了中国最美的“柏拉图式爱情”。展开画卷，表情凝滞的男子伫立岸边，双目望着远方水波上的女神，痴情爱恋。云髻高高，衣袂飘飘，女神欲说还休，欲去还留，顾盼之间，爱慕尽现。相遇之后，画家安排女神一再与男子碰面，情深意远。最后，神情缠绵的女神，驾着六龙云车，在云端中渐去渐远，留下此情难尽的男子独在岸边终日思念，最后依依难舍地走远。欲前还止的神情，最是动人。这幅画系根据曹植著名的《洛神赋》而作，曲折细致而又层次分明地描绘着曹植与洛神真挚纯洁的爱情故事。用色凝重古朴，具有工笔重彩画的特色。人物安排疏密得宜，作为衬托的山水树石均用线勾勒，而无皴擦。由于顾恺之所作原本现已亡佚，仅存数套摹本传世。

图 6-16 《洛神赋图》(局部)

被后人称为“画圣”的吴道子将中国传统绘画的线条推向更高的艺术水平。传世的宋人摹本吴道子《送子天王图》(图 6-17)可以使人领略吴道子绘画的技法和风格。吴道子是中国古代写意风格画的开创者。

唐代另一位画家阎立本的《步辇图》(图 6-18)是以唐贞观十五年(公元 641 年)春唐太宗接见吐蕃赞普松赞干布的求婚使者禄东赞为题材创作的。

《汉宫春晓图》(图 6-19)是明代画家仇英平生得意之作。这幅绢本重彩仕女长卷画，生动地再现了汉代宫女的生活情景。其用笔清劲而赋色妍雅，林木、奇石与华丽的宫阙穿插掩映，极勾描渲敷之能事，铺陈出宛如仙境般的瑰丽景象。《汉宫春晓图》不愧为中国“重彩仕女第一长卷”。

图 6-17　吴道子《送子天王图》

图 6-18　阎立本《步辇图》

图 6-19　仇英《汉宫春晓图》

（三）花鸟画

指用中国的笔墨和宣纸等传统工具，以“花、鸟、虫、鱼、飞禽”等动植物形象为描绘对象的一种绘画。花鸟画描绘的对象，实际上不仅仅是花与鸟，而是泛指各种动植物，包括花卉、蔬果、翎毛、草虫、飞禽等类。花鸟画中的画法中有“工笔”“写意”“兼工带写”三种。工笔花鸟画，即用浓、淡墨勾勒对象，再深浅分层次着色；写意花鸟画即用简练概括的手法绘写对象；介于工笔和写意之间的就称为兼工带写。

至唐代，花鸟画业已独立成科，著录中计有花鸟画家 80 多人。如薛稷画鹤，曹霸、韩干画马，韦偃画牛，李泓画虎，卢弁画猫，张旻画鸡，齐旻画犬，李逖画昆虫，张立画竹等，已能注意到动物的体态结构，形式技法上也比较完善。

五代是中国花鸟画发展史上的重要时期，以徐熙、黄筌为代表的两大流派，确立了花鸟画发展史上的两种不同风格类型，“黄筌富贵，徐熙野逸”，黄筌的富贵不仅表现对象的珍奇，在画法上工细，设色浓丽，显出富贵之气，徐熙则开创“没骨”画法，落墨为格，杂彩敷之，略施丹粉而神气迥出。

北宋的花鸟主要还是承接五代的传统，早期以黄筌之风格为主导，基本上用的是“勾勒填彩”法，旨趣浓艳，墨线不显。到了南宋，宋徽宗对绘画的爱好十分真挚，他利用皇权推动绘画，使宋代的绘画艺术有了空前发展。画院一半以上的画家画花鸟，这一时期的花鸟画是中国花鸟画发展史上一个高峰。《芙蓉锦鸡图》(图 6-20) 是北宋时期宋徽宗赵佶创作的

图 6-20　宋徽宗《芙蓉锦鸡图》

绢本双勾重彩工笔花鸟画，现收藏于北京故宫博物院。《芙蓉锦鸡图》绘有芙蓉、锦鸡、蝴蝶、菊花，画中一枝芙蓉从左侧伸出，花枝上栖一只锦鸡，右上角两只彩蝶追逐嬉戏，左下角一丛秋菊迎风而舞。整幅画层次分明，疏密相间，充满秋色中盎然的生机，表现出平和愉悦的境界。

在题材上，宋代出现了水墨梅、竹、松、兰，淡墨挥扫，整整斜斜，不专以形似，独得于象外。以拟人化的手法将崇高、贞洁、虚心、向上、坚强寄于“四君子”上，这种文人画思想的加入，为花鸟画注入新的内容。

元代花鸟画受宋代文同、苏轼的影响，出现了一批专门画水墨梅竹的画家，他们以柯九思、倪瓒、吴镇、王冕为代表。

清代石涛、恽寿平、朱耷(八大山人)和扬州八怪等都在花鸟画发展史上占有重要地位。

在现代画坛，花鸟画整体上已不太引人注目，但齐白石画了许多前人从未画过的题材，如虾(图6-21)、老鼠、蚊子、苍蝇等，其造诣令后人却步。

图6-21 齐白石《墨虾图》

原典杂辑

舜其大知也与！舜好问而好察迩言。隐恶而扬善。执其两端，用其中于民。其斯以为舜乎！(出自《中庸·第六章》)

【解释】舜可真是具有大智慧的人啊！他喜欢向人问问题，又善于分析别人浅近话语里的含义。隐藏人家的坏处，宣扬人家的好处。过与不及两端的意见他都掌握，采纳适中的用于老百姓。这就是舜之所以为舜的地方吧！

第二节　双语阅读

一、以史为鉴

书圣王羲之

在“王马共天下”的东晋时期，王氏是高级的士族。王导、王敦家族的子弟，都当上了大小的官员，他们大多数是庸庸碌碌的官僚，但在他们当中，也出了一位我国历史上有名的书法家。他就是王羲之。

王羲之从小喜爱写字。据说他平时走路的时候，也随时用手指比划着练字，日子一久，连衣服都划破了。经过勤学苦练，王羲之的书法达到了很高的水平。

因为他出身士族，加上他的才华出众，朝廷中的公卿大臣都推荐他做官。他做过刺史，也当过右军将军(人们也称他为王右军)。后来又在会稽郡做官。他不爱住在繁华的京城，见到会稽的风景秀丽，非常喜爱，一有空，就和他的朋友们一起游览山水。有一次，王羲之和他的朋友在会稽郡山阴的兰亭举行宴会。大家一面喝酒，一面写诗。最后由王羲之当场挥笔，写了一篇文章纪念这次宴会，这就是有名的《兰亭集序》。那幅由王羲之亲笔书写的《兰亭集序》，历来被认为是我国书法艺术的珍品，可惜它的真迹已经失传了。

Wang Xizhi: a Calligrapher

In the Eastern Jin dynasty, the prominent Wang clan, having provided generations of high ranking mandarins, exercised a powerful influence in court politics. The descendants of Wang Dao and Wang Dun held public offices at varying ranks, though most of them remained mediocre bureaucrats. One, however, stood out from the rest. He was Wang Xizhi, one of China's best known calligraphers.

Wang Xizhi enjoyed writing since he was a child. It is said that even while walking he would practice writing on his clothes with his finger, so much so that they became threadbare in some spots. With hard work and assiduous study, Wang Xizhi soon became a highly accomplished calligrapher.

The fact that he came from a prominent family of mandarins and possessed an unusual talent earned him recommendations for public office from ministers and high officials in the imperial court. He became a regional governor and the Right Leader of Court Gentlemen (hence the nickname Wang the Right Leader), and he later served in the commandery government of kuaiji. In fact, he preferred the quiet beauty of kuaiji to the bustling and opulent imperial capital. In kuaiji, whenever he could spare some time he would often travel to various scenic spots with his friends. On one such occasion, Wang Xizhi and his friends had a feast at the Orchid Pavilion in Shanyin, where they composed poetry over wine. The feast culminated with Wang Xizhi wielding his brush to compose an essay in memory of the occasion. This is the famous "Preface to the Poems Composed at the Orchid Pavilion." The original, written

王羲之的书法越来越有名，当时的人都把他写的字当宝贝看待。据说有一次，他到他门生家里去，门生很热情地接待他。他坐在一个新的几案旁，看到几案的面又光滑又干净，引起了他写字的兴趣，于是叫门生拿笔墨来。那个门生高兴得不得了，马上把笔墨拿来给王羲之。王羲之在几案上写了几行字，留作纪念，就回去了。

过了几天，那个门生有事出门去了。他的父亲进书房收拾，一看新几案给墨迹弄脏了，就用刀把字刮掉。等门生回来，几案上的字迹已经不见了。门生为这件事懊恼了好几天。

又有一次，王羲之到一个村子去。有个老婆婆拎了一篮子六角形的竹扇在集市上叫卖。那种竹扇很简陋，没有什么装饰，引不起过路人的兴趣，看样子卖不出去了。老婆婆十分着急。

王羲之看到这情形，很同情那老婆婆，就上前跟她说："你这竹扇上没画没字，当然卖不出去。我给你题上字，怎么样？"

老婆婆不认识王羲之，见他这样热心，也就把竹扇交给他写了。

王羲之提起笔来，在每把扇面上龙飞凤舞地写了五个字，就还给老婆婆。老婆婆不识字，觉得他写得很潦草，很不高兴。

in Wang Xizhi's hand, has been called the "Finest Piece of Calligraphy in Running Script." Unfortunately it has been lost, and only later imitations have survived.

As Wang Xizhi's fame as a calligrapher grew, his works became avidly sought after by his contemporaries. Legend has it that Wang Xizhi once visited a student's home, and spotted a brand new table with a smooth and clean surface. This put him in a mood for some brush-work, and so he asked his student for a brush and some ink. The student was overjoyed and immediately brought him his tools. After writing a few lines on the table surface as souvenir, Wang Xizhi left.

A few days later, the student had to leave his home to attend to some business. When his father entered the study to tidy it up, he noticed that the new table was covered in ink, so he scraped off the stain with a knife. When the student returned to find the calligraphy gone from the table surface, he became beside himself with anger.

Another story relates what happened when Wang Xizhi met an old woman at a country fair. She was hawking hexagonally shaped bamboo fans which she carried in a basket. The fans had a simple, crude design, obviously quite unappealing to the passers-by, and the woman had a sinking sense of not being able to sell any fans that day.

Wang Xizhi was sympathetic. "The fans are not selling because they are not adorned by a painting or calligraphy. Do you mind if I write something on them?"

The old woman did not know Wang Xizhi, but she gave the bamboo fans to him anyway because of his friendly offer of help.

Wang Xizhi wrote five characters on each fan in his "dragons-flying-and phoenixes-dancing" flowing style before returning them to the old, illiterate woman, who was quite put off by the apparently careless scribbling.

王羲之安慰她说："别急。你只告诉买扇的人，说上面是王右军写的字。"

王羲之一离开，老婆婆就照他的话做了。集上的人一看真是王右军的书法，都抢着买。一篮竹扇马上就卖完了。

许多艺术家都有各自的爱好，有的爱种花，有的爱养鸟。但是王羲之却有他特殊的癖好。不管哪里有好鹅，他都有兴趣去看，或者把它买回来玩赏。

山阴地方有一个道士，他想要王羲之给他写一卷《道德经》。可是他知道王羲之是不肯轻易替人抄写经书的。后来，他打听到王羲之喜欢白鹅，就特地养了一批品种好的鹅。

王羲之听说道士家有好鹅，真的跑去看了。当他走近那道士屋旁，正见到河里有一群鹅在水面上悠闲地浮游着，一身雪白的羽毛，映衬着高高的红顶，实在逗人喜爱。

王羲之在河边看着看着，简直舍不得离开，就派人去找道士，要求把这群鹅卖给他。

那道士笑着说："既然王公这样喜爱，就用不着破费，我把这群鹅全部送您好了。不过我有一个小小的要求，就是请您替我写一卷经。"

王羲之毫不犹豫地给道士抄写了一卷经，那群鹅就被王羲之带回去了。

（曹余章）

Wang Xizhi sensed her disappointment. "Don't worry! Just tell the prospective buyers that this is the work of Wang the Right Leader."

After Wang Xizhi left, the old woman did as instructed. Her new customers, recognizing the handwriting of Wang the Right Leader, snapped up the fans in no time.

Many artists have their own hobbies, some being fond of growing flowers and others feeling like keeping birds. Wang Xizhi, however, had a particular interest in geese. Whenever he heard of a fine specimen of a goose he would go and inspect it, with a view to buying it in order to take it back home.

A Taoist priest in Shanyin (today's Shaoxing in Zhejiang) had always entertained the idea of asking Wang Xizhi to copy a chapter of the *Tao Te Ching* (The Book of the Way and Its Virtue, attributed to Lao Zi) in his exquisite handwriting. However, he knew that Wang Xizhi rarely agreed to such requests. So, having found out about Wang Xizhi's predilection for geese, the priest bred a batch of fine-pedigreed white geese.

When Wang Xizhi learned of the fine geese kept by the Taoist priest, he visited him to take a look. As he approached the Taoist's dwelling, he was greeted by the captivating sight of a gaggle of geese swimming in the river, their glowing plumage snow white and their bright red crowns held high in the air.

Wang Xizhi paused, transfixed, on the river bank, loath to take his eyes from the beautiful creatures. He sent someone to ask the priest if he would sell the geese to him.

"Since Mr. Wang likes them so much, I will give the entire batch of geese to him free of charge. But I have a little request: I'd like to ask him to copy a chapter of the Tao Te Ching for me," the Taoist priest said with a smile.

Without hesitation, Wang Xizhi granted him his wish and then took the geese home with him.

(Yawtsong Lee)

二、诵读唐诗

望岳

杜甫

岱宗夫如何？
齐鲁青未了。
造化钟神秀，
阴阳割昏晓。
荡胸生层云，
决眦入归鸟。
会当凌绝顶，
一览众山小。

Looking at Mountain Tai

Du Fu

How should I take the grandiose Mountain Tai?
Tween Qi and Lu's border its green ranges lie.
With beauties bestowed by the Creator strong,
Its peaks screen daylight and cast shadows long.
The rolls of clouds would lave my bosom on high,
The home-coming birds would lure my staring eye.
Thus I'll climb up to the summit and see,
The mountains around and below are wee.

（吴钧陶）

【萧涤非赏析】全诗没有一个“望”字，但句句写向岳而望。距离是自远而近，时间是从朝至暮，并由望岳悬想将来的登岳。字里行间洋溢着青年杜甫那种蓬蓬勃勃的朝气。“荡胸生层云，决眦入归鸟”两句，是写细望。见山中云气层出不穷，故心胸亦为之荡漾；因长时间目不转睛地望着，故感到眼眶有似决裂。“归鸟”是投林还巢的鸟，可知时已薄暮，诗人还在望。不言而喻，其中蕴藏着诗人对祖国河山的热爱。

三、重温《论语》

子曰：“君子喻于义，小人喻于利。”（出自《论语·里仁》）

【今译】孔子说：“君子晓得义，小人晓得利。”

【英译】Confucius says, “A gentleman knows about righteousness. An ignoble person knows about self-interest.”

【现实意义】君子看问题从义着眼，办事情从义着手；小人则先顾着利益、利害，利字当先。对于同一件事，小人见到的则主要是一己的私利，这是因为他习惯于从利害关系来考虑。君子则为别人着想，考虑的是正义、公义。

原典杂辑

治国有常，而利民为本；政教有经，而令行为上。苟利于民，不必法古；苟周于事，不必循旧。（出自汉·刘安《淮南子·氾论训》）

【解释】政令教化虽有常法，但必须以切实有效，有利于人民为最好。如果对人民有好处，就不必非要效法古制；只要适合实际情况，有助于事情成功，就不必一定要遵循旧法。

第三节 拓展练习题

一、单选题

1. 被誉为“天下第二行书”的是(　　)。

A. 兰亭序　B. 寒食帖　C. 祭侄文稿　D. 伯远帖

2.《兰亭序》《九成宫醴泉铭》《石门颂》《泰山刻石》依次属于(　　)的代表作。

A. 隶书、行书、草书、小篆　B. 行书、楷书、隶书、小篆

C. 楷书、行书、小篆、隶书　D. 行书、草书、小篆、籀文

3. 构成中国书法视觉形象美的基础是(　　)。

A. 汉字的笔墨　B. 汉字的笔韵　C. 汉字的体势　D. 汉字的意蕴

4. 汉代书法家中以隶书为代表的书法家是(　　)。

A. 蔡邕　B. 杜度　C. 崔瑗　D. 张芝

5. 楷书产生于(　　)。

A. 春秋战国时期　B. 秦代　C. 汉末　D. 隋唐时期

6. 被后人称为“行书天下第一”的书法家是(　　)。

A. 王羲之　B. 颜真卿　C. 张旭　D. 柳公权

7. 中国书法是中国汉字特有的一种传统艺术。以下四种名帖中，(　　)不是用行书写的。

A. 晋王羲之《兰亭序》　B. 唐怀素《自叙帖》

C. 唐颜真卿《祭侄文稿》　D. 宋苏轼《黄州寒食帖》

8. 不是描述顾恺之的一项是(　　)。

A. 以书法入画的创始人　B. 擅长人物画

C. 作画讲究“意存笔先”而“画尽意在”　D. 代表作有《女史箴图》《洛神赋图》

9. 书法艺术在魏晋时期出现繁荣状况，(　　)不是其原因。

A. 字体的成熟　B. 书写材质的完善

C. 经济的发达　D. 世风与时代的促成

10. 中国所说的琴、棋、书、画四大传统艺术形式中的“棋”是指(　　)。

A. 象棋　B. 围棋　C. 五子棋　D. 樗蒲

11. 董其昌尊称(　　)为“文人画之祖”。

A. 谢灵运　B. 陶渊明　C. 王维　D. 顾恺之

12.《洛神赋图卷》《游春图卷》《历代帝王图卷》《听琴图轴》依次属于(　　)的作品。

A. 顾恺之、展子虔、阎立本、赵佶　B. 展子虔、范宽、阎立本、董原

C. 顾恺之、董原、黄公望、赵佶　D. 展子虔、顾恺之、阎立本、董原

13. 20 世纪我国画坛“中西融合派”的代表人物是(　　)。

A. 徐悲鸿、林风眠、刘海粟　B. 程十发、唐云、齐白石

C. 黄宾虹、齐白石、程十发　D. 傅抱石、刘海粟、唐云

14. 梁吴县(　　)擅做壁画，成语“画龙点睛”的故事即出自有关他的传说。

A. 陆探微　　B. 张僧繇　　C. 顾恺之　　D. 黄公望

15. 书法理论著作《艺舟双楫》的作者是清代的(　　)。

A. 邓石如　　B. 钱咏　　C. 包世臣　　D. 吴昌硕

二、多选题

1. 并称为“楷书四大家”的是(　　)。

A. 唐代欧体　　B. 颜体　　C. 柳体　　D. 元代赵体

E. 明代祝体

2. 欣赏中国书法的美应把握(　　)。

A. 线条美　　B. 结体美　　C. 章法美　　D. 色彩美

E. 神韵美

3. 下列画家中，属于吴门画派的是(　　)。

A. 文徵明　　B. 沈周　　C. 仇英　　D. 唐寅

E. 石涛

4. 下列属于“元四家”的画家有(　　)。

A. 黄公望　　B. 王蒙　　C. 倪瓒　　D. 吴镇

E. 汪士慎

5. 下列反映了中国绘画特点的表述是(　　)。

A. 以咫尺之幅，写千里之遥　　B. 不似之似为真似

C. 无色如有色　　D. 有色如无色

E. 近看鬼打架，远看一张画

三、填空题

1. 楷书四大家分别是________、柳公权、欧阳询和赵孟頫。

2.《兰亭序》真迹据记载已随________殉葬昭陵。

3. 南朝齐梁画家谢赫通过品鉴历代名家画作，总结出“________”，初步建构起传统绘画理论体系。

4. “________”是要求画作具有被观者真切感觉到的生气与神韵，是立足审美效果的总体原则。

5. 写意画以简练、概括的笔墨描绘物象，讲究神似，取其意态，亦称“________”。

四、交流与体验

1. 如何理解书画同源？

2. 欣赏中国传统书法作品时，应从哪些方面着眼？

3. 应从哪些方面分析中国传统绘画作品的“意境”？

4. 在班内或全校举办一次书画作品展览活动。

5. 购买毛笔、宣纸和字帖，在老师指导下，临摹名家书法，体会书法的美感和意境。

6. 书法字体有行书、草书、隶书、篆书和楷书五种，每种都有其代表作。请根据具体作品，谈谈你对不同字体特点及其表达的气势、意态和韵律的理解。

第七章　中国传统戏曲与音乐

课程思政

中国特色社会主义公正观，一言以蔽之，就是要消灭剥削、消除两极分化，最终达到共同富裕。保障发展成果由人民共享，让更多的人享受到改革开放所带来的红利。公民个人要认真对待公正，把握权利义务的对等关系，认识公正的历史性、相对性、具体性和渐进性，在社会生活中，能够做到时时公平，事事公平，处处公平，为真正实现公平公正营造良好的社会环境。

“公正无私，一言而万民齐。”(《淮南子·修务训》)

“一公则万事通，一私则万事闲。”(《袁字正论·论兵》)

“以至公无私之心，行正大光明之事。”(明·吕坤《呻吟语·应务》)

第一节　中国传统戏曲与音乐概述

戏曲是中国传统戏剧形式，是包含文学、音乐、舞蹈、美术、杂技等各种因素而以音乐和舞蹈为主要表现手段的总体性的演出艺术。渊源于古代散乐歌舞和俳优。汉有歌戏、百戏和角抵。唐有歌舞戏和参军戏。北宋时形成杂剧(金称院本)。金末元初在北方产生元杂剧，戏曲创作和演出空前繁荣，出现了一些著名戏曲作家、作品和艺人，在中国戏曲史和文学史上都有重要地位。明清各地方剧种广泛兴起，以昆曲、京剧为代表，创作了丰富的戏曲文学，建立了完整的舞台艺术体系。传统戏曲剧本一般分“折”或“出”，剧中人物分由生、旦、净、丑等角色行当扮演，表演上按角色行当而各有不同的程式动作和唱、做、念、打的不同特点，技术要求很高。中国戏曲大约有360多个剧种，其中观众最多的五个剧种是京剧、越剧、黄梅戏、评剧和豫剧。联合国教科文组织将昆曲、京剧、粤剧等剧种列入《人类口头和非物质文化遗产代表作名录》。

一、传统戏曲发展演变

原始村落产生原始歌舞，并在此基础上不断变化，向着戏曲的方向一点点发展。先秦为中国戏曲的最初时期。中唐以后，中国戏曲艺术逐渐成形。唐代文学艺术的繁荣，从多方面给戏曲提供了丰富的营养，促进了戏曲艺术的独立和发展。元杂剧标志着中国戏曲进入了成熟的阶段，产生了很多优秀作品，如关汉卿的《窦娥冤》、马致远的《汉宫秋》等作品。

二、主要剧种及代表曲目

昆曲(中国戏曲之母)。昆曲的代表作品有《牡丹亭》《长生殿》。昆曲最著名的作家为明代汤显祖(1550—1616年)，他的代表作是《牡丹亭》《邯郸记》《南柯记》《紫钗记》等四部作品，三百年来传唱不衰，产生了深远的影响。2001年5月，中国昆曲被联合国教科文组织宣布为首批"人类口述和非物质文化遗产代表作"。

京剧。有200多年的历史，有"国剧"之称。清乾隆五十五年(1790年)四大徽班陆续在北京演出，于嘉庆、道光年间同来自湖北的汉调艺人合作，相互影响，接受昆曲、秦腔的部分剧目、曲调和表演方法，并吸收一些民间曲调，逐渐融合、演变、发展而成京剧。自咸丰、同治以来，经程长庚、谭鑫培、梅兰芳等加以改革和发展，逐步形成相当完整的艺术风格和表演体系，对各剧种影响很大。唱腔基本属于板腔体，以西皮、二黄为主要腔调。用京胡、二胡、月琴、三弦、笛、唢呐等管弦乐器和鼓、锣、铙、钹等打击乐器伴奏。表演上唱、做、念、打并重，多用虚拟性的程式动作。传统剧目有1000多个，在舞台上广泛流传的有《贵妃醉酒》(图7-1)、《霸王别姬》《群英会》《打渔杀家》《三岔口》等200多个。京剧流派众多，名家无数，其中最为著名的是四大名旦：梅兰芳、尚小云、程砚秋和荀慧生。2010年11月，京剧被列入《人类非物质文化遗产代表作名录》。2014年10月，习近平总书记明确指出："京剧、民乐、书法、国画等都是我国文化瑰宝，都是外国人了解中国的重要途径。"

图7-1 《贵妃醉酒》剧照

越剧主要流行于浙江、上海、江苏、福建等地。越剧以唱为主，长于抒情，清幽婉丽，极具江南地方色彩，代表名家有袁雪芬、尹桂芳、筱丹桂等，代表剧目有《梁山伯与祝英台》《红楼梦》等。

豫剧。明朝中后期兴起于河南，在河南梆子的基础上改革发展起来，因河南简称“豫”，故称豫剧。豫剧的传统剧目大部分取材于历史小说和演义。名家有陈素真、常香玉、马金凤等，代表曲目有《花木兰》《穆桂英挂帅》。

黄梅戏。黄梅县地处长江北岸，大部分地面低于江岸，经常发生水灾。旧社会，为了方便在逃水荒时行乞，黄梅人纷纷学唱黄梅戏。代表名家有严凤英、王少舫和韩再芬等，经典剧目有《天仙配》《牛郎织女》《孟丽君》等。

评剧。清末出现于河北滦县一带，在民间说唱艺术基础上吸收东北歌舞等艺术形式发展而成。唱词浅显易懂，演唱吐字清楚，表演亲切，富有民间气息。名家有新凤霞、白玉霜等，著名剧目有《秦香莲》《杨三姐告状》等。

三、中国传统音乐

从上古时代起，音乐就在中国人的生活中起着极为重要的作用，以各种形式参与到中国人的宗教、政治、教育、家庭、娱乐生活中。中国古代的文人雅士尤其重视音乐调节情绪、陶冶情操的功能和作用。他们将琴、棋、书、画视为自己生活中不能缺少的事物，用来平和心情、清除烦恼。琴、棋、书、画实属四种修身养性的重要方式。在古代早期的学校教育中，也将“乐”作为一门重要的课程，与诗、书、礼、射、御合称为“六艺”，是生徒必修的六门课程。

（一）五声音阶

中国传统音乐一般使用“五声音阶”：宫、商、角、徵、羽。如按音高顺序排列，即为：1 2 3 5 6。或者说，中国古代的记谱方法是用宫、商、角、徵、羽这些文字来记谱的。虽然只用了五个音符，但我国的民歌自有它的魅力。例如江苏的民歌《茉莉花》还“出口”到了歌剧王国意大利，被作曲家普契尼用在《图兰多公主》中，作为这部中国背景歌剧的象征元素。而也正因为它的中国特色，还被张艺谋用作申奥、申博的主题音乐。

（二）中国传统乐器与经典曲目

在距今约7000年前的裴李岗文化贾湖遗址中，曾出土了25只骨笛。经有关专家测定，这些用丹顶鹤尺骨制成的骨笛，大多能够吹奏7声音节，已是一种比较成熟的吹奏乐器。

在距今6000余年的河姆渡遗址、仰韶文化大河村和半坡等遗址中，都出土了用泥土制成的陶埙（图7-2）。

图7-2　陶埙

在稍后的历史中，人们又发明出敲（打）击乐器，如陶铃、陶钟、陶鼓、木鼓、石磬等。

进入青铜时代后，青铜亦被用于制作乐器。在夏朝二里头遗址和商朝殷墟遗址中，就出土有铜铙、铜铃等青铜乐器。

在春秋战国的考古中，出土的青铜乐器不仅数量多，而且制作工艺精美，音乐性能优良。其中，最具代表性的是出土于湖北随县曾侯乙墓中的编钟。

在以后的历史中，又不断有新的乐器问世。其中，既有从丝绸之路，从西域传入中国的乐器，如胡琴、琵琶、箜篌(图7-3)、胡笳、羌笛、觱篥[1](图7-4)等；又有对传统乐器进行改进或新创造的。最终形成以二胡、高胡、板胡、京胡等弓弦乐器，瑟、筝、琴、琵琶、三弦、月琴、柳琴、阮等拨弦乐器，扬琴等击弦乐器，笛、箫、唢呐、笙、竽等吹奏乐器，云锣、鼓、锣、拔、镲、梆、木鱼、拍板等打击乐器为主的中国传统民族乐器。

图7-3　箜篌

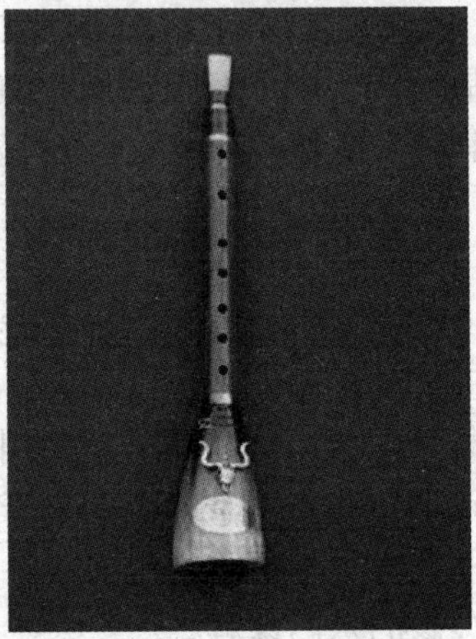

图7-4　觱篥

中国传统乐器绝大多数取材于自然，多以竹、木、丝、皮革制成，与西洋乐器相比，金属材料的乐器极少，低音乐器不多。

笛子由竹子制成，横过来吹。在乐队中，笛子一般是演奏主旋律的乐器，地位重要。经典曲目《姑苏行》吸收了苏州昆曲的旋律，用优美的笛声来描绘精致的苏州园林。利用笛声的变化，表达园林中亭子、水池、荷花、夕阳等美丽的风景。

琵琶是中国具有代表性的民族弹拨乐器，大约公元4世纪时，从中亚地区的波斯(今天的伊朗)随"丝绸之路"传入中国。到了7—9世纪的隋唐时期，琵琶在中国流行起来，并逐渐变成了我们今天看到的"梨形"样式。在大量的唐诗与唐代的绘画中，我们能看到丰富多彩的琵琶演奏者的形象。经典曲目《十面埋伏》综合运用了琵琶的各种演奏技巧，特别在音乐中利用了许多噪音表现两军交战时的战争场面。

古筝音量适中，音色优美，许多茶馆、饭店、博物馆都喜欢使用古筝音乐作为背景音乐。经典曲目《渔舟唱晚》描写了夕阳西下，水中的渔民一边回家一边唱歌的悠闲景象。

在今天的中国街头和公园里，常常能听到民间艺人和音乐爱好者演奏二胡。经典曲目《二泉映月》由无锡民间音乐家阿炳创作。阿炳是一位盲人，生活在社会的最底层，他的《二泉映月》发挥了二胡的声音特点，曲调宛转悠扬，一波三折，流露出一种饱尝艰辛的痛苦与悲伤，感人至深，催人泪下。

节日里的舞龙、舞狮、赛龙舟等活动都少不了锣鼓的参与。

---

[1]汉朝古代的一种管乐器，形似喇叭，以芦苇作嘴，以竹做管。吹出的声音悲凄。

（三）中国古典音乐的主要特点

中国古典音乐追求以旋律为中心，并不注重和声。中国古典音乐虽然很早已经掌握七声音阶(五声之外还有变徵、变宫两个音阶)，但一直偏好比较和谐的五声音阶，重点在五声中发展音乐，同时将重心放在追求旋律和节奏的变化上，轻视和声的作用。在舒缓中隐含着激情，在平淡中渗透着真挚，中国古典音乐需认真倾听旋律，才能品尝音乐表达的感情及意境，唤起对某种情绪、某些画面、某个生活片段或者是有关故事的联想。中国古典音乐折射了中华民族的意志、道德和追求，从中可以听到人类最圣洁的情感、发自心灵深处的呼唤和最崇高的理想。

原典杂辑

天将降大任于斯人也，必先苦其心志，劳其筋骨，饿其体肤，空乏其身，行拂乱其所为。(出自《孟子·告子章句下·第十五节》)

【解释】上天将要把重大的历史任务交给这个人，一定要首先磨炼他的心志，劳累他的筋络骨骼，饥饿他的肉体皮肤，空匮疲乏他的身体，所作所为总是被干扰搅乱，借以撼动他的心志使他性情更加坚韧，以增加他原来不具备的能力。

第二节　双语阅读

一、以史为鉴

《窦娥冤》故事情节

由于元世祖采取了许多发展生产的措施，元朝初期的社会经济十分繁荣。但是这种繁荣只使蒙古的王公贵族和地主官僚得到好处。为了满足蒙古贵族过穷奢极欲的生活和军事的需要，元世祖还任用了一批管理财政的大臣，帮助他搜刮财富。这批大臣勾结地方官吏，贪赃枉法，无所不为。

元王朝还实行民族压迫政策，

The Plot of Snow in Midsummer

Emperor Shizu of Yuan introduced numerous incentives to promote production, contributing to an increased prosperity in the early years of his reign. However, the economic boom exclusively benefited the aristocratic class, landowners and officials. To meet the Mongol aristocrats' need for an extravagant lifestyle and to support the military, Emperor Shizu recruited ministers specializing in finance to help him fill his coffers by plundering the people. These ministers ganged up with local officials in illegal schemes of bribery and profiteering.

The Yuan government pursued an ethnic policy that

把全国人民划分为四个等级：第一等是蒙古人；第二等是色目人，也就是西域各族和西夏人；第三等是汉人，就是原来在金朝统治下的汉人、契丹、女真等族人；第四等是南人，就是原来在南宋地区的各族人民。四个等级的人政治地位和待遇不同，汉人和南人受到百般歧视。在残酷的阶级压迫和民族压迫下，各族劳动人民都过着悲惨的日子。贪污横行，冤案多得数也数不清。

divided its subjects into four classes. The first class consisted of the Mongols; the second, called the Semuren, consisted of people from the Western Regions and the Western Xia; the third, called the Han, consisted of the Han Chinese, the Kitans and Jurchens, who had lived under the Jin rule; and, the fourth, called the Nanren (southern people), consisted of the ethnic communities who had lived under the rule of the Southern Song. Each of the four classes possessed a distinct political status and was treated accordingly, with the Han and the Naren heavily discriminated against. In this system of oppression and ethnic discrimination, the working people lived a miserable life. Corruption was endemic and injustices were rampant.

元世祖死后，他的孙子铁穆耳即位，就是元成宗。元成宗时期，这种贪赃枉法的情况越来越严重。有一次，查出有贪污行为的官吏一万八千多人，冤案五千多件。

Emperor Shizu of Yuan was succeeded by his grandson Temur as Emperor Chengzong of the Yuan dynasty. During the reign of Emperor Chengzong, corruption and injustices became even more unwieldy. In one investigation, 18,000 officials were ferreted out as having been implicated in graft, and 5,000 cases injustice were discovered.

当时，在大都流行着一种戏剧，叫杂剧。一些有正义感的读书人，不满官府的黑暗统治，利用杂剧的形式来揭露官场的罪恶和社会的不平现象。

A theatrical genre called zaju (a form of poetic drama set to music) became popular in Dadu. Intellectuals disaffected with the benighted policies of the government resorted to the vehicle of zaju to lampoon official corruption, ineptitude and social inequity.

大都有个读书人叫关汉卿，从小喜爱音乐戏剧，会吹箫弹琴，还会唱歌跳舞。关汉卿在京城太医院当过官，可是他对医术不感兴趣，对编写剧本却特别热心。那时候，演戏的人社会地位很低，关汉卿却跟他们混得挺熟；有时候他自己也上场演出，扮个角色。因为他对音乐戏剧很有研究，所以编出的戏也就格外精彩。

One such intellectual in Dadu called Guan Hanqing displayed an affinity for music and theater at a very young age. He mastered the xiao (a bamboo flute) and the zither, as well as singing and dancing. Although he had been an official doctor at the Imperial Clinic in the capital, his heart was not in medicine. Instead, he had a passion for playwriting. In those days, actors had a low social standing, but Guan Hanqing frequented their circles. Sometimes he would perform a role in one of their theatrical numbers. Because of his expertise in both

在大都，一般贵族和普通百姓都喜欢看戏，关汉卿编的戏剧不是为了仅供贵族消闲作乐，而是常常帮百姓说话。他把看到的、听到的人民的悲惨遭遇，写进他的剧本里。《感天动地窦娥冤》(也叫《窦娥冤》)，就是他的杰出的代表作品。

《窦娥冤》的主要人物是楚州地方一个贫苦女子窦娥。窦娥从小死了母亲，她父亲窦天章还不起债，又因为上京赶考，缺少盘费，把她卖给孤苦的蔡婆婆家做童养媳。到蔡家没两年，丈夫就害病死了，只剩下窦娥和她婆婆两人相依为命地过日子。

楚州有个流氓叫张驴儿，欺负蔡家婆媳无依无靠，跟他父亲张老儿一起，赖在蔡家，逼迫蔡婆婆嫁给张老儿。蔡婆婆软弱怕事，勉强答应了。张驴儿又胁迫窦娥跟他成亲，窦娥坚决拒绝，还把张驴儿痛骂了一顿。

张驴儿怀恨在心。过几天，蔡婆婆害病，要窦娥做羊肚汤给她吃。张驴儿偷偷地在汤里下了毒药，想先毒死蔡婆婆，再逼窦娥成亲。窦娥把羊肚汤端给蔡婆婆喝。蔡婆婆接过碗，忽然要呕吐，不想喝，让给张老儿喝了。张老儿中了毒，在地上翻滚了几下，就咽

music and theater, his creations were often possessed of an unusual charm and interest.

Theater-going was popular among both the aristocracy and the ordinary people in Dadu. Guan Hanqing's plays were not purely fare to amuse the aristocrats, but were often vehicles for putting across the common people's message. The miseries of the people that he witnessed or heard about were incorporated into his plays. One of his signature works was *Dou E's Grievance Moves the Gods* (also known as *Dou E's Grievance*).

The main protagonist in *Dou E's Grievance* is an impoverished woman called Dou E from Chuzhou. Her mother died when she was a child. Her father, Dou Tianzhang, sold her to an Auntie Cai as child bride for a sum of money so that he could travel to the capital to take part in the Civil Service exam. Less than two years after her marriage into the Cai family, her husband died of illness leaving her to live alone with the widowed Auntie Cai, who was also poor.

A hooligan in Chuzhou called Donkey Zhang, and his father, Oldman Zhang, emboldened by the fact that Dou E and Auntie Cai had no one to protect them, refused to leave the women's house unless Auntie Cai agreed to marry Oldman Zhang. After the timid Auntie Cai gave her reluctant consent, Donkey Zhang tried to coerce Dou E into marrying him, but she flatly refused and scolded him.

Donkey Zhang remembered the slight. A few days later, Auntie Cai fell ill and asked Dou E to make some mutton tripe soup for her. Donkey Zhang slipped some poison into the soup in order to kill Auntie Cai, and force Dou E to marry him. When Auntie Cai took the soup from Dou E and was about to drink it, she suddenly felt nauseous and handed the bowl of soup to Oldman Zhang, who drank it instead. Oldman Zhang fell down

了气。

张驴儿毒死了自己父亲，把杀人的罪名栽到窦娥身上，告到楚州衙门。

楚州知府桃杌是个贪赃枉法的贪官，背地里被张驴儿用钱买通了，把窦娥抓到公堂讯问，逼她招认是她下的毒。窦娥受尽了百般拷打，痛得死去活来，还是不肯承认。

桃杌知道窦娥待她婆婆很孝顺，就当着窦娥的面要拷打蔡婆婆。窦娥想到婆婆年纪老，受不起这个酷刑，只好含冤招了供。

贪官桃杌把窦娥屈打成招，定了死罪，把她押到刑场去处死。窦娥眼看没有申冤的地方，她满腔悲愤地咒骂天地："地也，你不分好歹何为地？天也，你错勘贤愚枉为天！"

在临刑的时候，她又向天发出三桩誓愿：一要刀过头落，一腔热血全溅在白练上；二要天降大雪，遮盖她的尸体；三要让楚州大旱三年。窦娥的誓愿居然感动了天地。那时候，正是六月大伏天气，窦娥被杀之后，一霎时天昏地暗，大雪纷飞；接下来，楚州地方大旱了三年。后来，窦娥的父亲窦天章在京城做官，窦娥的冤案得到平反昭雪，杀人凶手张驴儿被处死刑，贪官桃杌也得到应有的惩罚。

and died.

Donkey Zhang, whose poison killed his own father, now blamed the murder on Dou E, and denounced her to the Chuzhou government.

Tao Wu, the governor of Chuzhou, was a corrupt official. Having had his palm greased by Donkey Zhang, he had Dou E arrested and brought before him. He tried to force a confession out of her. Despite being severely tortured, Dou E still refused to admit to administering the poison.

Tao Wu found out that Dou E was a dutiful daughter-in-law. He had Auntie Cai beaten in front of Dou E, who then felt compelled to confess to a murder she did not commit, because she could not stand the sight of her elderly mother-in-law being tortured.

The corrupt Tao Wu sentenced Dou E to death, after torturing a confession out of her. As she was led to the execution ground, Dou E, despairing of having her false conviction overturned, railed at Heaven and Earth, "Earth! Shame on you because you can't tell good and evil! Heaven! Shame on you because you can't tell right from wrong!"

Moments before her execution, she made three wishes: first, that her head would be cleanly chopped off with one strike of the sword, and all her blood would spill on the white flag for the dead; second, that a heavy snow would cover up her body; third, that Chuzhou would suffer drought three years in a row. Her wishes moved Heaven and Earth and the moment after her execution a heavy snow started falling from a darkened sky, even though it was the hot month of June. Three years of drought then inflicted Chuzhou. Dou E's father, Dou Tianzhang, became a high official in the capital and Dou E's wrongful conviction was overturned. The real killer Donkey Zhang was sentenced to death and the corrupt governor Tao Wu got his just deserts.

这个戏剧所写的未必是真人真事，六月飞雪，更是一种神话式的想象。但是它反映了在封建统治下，无数含冤受苦的百姓申冤报仇的强烈愿望。所以，千百年来，这出戏一直受到人们的喜爱赞赏，关汉卿也成为人民称颂的戏剧家。

（曹余章）

The play was fiction, and snow in June is a product of the playwright's imagination. However, the play gave expression to the strong desire of the people under feudal rule for justice and retribution. That is the explanation for the enduring popularity of this play, and Guan Hanqing's well-deserved reputation as one of the most acclaimed playwrights in Chinese history.

(Yawtsong Lee)

二、诵读唐诗

枫桥夜泊

张继

月落乌啼霜满天，
江枫渔火对愁眠。
姑苏城外寒山寺，
夜半钟声到客船。

Mooring at Night by Maple Bridge

Zhang Ji

The moon goes down, crows cry under the frosty sky,
Dimly-lit fishing boats' neath maples sadly lie.
Beyond the Gusu walls the Temple of Cold Hill,
Rings bells which reach my boat, breaking the midnight still.

（许渊冲译）

【刘学锴赏析】"月落"写所见，"乌啼"写所闻，"霜满天"写所感。"江枫"与"渔火"，一静一动，一暗一明，一江边，一江上。诗的前幅布景密度很大，十四个字写了六种景象，后幅却特别疏朗，两句诗只写了一件事：卧闻山寺夜钟。这是因为，诗人在枫桥夜泊中所得到的最鲜明深刻、最具诗意美的感觉印象，就是这寒山寺的夜半钟声。月落乌啼、霜天寒夜、江枫渔火、孤舟客子等景象，固然已从各方面显示出枫桥夜泊的特征，但还不足以尽传它的神韵。在暗夜中，人的听觉升居为对外界事物景象感受的首位。这样，"夜半钟声"就不但衬托出了夜的静谧，而且揭示了夜的深永和清寥，而诗人卧听疏钟时的种种难以言传的感受也就尽在不言中了。

三、重温《论语》

子游问孝，子曰："今之孝者，是谓能养。至于犬马，皆能有养。不敬，何以别乎？"（出自《论语·为政》）

【今译】子游问孔子，"孝是怎样的？"孔子说："今天人们所谓的孝，指的只是养活父母。可是，这和养狗养马有什么区别呢？只有在内心对父母充满敬爱，才称得上真正的孝啊！"

【英译】Ziyou asks Confucius, "What is filial piety?" Confucius says, "Today so-called filial piety means nothing more than providing your parents with food. Is this any different from keeping your dogs and horses? Only when you express your love and respect from inside can you claim to show filial piety to your parents."

【现实意义】对父母并不是给他们养老金就够了，而应该对他们充满尊敬、敬爱，让他们打从心里感受到你对他们的孝敬之情。现代社会节奏快，生活压力大，很多时候成年人只会在金钱或物质上赡养父母，却忘记了，"敬"才是孝的关键所在。

原典杂辑

子在川上曰："逝者如斯夫！不舍昼夜。"(出自孔子《论语·子罕》)

【解释】孔子在河边，叹道："消逝的时光像河水一样啊！日夜不停地流去。"

老吾老，以及人之老；幼吾幼，以及人之幼。(出自《孟子·梁惠王章句上·第八节》)

【解释】在赡养孝敬自己的长辈时不应忘记其他与自己没有亲缘关系的老人。在抚养教育自己的小辈时不应忘记其他与自己没有血缘关系的小孩。

第三节　拓展练习题

一、单选题

1. 京剧舞台的旦行角色中，通常扮演小家碧玉或丫鬟，性格天真烂漫、活泼俏皮的行当是(　　)。

A. 青衣　　B. 花旦　　C. 老旦　　D. 彩旦

2. 话剧是舶来的西方戏剧品种，"五四"之后，(　　)等人将西方现代戏剧经验引入国内，为中国话剧奠定基础。

A. 田汉　　B. 欧阳予倩　　C. 曹禺　　D. 郭沫若

3. 在唐代宫廷中，设有专门训练艺人的组织——梨园；后世的戏曲演员都称自己是"梨园子弟"，戏曲界也被称为"梨园行"。这一戏曲传统是由(　　)创始的。

A. 唐太宗　　B. 唐高宗　　C. 武则天　　D. 唐玄宗

4. 皮黄腔正式形成标志京剧从此出现在中国的戏曲舞台上，此时是(　　)。

A. 清乾隆五十五年(1790年)前后　　B. 清嘉庆二年(1797年)前后

C. 清道光十四年(1834年)前后　　D. 清同治六年(1867年)

5.《贵妃醉酒》《杜十娘》《琐麟囊》《梁红玉》依次是(　　)的代表作。

A. 梅兰芳、荀慧生、程砚秋、尚小云　　B. 荀慧生、梅兰芳、程砚秋、尚小云

C. 程砚秋、梅兰芳、荀慧生、尚小云　　D. 梅兰芳、程砚秋、荀慧生、尚小云

6. 入选联合国"人类口头与非物质文化遗产"名录的地方戏是(　　)。

A. 京剧　　B. 越剧　　C. 昆曲　　D. 黄梅戏

7. 京剧起源于明清中叶的道光咸丰年间，而徽班进京是在(　　)年间。

A. 乾隆、嘉庆　　B. 顺治　　C. 道光、咸丰　　D. 同治

8.“净”俗称花脸，它有许多分支。下列脸谱中，不属于其分支的是(　　)。

A. 武二花　　B. 文花脸　　C. 大花脸　　D. 二花脸

9. 中国的戏曲艺术有着辉煌的成就，下列剧种与其代表作对应不正确的是(　　)。

A. 昆曲——《牡丹亭》　　B. 豫剧——《天仙配》

C. 京剧——《霸王别姬》　　D. 越剧——《梁山伯与祝英台》

10. 中国古典戏剧作品塑造了王昭君、李香君、杜丽娘和崔莺莺等经典女性形象，下列作品与上述人物对应关系正确的是(　　)。

A.《西厢记》/《汉宫秋》/《桃花扇》/《牡丹亭》

B.《西厢记》/《桃花扇》/《汉宫秋》/《牡丹亭》

C.《汉宫秋》/《桃花扇》/《牡丹亭》/《西厢记》

D.《汉宫秋》/《牡丹亭》/《桃花扇》/《西厢记》

11. 中国古典戏曲有(　　)门角色。

A. 七　　B. 六　　C. 五　　D. 四

12. 下列说法中错误的一项是(　　)。

A. 四功指唱、念、做、打　　B.“起霸”据说源于《霸王别姬》的表演

C. 五法一般解释为手、眼、身、步、法　　D. 常见程式有“趟马”“走边”“吊毛”

13. 唐朝属于(　　)时代。

A. 钟磬乐舞　　B. 歌舞伎乐　　C. 俗乐剧曲　　D. 轻歌曼舞

二、多选题

1. 下列选项中，依次为黄梅戏、豫剧、越剧、粤剧著名表演艺术家的有(　　)。

A. 成兆成、马金凤、尹桂芳、千里驹　　B. 严凤英、常香玉、袁雪芬、红线女

C. 黄新德、常香玉、傅全香、俞振飞　　D. 韩再芬、马金凤、茅威涛、马师曾

E. 千里驹、马金凤、戚雅仙、红线女

2.“元曲四大家”包括(　　)。

A. 马致远　　B. 关汉卿　　C. 白朴　　D. 汤显祖

E. 郑光祖

3. 下列对中国话剧做出重大贡献的人物有(　　)。

A. 曹禺　　B. 田汉　　C. 欧阳予倩　　D. 袁雪芬

E. 洪深

4. 中国京剧四大名旦指的是(　　)。

A. 荀慧生　　B. 梅兰芳　　C. 尚小云　　D. 程砚秋

E. 谭鑫培

5. 下列属梅兰芳代表作的是(　　)。

A.《贵妃醉酒》　　B.《霸王别姬》　　C.《红娘》　　D.《昭君出塞》

E.《锁麟囊》

6. 下列剧目属黄梅戏的有(　　)。

A.《打猪草》　　B.《天仙配》　　C.《梁山伯与祝英台》　　D.《女驸马》

E.《红楼梦》

7. 京剧表演中扮演女性角色的“旦”除“正旦”外，还有(　　)。

A. 花旦　　B. 武旦　　C. 彩旦　　D. 小旦

E. 老旦

三、填空题

1. 汤显祖是明中叶万历年间的著名文人，尤以名为“________”的优秀剧作，显示了他卓越的文学成就。

2. 舆论称________如春兰，有王者之香；程砚秋如菊花，霜天挺秀；荀慧生如牡丹，占尽春色；尚小云如芙蓉，映日鲜红。

3. 清中叶后在北京演出的四个著名________：三庆、四喜、春台、和春。

4. 道光、咸丰年间，徽班主要声腔西皮、________吸收昆曲、京腔、秦腔、汉调等声腔的唱腔、剧目和表演艺术精华，并逐渐北京化，形成京剧。

5. 民国期间确定以________官话为黄梅戏舞台语言，唱腔渐趋统一，并吸收京剧艺术元素，剧种得以发展。

6. 明嘉靖、隆庆年间，魏良辅、梁辰鱼等人对昆山腔音乐进行较大的革新，兼收南北曲之长，创为“________”。

7. 作为中国传统戏曲角色行当的主要类型之一，________是女性角色的统称。

8. 谭鑫培(1847—1917年)充分展现了自己独有的极具________的声腔，塑造了多个身处末路的悲剧英雄。

9. ________精通音乐，尤其擅弹琵琶，曾以一曲《郁轮袍》博得皇亲贵戚的赞赏。

10.《梅花三弄》原是一首________曲，相传为桓伊所作，后被移为琴曲。

四、交流与体验

1. 你的家乡有什么特色的曲艺或戏曲？观看一次家乡的曲艺或戏曲，拍下精彩片段，从唱腔、行当、服装、内容等方面谈一谈它有什么特点，分享给大家。

2. 欣赏二胡曲《二泉映月》，说说它表达了怎样的内涵？

3. 在班内举办以“中国古典音乐《高山流水》欣赏”为主题的交流会，要求各人交流在音乐中所听到的感受，感悟中国古典音乐中体现的人与自然的和谐统一，体验中国古典音乐旋律的空灵与优雅。

4. 以才艺展示的方式向老师和同学们介绍自己家乡的戏曲或音乐。

5. 阅读有关书籍，了解京剧的发展历史，思考京剧之所以被称为国剧的原因。

6. 阅读《宋元戏曲史》(王国维)、《中国戏曲史》(余秋雨)、《中国古代戏剧的传播与影响》后写一篇读后感，谈一谈中国古典戏曲的发展、特点、成就及它与国外戏剧的区别。

原典杂辑

贤者在位，能者在职。（出自《孟子·公孙丑章句上·第四节》）

【解释】贤德的人居于掌权的地位，有才干的人担当合适的职务。

君子不怨天，不尤人。（出自《孟子·公孙丑章句下·第十三节》）

【解释】一个有道德的人做事不抱怨老天，也不抱怨他人。

第八章　中国传统医学

课程思政

坚持依法治国、依法执政、依法行政共同推进，坚持法治国家、法治政府、法治社会一体建设，实现科学立法、严格执法、公正司法、全民守法，促进国家治理体系和治理能力现代化。

“天下之事，不难于立法，而难于法之必行。”（明·张居正《请稽查章奏随事考成以修实政疏》）

“法修则安且治，废则危且乱。”（宋·曾巩《唐论》）

“石以砥焉，化钝为利；法以砥焉，化愚为智。”（唐·刘禹锡《砥石赋》）

第一节　中国传统医学概述

一、传统中医学的产生和发展

甲骨文的资料中已经有一定数量的有关疾病、治病的记录。而《左传》《周礼》等书，更是以整段的篇幅，记载与医学有关的内容。此外，像《诗经》《易经》《山海经》《管子》《庄子》《韩非子》等先秦古籍中，也都零散地记载有关医学的或者疾病、治疗、药物的诸多内容。

《黄帝内经》是在春秋、战国以至秦汉时期逐渐积累而成书的，《神农本草经》的成书年代一般认为是在汉代，《伤寒杂病论》的成书则在东汉末年，这三部中医药学专著的相继问世，标志着传统中医学从理论到方法相当完备的基本体系的形成。

《黄帝内经》论述了有关人体的脏腑、气血、精神、躯体、官窍、经络等生理方面，病因、发病、疾病的演变等病理方面，以望、闻、问、切为主干的诊断方法，药物药性的四气五味、补泄、升降等药物理论等。《内经》完全可以称为中医学理论和方法的渊薮。

《神农本草经》是迄今所知中医药发展史上第一部成体系的本草药物学专著，记载了以植物药、动物药、矿物药为主体的365种药物，每种药物一般都记述其药性、效用、主治病症、配伍宜忌、产地等内容。

《伤寒杂病论》是第一部既有理论又有临床实际运用的综合性中医典籍，将临床病症概括地分为外感伤寒、内伤杂病两大类，初步奠定了传统中医学理、法、方、药的框架体系。作者张仲景(图 8-1)被尊称为“医圣”。

图 8-1 张仲景

汉代以后的魏晋南北朝至隋唐时期，传统中医学进一步发展壮大，具有高水平医术的医生数量增多了，专业性很强的医学书籍的数量更是成倍增长。王叔和整理编著第一部脉学专著《脉经》。皇甫谧整理编著第一部针灸学专著《针灸甲乙经》。唐代初期孙思邈编著《千金要方》《千金翼方》。

宋代作为医学发展的繁盛时期，国家政府层面的重视以及在医药管理、具体措施的施行等方面采取的一系列举措发挥了重大作用。“金元四家”指刘完素、张从正、李杲和朱震亨四位医学人物。

中医学发展到明清时期以后，可以说呈现出了大繁荣的局面。

传统中医学的产生和发展，就像一条流淌不息的长河，绵亘至今，在中华民族的繁衍生息、养生保健方面，作出了不可磨灭的贡献。

二、中医常识

(一) 中医：是科学，也是哲学

中医有很多别称。《黄帝内经》是黄帝与岐伯讨论医学的专著，所以中医也叫“岐黄之术”。中医的别称还有“青囊”“杏林”“悬壶”“橘井”等。中医解释生命的秘密是整体观、精气学说、阴阳学说和五行学说。

整体观认为人与自然环境、人的机体与精神是一个整体，即所谓的“天人合一”与“形神合一”。“天人合一”即人与自然是一整体，自然界的变化必然引起人体相应的变化，人与自然必须遵循同一运行规律，否则就会自取灭亡。“形神合一”即指人体自身也是一个有机的整体，人体所有的脏器、器官、孔窍及皮肉筋骨等都是相互联系、相互影响的，脏腑功能失常可以通过经络而反映于体表，而体表组织器官的病变亦可以通过经络而影响脏腑。

精气学说认为，气是构成天地万物的原始物质。人为天地之精气所化生。人体的构成也是以“气”为物质基础，“气聚则形成，气散则形亡”。

中医阴阳学说认为，人是自然界的一个组成部分，由阴阳两大类物质构成。在正常生理状态下，两者处于一种动态的平衡之中，一旦这种动态平衡受到破坏，即呈现为病理状态。身体没有阳燥，没有阴虚，一直保持中和，疾病就不会缠身。

中医五行学说认为，肝、心、脾、肺、肾的五行属性分别是木、火、土、金、水。它们存在相生、相克、相侮、相乘等交互作用。中医不研究微观的病毒细菌如何作用于人体，而是研究人体整体的各个系统之间的关系，通过草药、按摩、针灸甚至心理作用去调剂各个系统之间的平衡。

（二）中医诊断

中医有一套独特的诊断技术，那就是望、闻、问、切。

所谓望诊，是观察病人形体、面色、舌体、舌苔。

所谓闻诊，是通过听声音和嗅气味来诊断疾病的方法。一是从病人发生的各种声音的高低、缓急、强弱、清浊测知病性，二是通过嗅病人身体的气味诊断疾病。

问诊，是询问病人及家属，了解现有证象及其病史，为辨证施治提供依据的一种方法。

切诊(图 8-2)是指用手触按病人身体，借此了解病情的一种方法。切诊分脉诊、触诊两种。脉诊又称切脉、把脉，是最具有中国传统医学特色的诊断方法。扁鹊是发明切脉查病术的鼻祖。

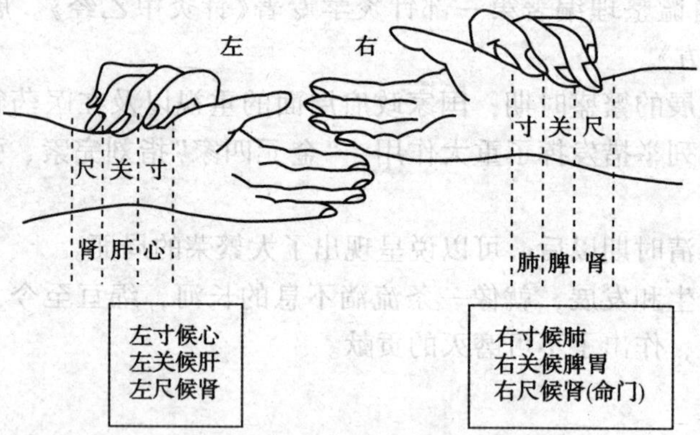

图 8-2　切诊

（三）经络与针灸

在中医的理论体系里，人体除了脏腑外，还有许多运行气血的通道——经络(图 8-3)。人体共有十二条大的经脉，这十二条经脉与五脏六腑相连，环绕周身，首尾相连，“如环无端”。人体真气就在这十二条经脉里做着“纵椭圆形”的运行。经络上布满了穴位。人体周身约有 700 多个穴位。

相传在三皇五帝时期，伏羲氏“制九针”，发明了针灸治病之法。针法是以毫针(图 8-4)刺激人体经络穴位，通过提、插、捻、转等不同手法，起到调整脏腑、疏通经络的作用。灸法(图 8-5)古称“灸焫”，又称艾灸。指以艾绒为主要材料，点燃后直

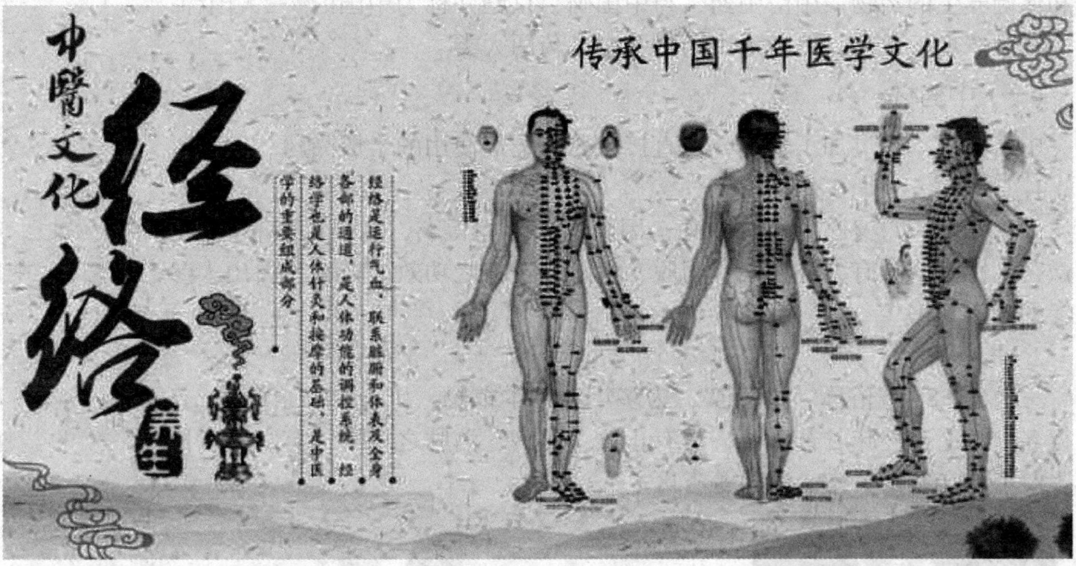

图 8-3　经络

接或间接熏灼体表穴位的一种治疗方法。作为中医的特色治疗方法，针灸技术现已经传播到 200 多个国家。

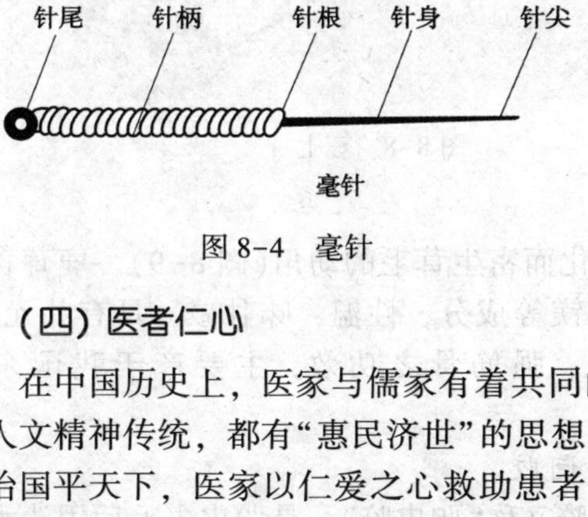

图 8-4　毫针

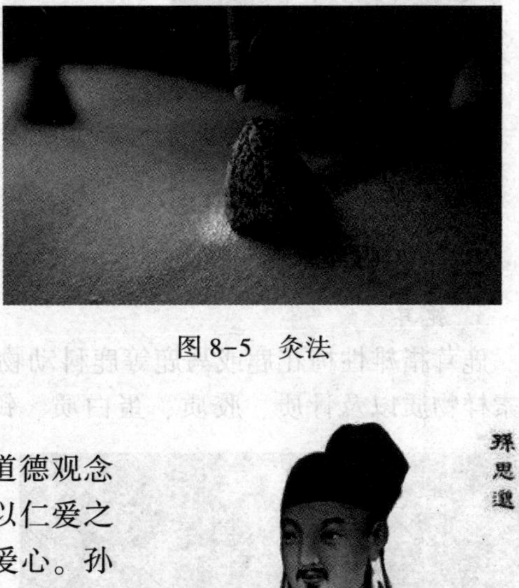

图 8-5　灸法

(四) 医者仁心

在中国历史上，医家与儒家有着共同的伦理道德观念和人文精神传统，都有“惠民济世”的思想。儒家以仁爱之心治国平天下，医家以仁爱之心救助患者，传播爱心。孙思邈(图 8-6)《备急千金要方》中的《大医习业》和《大医精诚》，指出作为一名“大医”，不但要“博极医源，精勤不倦”，还应当身怀“救济之志”。孙思邈的医德要求，集中而完美地体现了中国传统的伦理道德观念，被后世的医家奉为圭臬，直到今天仍然具有重要的现实意义。

图 8-6　孙思邈

三、中药常识

中药，在我国古籍中又称“本草”，指中医用以治病防病和保健养生的药物。中医中药，与中国画、京剧并称为中国的“三大国粹”。

中药按加工工艺，可分为中药材、中成药两大类。

（一）中药材

中药材是指经过加工炮制，可直接供药房配剂使用的半成品药。

1. 人参

人参（图 8-7）又称神草、地精，因酷似人形而得名，为五加科植物人参的干燥根。味甘微苦、性温，具有大补元气、固脱、生津、安神之功效。吉林长白山人参，被誉为“中国人参的正宗”。

2. 三七

三七（图 8-8）俗称“金不换”，为多年生草本植物，因每株长叶七枚，顶端开黄花三枚而得名。三七药性味甘苦微温，具有止血、化瘀、消肿之功效，有“三七补药第一”的美誉，其主要产地在我国云南、广西等省区。

图 8-7　人参

图 8-8　三七

3. 鹿茸

鹿茸指雄性梅花鹿或马鹿等鹿科动物尚未骨化而密生茸毛的幼角（图 8-9）。鹿茸含有激素样物质以及骨质、胶质、蛋白质、钙、磷、镁等成分，性温，味甘咸，具有壮元阳、益精血、强筋骨之功效，主要产于我国东北地区。

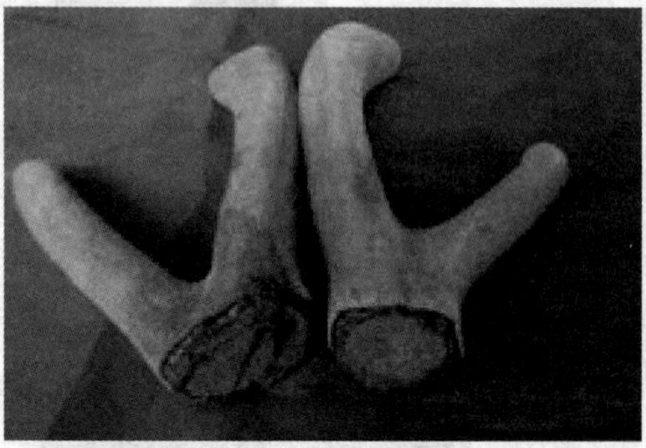

图 8-9　鹿茸

4. 阿胶

阿胶又称“驴皮胶”，是驴皮去毛后用清水熬制而成的黑色胶质块。含有动物胶、蛋白质等，味甘、性平，具有滋阴养血、补肺润燥、止血安胎之功效。其主要产地是山东省东阿县。

5. 冬虫夏草

冬虫夏草又名虫草（图 8-10），是冬虫夏草菌和蝙蝠蛾科幼虫的复合体。主要产于中国大陆青海、西藏、四川、云南、甘肃五省的高寒地带和雪山草原。以完整、虫体肥大、外色黄亮、内色黄白、子座短者为佳。气微腥，味微苦。具有补虚损、益精气、止咳化痰之功效。

图 8-10 冬虫夏草

（二）中成药

中成药是指经过精加工可以直接使用的成品药，分丸、散、膏、丹、片、口服液、药酒等。如大活络丹，蜜丸制剂，由白花蛇、乌梢蛇、威灵仙等配成，主治气血亏虚，肝肾不足，内蕴痰热，外受风邪等，口服每服 1 丸，每日两次，温开水送服。

第二节 双语阅读

一、以史为鉴

李时珍

明世宗即位四十几年，尽情享乐，但是他又担心自己一天天衰老下去，有朝一日死掉，快活日子就过不下去。于是，他就千方百计寻找一种长生不老的药方。

公元 1556 年，朝廷下令各地官吏推荐名医。当时封在武昌的楚王，把正在王府里的医生李时珍推荐给太医院。

Li Shizhen

Life was filled with pleasures for Emperor Shizong of Ming in his more than forty years on the throne, but he began to worry that physical decline and his eventual death would cut short his happy days. He embarked therefore on a desperate search for a recipe for longevity and immortality.

In 1556, the central government instructed all local governments to recommend their best doctors of medicine. The Prince of Chu, who had his fiefdom in Wuchang, recommended Li Shizhen, his own resident doctor, to the Tai Yi Yuan or Imperial Medical Administration.

李时珍是蕲州（今湖北蕲春）人。他的祖父、父亲都当过医生。父亲李言闻对药草很有研究，李时珍从小受父亲的影响，常常跟小伙伴一起上山采集各种药草。日子一长，他能认得各种草木的名称，还能知道什么草能治什么病。他的医药知识渐渐丰富起来。

但是，在那个时候，做一个普通医生是被上层社会看不起的。李言闻虽然自己是医生，却要李时珍读书应科举考试。李时珍在父亲督促下，在十四岁那年考中秀才，但是之后参加举人考试，三次都没有考中。别人都替他可惜，李时珍却并不因此失望。他的志愿是做个替百姓治病的好医生。

打那时候起，李时珍就一心一意跟他父亲学医。正好在这一年，他的家乡发生一场大水灾，水退以后，又流行疫病，生病的都是没钱的穷百姓。李时珍家并不宽裕，但是父子俩都很同情穷人，穷人找他们看病，他们都悉心医治，不计报酬。老百姓认为他们医术高明，治病热心，都很感激他们。

李时珍为了研究医术，读了许多古代的医书。我国古代很早就有了医书。汉朝人写过一本《神农本草经》，之后一千多年，不断出现许多新的医书。李时珍常常替当地的王公贵族看病，那些贵族家里藏书不少，李时珍就靠他行医看病的方便，向王公贵族家借图书看。这样一来，他的学问就越来越丰富，

Li Shizhen was from Qizhou, present-day Qichun of Hubei Province. His grandfather and his father were both doctors. His father, Li Yanwen, who had an excellent knowledge of medicinal herbs, had a great influence over the young Li Shizhen, who would make frequent outings into the mountains with other children to collect a wide variety of herbs. With time, he knew not only the names of the herbs but their uses in treating various diseases. His medicinal knowledge grew prodigiously.

But, in those days, doctors commanded little respect among the social elite. Himself a doctor, Li Yanwen wanted his son Li Shizhen to study for the civil service recruitment examination instead of following in his footsteps. Under his father's encouragement, Li Shizhen was able at the age of 14 to qualify as xiu cai, or candidate for the Provincial Examination, which he then failed three times in a row. While this cause much hand-wringing among family and friends, Li Shizhen was not unduly disappointed. He was much more interested in becoming a good doctor to treat illnesses.

From then on, Li Shizhen started to study medicine in earnest under his father's tutelage. That same year, his home village was hit by a large flood, which brought in its wake an epidemic that disproportionately affected the poor. Although financially modest themselves, father and son had deep compassion for the poor and treated them with care, regardless of their ability to pay. The community was grateful to them for their medical expertise and devotion to patient care.

In his effort to hone his medical skills, Li Shizhen studied many ancient medical texts. The medical literature went back a long way in China. The *Shen Nong's Materia Medica* written in the Han dynasty was followed by fresh crops of new medical treatises throughout the more than one thousand years that preceded his time. Li Shizhen had an opportunity to borrow from the impressive collections of books found in the homes of the rich and powerful who were treated by him.

医术也越来越高明了。

His voracious reading made him a powerhouse of knowledge and sharpened his medical skills.

李时珍的名气越来越大，被他看好病的人，到处宣传李医生好。附近州县得病的人，也赶来请李时珍看病。

Li Shizhen's fame grew as patients successfully treated by him vocally praised his medical expertise. Patients from nearby regions and counties flocked to Li Shizhen's home for treatment.

有一次，楚王的儿子得了一种抽风的病。楚王府虽然也有医官，但是谁都没法治好。这孩子是楚王的命根子，楚王怎么能不着急？有人告诉楚王，只有找李时珍，才能治好这种病。楚王立刻派人把李时珍请到王府。李时珍一看病人的脸色，再把了把脉，就知道孩子得的这种抽风病是肠胃引起的。他开了一个调理肠胃的药方，叫人上药铺抓了药。楚王的儿子一吃药，病就全好了。

When his son, the light of his life, was one day racked by convulsions, and even the resident doctors in his household could not cure the disease, the Prince of Chu was understandably worried. When someone suggested that only Li Shizhen could cure this disease, the Prince of Chu immediately sent for him. By examining the patient's facial complexion and feeling his pulse, Li Shizhen concluded the convulsions had a gastrointestinal origin. He prescribed a course of medicine to treat the patient's digestive system and sent the prescription to be filled by an apothecary. The convulsions stopped after the administration of the medicine.

楚王十分高兴，再三挽留李时珍在楚王府待下来。没有多少日子，正碰上朝廷征求人才。楚王为了讨好明世宗，就把李时珍推荐到北京太医院去。

The Prince of Chu was so pleased that he insisted on Li Shizhen's staying in his household as resident doctor. It was at this time that the central government launched a campaign to recruit medical talent. In order to ingratiate himself with Emperor Shizong, the Prince of Chu recommended Li Shizhen for a position in the Imperial Medical Administration in Beijing.

太医院本来是国家最高的医疗机构。可是在那时候，明世宗对真正的医学并不重视，却迷信一批骗人的方士，在宫里做道场、炼金丹，想凭借这些办法使自己长生不老。李时珍是一个正直的医生，看不惯那种乌烟瘴气的环境。他在太医院待了一年，就辞职回家了。

The Imperial Medical Administration was supposed to be the highest medical institution in the country. But Emperor Shizong gave short shrift to real medical science, instead holding a blind faith in the coterie of alchemists who performed Taoist rites and attempted to produce an elixir of life to ensure his immortality. Li Shizhen was a doctor of conscience and felt disgusted by the insalubrious new environment of his workplace. He resigned from the Imperial Medical Administration and went home after only one year.

李时珍辞去官职后，在回家的路上顺便游历了许多名山胜地。他上山不是为了欣赏景色，而是为了

On his way home following his resignation, Li Shizhen visited many renowned mountains and places of interest, not for the scenery but for the purpose of collec-

采草药，研究各种草木的药用性质。有一次，他到均州(今湖北均县)的武当山去，听说那里产一种榔梅，吃了能使人返老还童，人们把它称作“仙果”。宫廷的贵族都把它当作宝贝一样，要地方官吏年年进贡，并且禁止百姓采摘。李时珍可并不相信真有什么仙果。为了弄清真相，他冒着危险，攀登悬崖峭壁，采到了一颗榔梅，带回家乡。经过他详细研究，才知道那种果子只不过像一般梅子一样，有生津止渴的作用，根本谈不上什么“仙果”。

李时珍在长期的医疗工作和采集药物的过程中，得到了不少科学的资料。他发现古代医书上的记载，有不少错误；并且，经过那么多年代，人们又陆续发现了许多古代书上没有记载过的药草。他就决心编写一本新的完备的药书。辞职回家以后，他花了将近三十年的时间，写成了著名的医药著作《本草纲目》。在这本书里，一共记录了一千八百九十二种药，收集了一万多个药方，为发展祖国的医药科学作出了伟大的贡献。

《本草纲目》出版以后，流传到全世界，已经被翻译成日文、德文、英文、法文、俄文、拉丁文等许多种文字，在世界医药界中占有重要的地位。

(曹余章)

ting medicinal herbs and studying the medicinal attributes of plants. His travels took him to the Wudang Mountains in Junzhou, modern-day Jun County of Hubei Province, where, he had heard, a plum called the langmei plum could rejuvenate whoever ingested it, thus the nickname "immortality fruit." The nobility of the imperial court considered it a treasure and demanded an adequate supply of the plum by the local government in the form of annual tribute. Common folk were prohibited from picking the fruit for their own consumption. Li Shizhen had never been a believer in the so-called "immortality fruit." In order to get to the bottom of it, he climbed precipices at great peril to obtain a sample of the plum and took it home with him. After meticulous research, he came to the conclusion that the langmei plum was no different from the common plum in that it promoted the production of saliva and slaked one's thirst but had no "immortality" property whatsoever.

Li Shizhen amassed a wealth of scientific data in the course of his long years of medical practice and collection of medicinal herbs. He identified many errors in ancient medical texts. There was also the fact that new medicinal herbs, unrecorded in past medical books, had been, and were still being, discovered since the publication of the ancient texts. He decided therefore to compile a new, comprehensive pharmacopoeia. After returning to his home village from the capital he spent nearly thirty years completing the famous Compendium of Materia Medica, which recorded 1,892 medicines and collected more than ten thousand prescriptions. It was a great contribution to the development of China's medical science.

After the publication of the "Compendium", it spread abroad and was eventually translated into Japanese, German, English, French, Russian and Latin, earning an important place in world pharmacology.

(Yawtsong Lee)

二、诵读唐诗

游子吟 孟郊	Song of a Roamer Meng Jiao
慈母手中线，	The threads in a kind mother's hand,
游子身上衣。	A gown for her son bound for far-off land.
临行密密缝，	Sewn stitch by stitch before he leaves,
意恐迟迟归。	For fear his return be delayed.
谁言寸草心，	Such kindness as young grass receives,
报得三春晖！	From the warm sun can't be repaid.

（许渊冲译）

【左成文赏析】最后两句是前四句的升华，通俗形象的比兴，加以悬绝的对比，寄托了赤子炽烈的情意：对于春天阳光般厚博的母爱，区区小草似的儿女怎能报答于万一呢。

三、重温《论语》

子曰："益者三友，损者三友。友直，友谅，友多闻，益矣。友便辟，友善柔，友便佞，损矣。"（出自《论语·季氏》）

【今译】孔先生说："三种朋友是有益的，三种朋友是有害的。跟正直的人、诚实的人、见多识广的人交朋友，是有益的。跟谄媚伪饰的人、圆滑奉承的人、巧言善辩的人交朋友，就有害了。"

【英译】Confucius says, "Three types of friends will benefit you and three types of friends will do you harm. If you associate with righteous, honest or well-informed people, you will benefit. If you make friends with those who are hypocritical, obsequious or glib in their speech, then you will come to some harm."

【朱熹注】便辟，谓习于威仪而不直；善柔，谓工于媚而不谅；便佞，谓习于口语而无闻见之实。

第三节　拓展练习题

一、单选题

1. 我国最早的医学典籍是(　　)。

A.《黄帝内经》　B.《神农本草经》　C.《伤寒杂病论》　D.《难经》

2. 主要产于我国青海、四川、西藏、云南，味甘，性温，具有补虚损、益精气、止咳化痰功效的中药材是(　　)。

A. 三七　　B. 鹿茸　　C. 冬虫夏草　　D. 阿胶

3. 被誉为“中国三大国粹”的是(　　)。

A. 中医中药、武术、京剧　　B. 中医中药、景德镇瓷器、苏州刺绣

C. 中医中药、国画、京剧　　D. 武术、中药、针灸

4. 东汉张仲景的医学名著是(　　)。

A.《黄帝内经》　　B.《难经》　　C.《神农本草经》　　D.《伤寒杂病论》

5. 中药的四气指(　　)。

A. 寒、热、温、凉　　B. 春、夏、秋、冬

C. 丸、散、膏、丹　　D. 膏、丹、片、酒

6. 被誉为辨证论治的群方之祖的是(　　)。

A.《难经》　　B.《伤寒杂病论》　　C.《神农本草经》　　D.《黄帝内经》

7.《备急千金药方》《千金翼方》是(　　)集毕生精力著成的，共载方 7871 首。

A. 东汉医学家张仲景　　B. 西晋医学家皇甫谧

C. 唐朝医学家孙思邈　　D. 明代医学家李时珍

8. (　　)食疗专著问世，对形成我国寓营养、防病、疗病和颐养于饮食的传统作出了出色的贡献。

A.《食论》　　B.《食疗本草》　　C.《饮膳正要》　　D.《随园食单》

9. 成书于唐朝的古代医学名著是(　　)。

A.《伤寒杂病论》　　B.《黄帝内经》　　C.《千金方》　　D.《本草纲目》

10. 下列医学人物中，(　　)不属于“金元四家”。

A. 刘完素　　B. 张从正　　C. 葛洪　　D. 朱震亨

二、多选题

1. 唐朝名医孙思邈，集毕生精力著成了(　　)。

A.《湿热条辨》　　B.《唐本草》

C.《千金要方》　　D.《唐·新修本草》

E.《千金翼方》

2. 中医辨证的总纲是“八纲辨证”，其包括(　　)。

A. 阴阳　　B. 盈亏　　C. 表里　　D. 寒热

E. 虚实

3. 清代中医在理论上有了新发展，反映其成就的代表作有(　　)。

A. 叶桂的《温热论》　　B. 吴瑭的《温病条辨》

C. 王士雄的《湿热条辨》　　D. 薛雪的《温热经纬》

E. 王清任的《医林改错》

4. 中医学的基本特点主要体现在(　　)等方面。

A. 辨病治疗　　B. 整体观念　　C. 辨证论治　　D. 同病异治

E. 对症治疗

5. 中医“以表知里”的诊法包括(　　)等方法。

A. 望　　B. 闻　　C. 问　　D. 切

E. 按

6. 下列关于中国传统中医学的表述，正确的是(　　)。

A. 研究人体生理、病理以及疾病的诊断和防治等的一门科学

B. 在中国古代的唯物论和辩证法思想的指导下，形成的独特传统医学科学

C. 中国人民通过长期的医疗实践，不断积累，反复总结而逐渐形成的

D. 中国传统文化的重要组成部分

E. 具有数万年的悠久历史

7. 下列关于中医学起源与形成的表述，正确的是(　　)。

A. 中医理论来源于实践

B. 中世纪开始，发现某些食物能减轻或消除某些疾病，就是应用中药的起源

C. 在烘火取暖时，逐渐产生了热熨和灸法

D. 在使用石器作为生产工具的过程中，创造了运用砭石、骨针治病的方法

E. 由针刺疗法进而形成经络学说

三、填空题

1. 中医的基础理论有整体观、精气学说、________学说和五行学说。

2. 支持中华________、中华烹饪、中华武术、中华典籍、中国文物、中国园林、中国节日等中华传统文化代表性项目走出去。

3. 战国时名医________首创望、闻、问、切“四诊法”；唐代药王________的《千金方》被誉为“东方医学圣典”。

4. 中医中药与________、________并称为中国三大国粹。

5. ________被后人尊称为医圣。

6.《________》是中国第一部从理论到实践、确立辨证论治法则的医学专著。

7. ________被后人称为“药王”。

8. 李时珍所著的《________》是本草学集大成的著作，对后世的医学和博物学研究影响深远。

9. 四诊即望诊、闻诊、问诊和________诊。

10. 胡庆余堂，是“红顶商人”________在1874年(清同治十三年)创建的药铺，地处杭州清河坊。

四、交流与体验

1. 简述你对中医的印象与评价。

2. 有人说，中医没有经过现代科学方法验证，具有极大的不确定性，因而不可靠，甚至可能带来危害，因此主张中医应该退出主流医学。你同意这个观点吗？为什么？

3. 什么是中医的“四诊法”？“四诊法”的具体内容和要求有哪些？在现代医学检测手段日益发达的今天，“四诊法”是否已经过时了？

4. 谈一谈中医学产生及发展的源流、特色、优势与不足。

5. 到网络上搜集中国古代著名中医的事迹和思想，梳理他们对博大精深的中国医药、养生的具体贡献。

第九章　中国古代科技

课程思政

爱国是人们对生于斯、长于斯的祖国的一种最深厚的感情以及与此相应的实际行动。爱国是中华民族的光荣传统。

“位卑未敢忘忧国，事定犹须待阖棺。”（宋·陆游《病起书怀》）

“先天下之忧而忧，后天下之乐而乐。”（宋·范仲淹《岳阳楼记》）

“苟利国家生死以，岂因祸福避趋之。”（清·林则徐《赴戍登程口占示家人》）

第一节　中国古代科技概述

中国古代科学技术的一大突出特点是与人们的现实生活密切相关，无论是天文学、物理学、数学、医学还是工艺技术，都直接与当时人们的社会生活和生产需要紧密联系。

一、农学著作与典籍

中国古代的《氾胜之书》《齐民要术》《陈敷农书》《王祯农书》《农政全书》统称五大农书，这五大农书是中国现存的古代农学专著中的杰作。而元代编修的《农桑辑要》则是目前最早的一部官修农学著作。

贾思勰《齐民要术》有明显的劝农之意。“齐民”就是指普通百姓的意思。“要术”即人民生存和生活的基本手段。其基本思想是讲究农业生产要因地制宜，不能墨守成规，盲目遵从传统经验。为了提高土地的利用率，贾思勰特别倡导农作物的“轮作”种植方法。他还进一步系统总结了水果、蔬菜等的栽培种植问题，并且详细总结了畜牧业方面的相关知识。

《农政全书》成书于明朝万历年间，基本上囊括了中国明代农业生产和人民生活的各个方面，而其中又贯穿着一个基本思想，即徐光启的治国治民的“农政”思想。《农政全书》按内容大致上可分为农政措施和农业技术两部分。

二、中国古代数学

“算筹”大约在春秋战国时期之前就已经出现了。“珠算”最早在汉代《数术记遗》中出现。《周髀算经》是我国最古老的、经典的数学和天文学著作。

《九章算术》①（图 9-1）名列古代“算经十书”之首，是从春秋到汉代数学成就的一本集大成著作，共收有 246 个数学问题，分为九章。它的主要内容分别是：第一章“方田”：主要讲述了平面几何图形面积的计算方法。第二章“粟米”：谷物粮食的按比例折换。第三章“衰分”：比例分配问题。第四章“少广”：已知面积、体积，反求其一边长和径长等；介绍了开平方、开立方的方法。第五章“商功”：土石工程、体积计算；除给出了各种立体体积公式外，还有工程分配方法。第六章“均输”：合理摊派赋税；用衰分术解决赋役的合理负担问题。第七章“盈不足”：提出了盈不足、盈适足和不足适足、两盈和两不足三种类型的盈亏问题。第八章“方程”：一次方程组问题；采用分离系数的方法表示线性方程组。第九章“勾股”：利用勾股定理求解的各种问题。

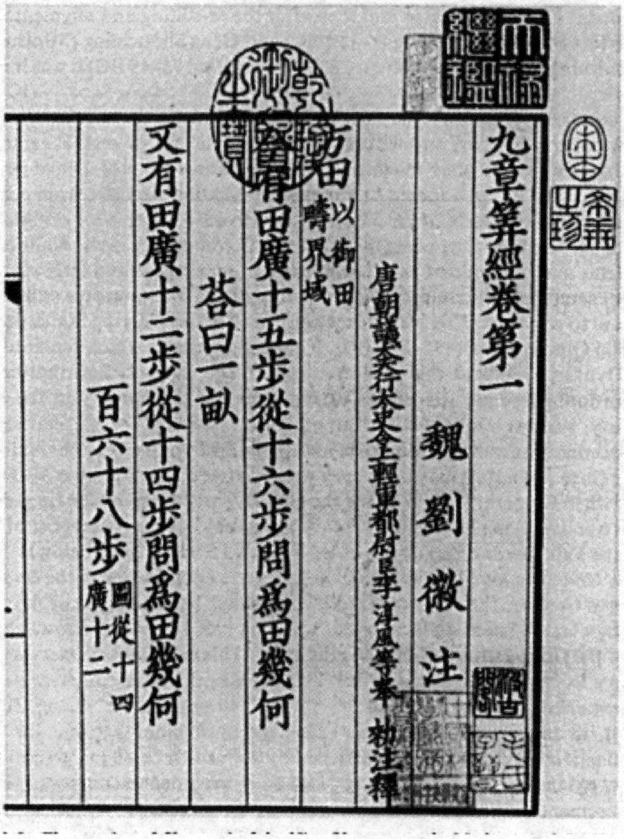
九章筭經卷第一
魏劉徽注
唐朝議大夫行太史令上輕車都尉臣李淳風等奉勑注釋
方田以御田疇界域
有田廣十五步從十六步問爲田幾何
荅曰一畝
又有田廣十二步從十四步問爲田幾何
百六十八步 圖從十四廣十二

图 9-1　刘徽注《九章算术》

南北朝祖冲之最著名的贡献莫过于对圆周率的计算。隋唐时期的王孝通完成《缉古算经》。杨辉、秦九韶、李冶、朱世杰被后世尊为“宋元数学四家”。

在宋元之后，我国古代数学的发展步伐逐渐缓慢下来。

三、中国古代的天文学与历法

《甘石星经》是一部天文学专著，甘经、石经各八卷，共十六卷，大致成书于战国时期。《甘石星经》是两书的合称，作者为当时的楚国人甘德和魏国人石申。甘德著有《天文星占》

①《九章算术》成于公元 1 世纪左右。其作者已不可考。西汉的张苍、耿寿昌曾经做过增补和整理，其时大体已成定本。最后成书最迟在东汉前期，现今流传的大多是在三国时期魏元帝景元四年（263 年），刘徽为《九章》所作的注本。

八卷，石申著有《天文》八卷，两书合称《甘石星经》。

唐代的僧一行在724—725年第一次主持测量了子午线长，并编制了《大衍历》。郭守敬自至元十三年(1276年)起，奉命修订新历法，历时四年，制订出了通行三百六十多年的《授时历》，成为当时世界上最先进的一种历法。

四、四大发明

罗盘(指南针)(图9-2)是用以判别方位的一种简单仪器。前身是司南①(图9-3)。主要组成部分是一根装在轴上可以自由转动的磁针。磁针在地磁场作用下能保持在磁子午线的切线方向上。磁针的北极指向地理的北极，利用这一性能可以辨别方向。常用于航海、大地测量、旅行及军事等方面。

图9-2　罗盘

图9-3　司南

西汉时期出土的植物纤维纸，是蔡侯纸的前身。蔡伦(图9-4)扩大了造纸原料的范围，破布、渔网、树皮、麻头等都可以造纸，其中树皮造纸更是他的发明。他的造纸工艺更为精细。

火药是中国古代炼丹家发明于隋唐时期，距今已有一千多年了。火药的研究开始于古代道家炼丹术，古人为求长生不老而炼制丹药，炼丹术导致了火药的发明。

雕版印刷术发明于唐朝，唐朝是中国历史上最发达的黄金时期，许多道士参与印刷术的研发与创新。

沈括曾在《梦溪笔谈》中有一篇文章叫《活板》，其中详细介绍了活板印刷术的全过程，将此发明归于不知名的工匠毕昇(990—1051年)(图9-5)。毕昇使用烧结的陶土字符、捡字排列、印刷、并在印刷后拆解留待后来使用。宋代虽然发明了活字印刷术，但是普遍使用的仍然是雕版印刷术。毕昇曾尝试木制活字，但木制活字一直要到元朝(1271—1368年)王祯(活跃于1290年至1333年)的木模才趋完善。王祯亦将文字按照音韵组合置于有小隔间的转轮排字盘以方便捡字。至于铜版活字要等到明朝(1368—1644年)华燧(1439年至

①战国时代赵国人用天然磁铁矿石琢成一个勺形的东西，放在一个光滑的盘上，盘上刻着方位，利用磁铁指南的作用，可以辨别方向。

1513年)于1490年的印刷作品才趋完美。

图9-4　蔡伦

图9-5　毕昇

五、工艺技术

陶瓷、纺织、青铜器和建筑等都是我国古代杰出工艺成就的典范。

(一)陶瓷

众所周知,“china”一词的意义就是瓷器,它成为瓷器和中国一语双关的代名词。由此可见,陶瓷工艺成就在我国文化中的地位及其世界影响。

夏商之后,陶瓷业有了重大发展,例如20世纪50年代在河南郑州考古出土的釉陶,这些陶器表面清洁光滑,色彩光亮,显示出当时我国陶瓷业已经有了长足的发展。

真正意义上的瓷器即青瓷,出现在东汉时期。这标志着自商代以来的“原始瓷”至汉代终于发展成熟。

隋唐时期,北方的邢窑与南方的越窑遥相呼应。在这一时期,瓷器的烧造、加工、生产等各个环节的工艺技术日臻成熟,器物类型繁多,品质精良。河南出土的唐三彩(图9-6)是这一时期陶瓷工艺的典型代表,它因具有绿、白、黄三色而得名。

五代十国时期继承了唐代以来的制瓷模式,越窑和耀州窑生产的瓷器闻名天下。宋朝时期是我国古代瓷器发展的黄金时期。这一时期瓷器生产的地区和使用的范围都大为扩展,官窑和民窑生产的瓷器质量都属上乘。有钧、定、哥、汝、官“五大名窑”。

在元代,青花瓷工艺越来越成熟,而景德镇逐渐发展成为全国的瓷业中心。明代宣德年间,无论是青花、宝石红还是釉里红瓷器,都是难得的精品。宣德和成化年间,由景德镇烧制的斗彩(逗彩)瓷器(图9-7)为我国后来彩瓷的发展开辟了新的艺术加工形式。

在清代,康熙时期的五彩、古彩、珐琅彩,雍正时期的斗彩(图9-8)、粉彩和乾隆时期的珐琅瓷都是艺术精品。

图 9-6　三彩仕女

图 9-7　明成化斗彩鸡缸杯

图 9-8　雍正斗彩缠枝花卉纹碗

(二) 纺织

据传说，黄帝的妻子嫘祖是最早养蚕织绸的人。汉朝张骞出使西域，开通了一条通往西方的“丝绸之路”，从此，轻柔华贵的丝织品源源不断地运往西方各地，丝绸成为当时罗马权贵们最时髦的衣料，其价格远超黄金。重要丝绸种类包括锦、绢、绮等。四大名锦包括蜀锦(图 9-9)、云锦(图 9-10)、宋锦(图 9-11)和壮锦(图 9-12)。唐朝还开辟了海上丝绸之路。元、明、清时期，丝绸业仍有很大的发展，特别是海外贸易繁盛，丝绸产品行销世界各地，丝绸文化誉满全球。

图 9-9　蜀锦

图 9-10　云锦

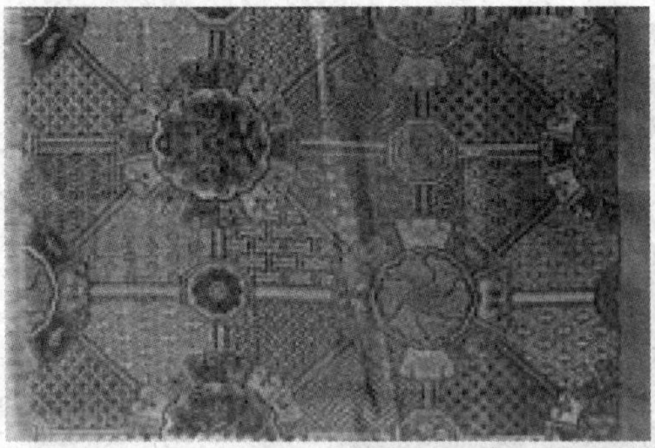

图 9-11　宋锦

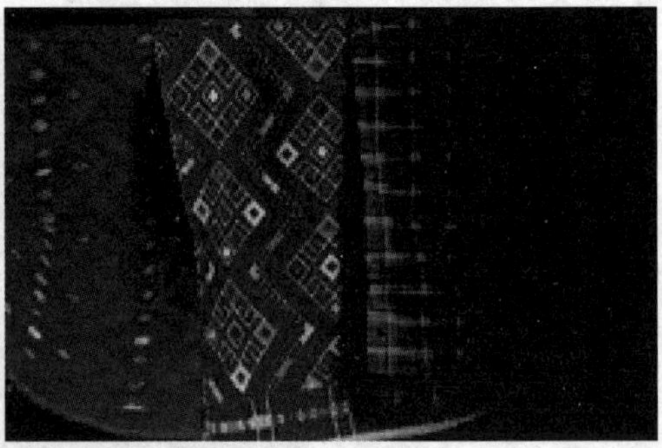

图 9-12　壮锦

（三）青铜器

如果从目前所知最早的在甘肃出土的青铜刀开始计算，青铜器制造技术的历史已超过了五千年之久。夏、商、周时代是我国青铜器发展的黄金时期。这时的青铜器多为礼器，主要用于祭祀等重大场合，当然也有一些实用的日常生活器皿和武器等。从目前的考古发现看，夏商以来至春秋战国的青铜器多达数万件，知名的青铜器包括毛公鼎、四羊方尊、鸮尊、司母戊大方鼎等。

图 9-13　毛公鼎

毛公鼎（图 9-13）是清道光年间出土于陕西岐山的重要西周青铜器，现藏于台湾"故宫博物院"。这件器物为圆口双耳铜鼎，外壁雕有古朴纹饰，内壁上刻有铭文①。

司母戊大方鼎则是我国出土的商代最著名的代表性青铜器精品，也是世界上最重和最大的青铜器，被称为"镇国之宝"。方形鼎的四周和鼎耳、鼎足上为兽面纹。在铜鼎内部铸有"司母戊"字样，可见是商王用来祭祀其母"戊"的礼器。

（四）建筑技术

我国古代建筑是一项涉及多种复杂因素的综合技术或者说综合工程，具体牵涉人文、美学、工程技术甚至政治等诸多方面的内容。古代建筑中所体现的科学思想，特别是力学思想，值得我们关注。我国古代建筑多有立柱和横梁，这样才能使得房屋坚固。历经千年的伟大建筑能够保留至今，显示了古代劳动人民的杰出智慧。例如天津蓟县的独乐寺（图 9-14，图 9-15），据梁思成考证，这是隋代的建筑，后来在公元 984 年左右重修过一次，而后基本保留原貌至今。

---

①西周末年，天下大乱，周宣王将朝廷的内外事务交给重臣毛公，并教导毛公要勤政爱民，修身养德。毛公为了让后世子孙记住周王的教诲，特意将王的旨意铭刻在了这件青铜鼎上。毛公鼎铭文共有 32 行 499 字，为现存出土鼎器之中最长的铭文。

图 9-14　独乐寺山门

图 9-15　独乐寺观音阁

石料建筑在我国古代建筑史上同样占有重要地位。隋朝李春设计的安济桥(又名赵州桥)(图 9-16)已经屹立于洨河之上 1400 多年了。桥拱圈两肩各设有两个跨度不等的敞肩拱，这比实肩拱显得更加空灵秀丽，既减轻桥身自重又便于排洪。1966 年 3 月邢台发生了一次 7.6 级的地震，而此桥虽然距震中仅 40 千米，但是没有受到任何损坏。

图 9-16　赵州桥

通过下列两部中国古代工艺、技术的典籍著作这一重要视角，可以了解和研究中国古代传统科学技术发展情况。

沈括(图 9-17)《梦溪笔谈》被称为“中国科技史上的坐标”。因写于润州(今江苏镇江)

梦溪园而得名。内容涉及天文、数学、物理、化学、生物、地质、地理、气象、医药、农学、工程技术、文学、史事、音乐和美术等。其中自然科学部分，总结了中国古代，特别是北宋时期科学成就，如毕昇发明活字版印刷术等。

宋应星(图 9-18)《天工开物》是中国 17 世纪的工艺百科全书。“天工”指非人力的自然；“开物”指对自然物的开发和利用。该书较全面系统地记述了中国古代农业和手工业的生产技术及经验，并附有大量插图。上编包括谷类和棉麻栽培、养蚕、缫丝、染料、食品加工、制盐、制糖等；中编包括制造砖瓦、陶瓷、钢铁器具，建造舟车，采炼石灰、煤炭、燔石、硫黄，榨油，制烛，造纸等；下编包括五金开采及冶炼，兵器、火药、朱墨、颜料、曲药的制造和珠玉采琢等。对原料的品种、用量、产地、工具构造和生产加工的操作过程等记载都很详细。

图 9-17　沈括

图 9-18　宋应星

有学者总结了中国古代工艺技术的特征。其一，中国古代的工艺技术与发明立足于社会生产与生活的实际需要。其二，我国古代的技术成就依托于经验，具有鲜明的经验性和实用性特点。其三，强调“道”与“技”的一体。在我国传统文化中，“技”往往只意味着一些小的技能技巧，它必须和大的天道相契合才能从根本上得到升华，否则只能停留在工匠的水平上，为此讲求“道”的意境至关重要。

原典杂辑

天时不如地利，地利不如人和。(出自《孟子·公孙丑章句下·第一节》)

【解释】有利于作战的天气、时令，比不上有利于作战的地理形势，有利于作战的地理形势，比不上作战中的人心所向、内部团结。

第二节　双语阅读

一、以史为鉴

祖冲之

从宋孝武帝即位之后，南朝刘宋王朝很快就衰落了。但是在这个时期，却出了一个杰出的科学家祖冲之。

祖冲之的祖父名叫祖昌，在宋朝做了一个管理朝廷建筑的长官。祖冲之长在这样的家庭里，从小就读了不少书，人家都称赞他是个博学的青年。他特别爱好研究数学，也喜欢研究天文历法，经常观测太阳和星球运行的情况，并且做了详细记录。

宋孝武帝听说他的名气之后，派他到一个专门研究学术的官署“华林学省”工作。他对做官并没有兴趣，但是在那里，可以更加专心地研究数学、天文了。

我国历代都有研究天文的官，并且根据研究天文的结果来制定历法。到了宋朝的时候，历法已经有很大进步，但是祖冲之认为还不够精确。他根据自己长期观察的结果，创制出一部新的历法，叫做“大明历”（“大明”是宋孝武帝的年号）。这种历法测定的每一回归年（也就是两年冬至点之间的时间）的天数，跟现代科学测定的相差只有五十秒；测定月亮环行一周的天

Zu Chongzhi

After the accession of its third ruler, Emperor Xiaowu of Song, the Southern Song dynasty became increasingly corrupt and went into decline. This period, however, saw the rise of an outstanding scientist named Zu Chongzhi.

His grandfather, Zu Chang, was in charge of Southern Song construction projects. Growing up in these circumstances, Zu Chongzhi had ready access to many books which he read avidly since childhood, causing him to acquire a reputation as an erudite youth. While mathematics was his favorite subject, he also delved into astronomy and various calendars, regularly tracking and recording in detail the movements of the Sun and other celestial bodies.

His fame prompted Emperor Xiaowu of the Southern Song to send him to the Hualin Academy (a government institute) to conduct research. Though political office had no appeal for him, at the academy he was able to devote more of his time and energy to the study of mathematics and astronomy.

China had a long tradition, unbroken by dynastic changes, of appointing officials to study astronomy and devise calendars based on their observations and findings. By the time of the Southern Song, great strides had been made in the creation of calendars, but Zu Chongzhi found them still lacking in precision. After a long period of observation, he created a new calendar called the Daming Calendar (Daming being the era name of Emperor Xiaowu's reign). In this calendar, the length of time calculated for a solar year comes to within 50 seconds of modern calculations, and the length of

数，跟现代科学测定的相差不到一秒，可见它的精确程度了。

time calculated for one lunar revolution around the Earth comes to within one second of modern calculations. The accuracy of his measurements was thus impressive.

公元462年，祖冲之请求宋孝武帝颁布新历，孝武帝召集大臣商议此事。那时候，有一个皇帝宠幸的大臣戴法兴出来反对，认为祖冲之擅自改变古历，是离经叛道的行为。

In 462 AD, Zu Chongzhi petitioned Emperor Xiaowu to institute the new calendric system. At a meeting of ministers called by the emperor to discuss the proposal, Dai Faxing, a favorite of the emperor, came out against it, arguing that Zu Chongzhi's arbitrary rejection of the traditional calendar was heresy.

祖冲之当场用他研究的数据回驳了戴法兴。戴法兴依仗皇帝宠幸他，蛮横地说："历法是古人制定的，后代的人不应该改动。"

Zu Chongzhi refuted Dai Faing's argument by presenting his research data at the meeting. Emboldened by his status as favorite of the emperor, Dai Faxing dismissed the calendar peremptorily, "The current calendar has been handed down through the ages. It should not be tampered with by posterity."

祖冲之一点也不害怕。他严肃地说："你如果有事实根据，就只管拿出来辩论。不要拿空话吓唬人。"

Unfazed and unintimidated, Zu Chongzhi said, his voice taking on a hard edge, "If you have any factual basis for your argument, I am eager to hear it. But spare me the bluff and bluster."

宋孝武帝想帮助戴法兴，找了一些懂得历法的人跟祖冲之辩论，也一个个被祖冲之驳倒了。但是宋孝武帝还是不肯颁布新历。直到祖冲之死了十年之后，他创制的《大明历》才得以推行。

In an attempt to bolster Dai Faxing's position, Emperor Xiaowu invited people with knowledge of calendars to debate with Zu Chongzhi, but he successfully refuted every one of them. However, Emperor Xiaowu maintained his refusal to adopt the new calendar. Ten years after the death of Zu Chongzhi, the Daming Calendar was finally officially adopted.

尽管当时社会十分动乱不安，但是祖冲之还是孜孜不倦地研究科学。他更大的成就是在数学方面。他曾经对古代数学著作《九章算术》作了注释，又编写了一本《缀术》。祖冲之的最杰出的贡献是求得相当精确的圆周率。经过长期的艰苦研究，他计算出圆周率在3.1415926和3.1415927之间，成为世界上最早把圆周率数值推算到七位数字以上的科学家。

The social unrest and political turmoil of his time did not prevent Zu Chongzhi from assiduously pursuing his scientific research, and he made even greater achievements in the field of mathematics, annotating the ancient mathematical treatise *Nine Chapters on Mathematics* and writing his *Method of Interpolation*. One of his most outstanding contributions was his accurate derivation of pi, the ratio of the circumference of a circle to its diameter. Long and hard research enabled him to become the earliest scientist in the world to calculate pi to seven decimal places, arriving at a value of pi that was between 3.1415926 and 3.1415927.

祖冲之在科学发明上是个多面手，他造过一种指南车，随便车子怎样转弯，车上的铜人总是指着南方；他又造过“千里船”，在新亭江(在今南京市西南)上试航过，一天可以航行一百多里。他还利用水力转动石磨，舂米碾谷子，叫做“水推磨”。

祖冲之死后，他的儿子祖暅、孙儿祖皓都继承了祖冲之的事业，刻苦研究数学和历法。据说祖暅在研究学问的时候，全神贯注，连天上打响雷也听不到。他常常一面走路，一面思考问题。有一次，他在路上走，前面来了个大官僚徐勉。祖暅根本没有发觉，一头就撞在徐勉身上。等到徐勉招呼他，祖暅才像梦中惊醒一样，慌忙答礼。徐勉知道他是研究出了神，也没有责怪他。

(曹余章)

Zu Chongzhi was also a versatile inventor. Among his many inventions were a “south-pointing chariot,” which had a bronze statuette consistently pointing south no matter which way the chariot turned, a “thousand-li boat,” which was tested on the Xinting River (southwest of modern-day Nanjing) and found to be able to travel a hundred li in one day, and a stone mill driven by water to grind grain.

After the death of Zu Chongzhi his son Zu Gengzhi and his grandson Zu Hao took up his mantle in devoting themselves to the study of mathematics and calendars. Legend says that when Zu Geng studied, he was always so engrossed in his work that thunderclaps would not rouse him. He had a habit of mulling over research questions even when walking. On one such occasion, he crashed into a top bureaucrat, Xu Mian, as he walked because he had not seen him coming. Zu Geng only came out of his trance-like state and returned a greeting when Xu Mian called out his name. However, Xu Mian did not rebuke him because he knew Zu Geng's mind had been occupied by his studies.

(Yawtsong Lee)

二、诵读唐诗

赋得古原草送别

白居易

离离原上草，
一岁一枯荣。
野火烧不尽，
春风吹又生。
远芳侵古道，
晴翠接荒城。
又送王孙去，
萋萋满别情。

Grass

Bai Juyi

Wild grasses spreading o'er the plain,
With every season come and go.
Heath fire can't burn them up, again,
They rise when the vernal winds blow.
Their fragrance o'erruns the pathway,
Their color invades the ruined town.
Seeing my friend going away,
My sorrow grows like grass o'ergrown.

(许渊冲译)

【周啸天赏析】“野火烧不尽”造就一种壮烈的意境。野火燎原，烈焰可畏，瞬息间，大片枯草被烧得精光。而强调毁灭的力量，毁灭的痛苦，是为了强调再生的力量，再生的欢乐。烈火再猛，也无奈那深藏地底的根须，一旦春风化雨，野草的生命便会复苏，以迅猛的长势，重新铺盖大地，回答火的凌虐。“春风吹又生”，语言朴实有力。

三、重温《论语》

子曰：“君子和而不同，小人同而不和。”(出自《论语·子路》)

【今译】孔子说：“君子和谐却不同一，小人同一却不和谐。”

【英译】Confucius says, “Honourable people have harmony even though they may be very different from each other. Ignoble people may share a great deal in common, and yet they do not have harmony.”

【现实意义】在保持个体的独特性和独立性的基础上，才有真正丰富多彩的社会生活，才能构成和谐社会。当今世界，有人说已进入“文明冲突”时代，此时，孔子“和而不同”的思想，仍旧对文明、宗教与宗教如何相处指出了方针。做管理工作的，也可以由此句得益。下属性格、才能、生活习惯各不相同，如何承认他们的差异，采取人性化管理，让他们各安其位，各显其能，让团体产生1+1>2的效果，大有艺术可讲。

第三节　拓展练习题

一、单选题

1.“中国工艺美术三长”指的是(　　)。

A. 北京景泰蓝、福建脱胎漆器、江西景德镇瓷器

B. 杭州杭扇、北京景泰蓝、苏州苏绣

C. 江西景德镇瓷器、福建脱胎漆器、杭州杭扇

D. 北京雕漆、江西景德镇瓷器、湖南长沙湘绣

2. 中国传统工艺三绝指的是(　　)。

A. 福建脱胎漆器、景德镇瓷器、北京景泰蓝

B. 肇庆端砚、景德镇瓷器、宜兴陶器

C. 杭州杭扇、北京景泰蓝、江苏苏绣

D. 北京雕漆、天津杨柳青年画、文房四宝

3.“青如天，面如玉；蝉翼纹，晨星稀；芝麻支钉釉满足”描述的瓷器产于(　　)。

A. 汝窑　　B. 钧窑　　C. 哥窑　　D. 建窑

4. 所出产的瓷器有着“入窑一色、出窑万彩”的神奇“窑变”的瓷窑是(　　)。

A. 官窑　　B. 汝窑　　C. 哥窑　　D. 钧窑

5. 具有“紫口铁足”特点的瓷器是(　　)。

A. 越窑青瓷　　B. 耀州窑青瓷　　C. 哥窑青瓷　　D. 汝窑青瓷

6. 明代以后，陶瓷釉色以(　　)为大宗。

A. 青釉　　B. 白釉　　C. 黄釉　　D. 釉里红

7. 端砚居“中国四大名砚”之首，其产地为(　　)。

A. 安徽泾县　　B. 广东肇庆　　C. 江苏吴县　　D. 浙江湖州

8. 公元前16世纪的商代，中国已经成功烧制了(　　)。

A. 原始青瓷　　B. 原始白瓷　　C. 原始黑瓷　　D. 原始彩瓷

9. 具有“瓷都“之称的是(　　)。

A. 湖南醴陵　　B. 江西景德镇　　C. 福建德化　　D. 浙江龙泉

10. 以狮、虎为代表作的是(　　)。

A. 苏绣　　B. 湘绣　　C. 粤绣　　D. 蜀绣

11. 山东淄博陶瓷生产历史悠久，现以生产(　　)著称。

A. 青瓷　　B. 高温颜色釉瓷　　C. 雨点釉　　D. 低温铅釉

12. 被誉为我国的石雕之乡的是(　　)。

A. 浙江永嘉　　B. 浙江青田　　C. 浙江富阳　　D. 浙江湖州

13. (　　)主要织制龙衣蟒袍、花素缎匹，专供皇室。

A. 蜀锦　　B. 宋锦　　C. 汴锦　　D. 云锦

14. 中国古代四大名砚之首是(　　)。

A. 歙砚　　B. 端砚　　C. 鲁砚　　D. 洮砚

15. 中国的三大佳石是(　　)。

A. 青田冻石、浏阳菊花石、内蒙古巴林石

B. 昌化鸡血石、青田冻石、福州寿山田黄石

C. 福州寿山田黄石、云南大理石、青田冻石

D. 宁夏贺兰石、南京雨花石、云南大理石

16. 江西景德镇四大传统名瓷是(　　)。

A. 青花瓷、青花玲珑瓷、高温颜色釉、粉彩瓷

B. 龙泉青瓷、青花瓷、粉彩瓷、青花玲珑瓷

C. 釉下彩瓷、高温颜色釉、粉彩瓷、青花玲珑瓷

D. 德化瓷、青花玲珑瓷、釉下彩瓷、薄胎瓷

17. (　　)时期出现最原始的管形射击火器——竹制突火枪。

A. 北宋　　B. 元朝　　C. 南宋　　D. 东汉

18. 古代纪月，用“孟”“仲”“季”分别纪一年四季春、夏、秋、冬中的三个月。仲春、季夏、仲秋、孟冬依次指(　　)。

A. 二月、五月、八月、十月　　B. 正月、四月、七月、十一月

C. 二月、六月、八月、十月　　D. 三月、七月、九月、十二月

19. (　　)我国已有了一套比较完善和科学的酿酒工艺。

A. 周代　　B. 汉代　　C. 宋朝　　D. 元朝

20. 被英国学者李约瑟誉为“中国科学史上的坐标”的著作是(　　)。

A. 贾思勰《齐民要术》　　B. 沈括《梦溪笔谈》

C. 徐光启《农政全书》　　D. 宋应星《天工开物》

21. (　　)创造了丰富多彩的文化艺术，他们常用歌舞表达自我情感，他们所独有的银

饰工艺、蜡染、织锦、刺绣享誉国内外。

A. 壮族　　B. 土家族　　C. 苗族　　D. 黎族

二、多选题

1. 火药俗称“黑色火药”或“褐色火药”，其主要成分是(　　)。

A. 硝石　　B. 硫黄　　C. 木炭　　D. 水泥

2. 下列均为古代中国所取得的世界级科技成就，其中与道教有关的有(　　)。

A. 世界上第一次测量地球子午线的长度　　B. 火药的发明

C.《革象新书》记载的光学实验　　D. 水法炼铜技术

E. 印刷术的发明

3. 艺术瓷的成型方法主要有(　　)。

A. 筑造模版　　B. 电子控制　　C. 手工拉坯　　D. 注浆成型

E. 旋转成坯

4. 千百年来，珠宝玉石总是被人视为吉祥之物，被视为“希望之石”“贞洁之石”“爱情之石”的分别是(　　)。

A. 猫眼石　　B. 红宝石　　C. 缠丝玛瑙　　D. 钻石

E. 绿松石

5. 中国陶瓷对世界产生影响的名品是(　　)。

A. 云南彩陶　　B. 景德镇青花瓷　　C. 龙泉青瓷　　D. 宜兴紫砂陶

E. 德化的“中国白”瓷

6. 下列关于青花瓷器的表述，正确的是(　　)。

A. 产生于元代

B. 瓷器画面呈现蓝色花纹

C. 不含铅、镉等有毒元素，于人体健康无害

D. 使中国瓷器从此进入了彩瓷时代

E. 清代是青花瓷器发展最为重要的时期

7. 唐三彩的色彩(　　)，是一种具有中国独特风格的传统工艺品。

A. 粗犷有力　　B. 自然协调　　C. 花纹流畅　　D. 错综复杂

E. 绚丽多彩

8. 中国陶瓷发展特点为(　　)。

A. 南方以龙泉青瓷为代表　　B. 北方以景德镇青白瓷为代表

C. 南方以越窑青瓷为代表　　D. 北方以邢窑白瓷代表

E. 形成“南青北白”的瓷业格局

9. 关于中国陶瓷与其他艺术门类的关系，表述正确的是(　　)。

A. 青花矾红彩始于清初，常见彩绘图案为海水行龙或海兽

B. 文学名著中的故事情节用于装饰陶瓷

C. 款式多样、釉色隽美的陶瓷茶具满足了茶文化口味

D. 有多种陶瓷乐器，如陶铃、陶鼓、陶铙、瓷瓯、陶腰鼓、瓷箫等

E. 细腻的陶瓷釉色与优美的诗词相互融合

三、填空题

1. 江苏________玉雕的总体风格以"南方之秀"为主，兼具"北方之雄"。

2. ________锦、蜀锦和宋锦并称为中国当代三大名锦。

3. 北京________、江西景德镇瓷器和湖南湘绣被称为中国工艺美术三长。

4. 浙江省东阳木雕、乐清的黄阳木雕、________石雕并称"浙江三雕"。

5.《________》的出现标志着中国古代数学体系的形成。

6. ________把古代中国的火药、指南针、印刷术、造纸术命名为"古中国四大发明"。

7. 2020 年是庚子年，中华人民共和国成立 70 周年是干支纪年的________年。

8. 西汉《周髀算经》提出________定理，比西方早 500 年；南北朝数学家________推算出的圆周率数值，精确到小数点后第七位，比欧洲早 1000 年。

9. 游客从画店中购了一幅近年国画，上题"岁在戊寅昆戈画于北京并记"。已知该年(1999)年为己卯年，据推算，该画创作于公元________年。画上所用纪年方法称________纪年法。

10. 被誉为"中国科学史上的里程碑"的书是《________》。

四、交流与体验

1. 从秦汉到宋元的千余年间，中国的科学技术曾长期处于世界领先地位，在人类文明发展的过程中作出了巨大贡献。但在 13 世纪以后，中国的科学技术就停留在经验阶段。对此你们怎么看？

2. 2017 年 3 月 5 日，李克强总理在第十二届全国人民代表大会第五次会议上所做的政府工作报告指出："要大力弘扬工匠精神，厚植工匠文化，恪尽职业操守，崇尚精益求精，完善激励机制，培育众多'中国工匠'，打造更多享誉世界的'中国品牌'，推动中国经济发展进入质量时代。"结合本章所讲述的中国古代科学技术发展历史，谈一谈你对工匠精神的认识。

3. 为什么说四大发明是中华民族对人类的重要贡献？

4. 有人认为，中国古代只有"技术"，没有"科学"。你同意这种说法吗？

5. 有人说，是中国的封建传统文化导致了中国近代科技的落后，你同意这个观点吗？

6. 你知道什么是"李约瑟难题"吗？请谈谈你对近代中国科技发展的认识。

答案

第十章 中国传统饮食

课程思政

敬业是一个人对自己所从事工作或职业的敬畏态度和负责行为。敬，即敬重、敬畏、尊敬、恭敬；业，即职业、工作、使命、事业、职责。敬业不仅仅是一种工作伦理或职业道德，更是一种人生价值观和人生哲学观。

"天行健，君子以自强不息。"(《周易·乾》)

"绳锯木断，水滴石穿。"(宋·罗大经《鹤林玉露》)

"凡做一件事，便忠于一件事，将全副精力集中到这事上头，一点不旁骛。"(梁启超《敬业与乐业》)

第一节 中国传统饮食概述

民以食为天，中国人自古以来就重视饮食。《礼记》上就说："礼之初，始诸饮食。"中国饮食文化在文化中具有不可替代的独特地位，因为它早已超越了维持生存的本能，而且还升华到满足人的精神需求的境界。

一、不同层面的饮食文化

物质层面的饮食文化指人们在社会实践中所创造的与饮食相关的一切物质性的东西，如烹调用的炊具、食材，饮食场所使用的设施、设备和器具(包括餐厅、装饰、餐桌、台布、餐巾、餐具、茶具、酒器及辅助性器具等)，以及制成的产品(包括各种菜肴、面点、小吃、饮料、瓜果、罐头制品、方便食品等)所体现的文化等，还包括与饮食相关的书法、绘画、雕塑、书报、菜谱等。

一日两餐或三餐的进食制度(食制)、各种宴会制度等属于制度层面的饮食文化。

行为层面的饮食文化包括与饮食有关的各种礼仪、方式、习俗、情趣等以动作行为表现出来的现象，如古代定亲的"吃茶"，民间春节初一吃饺子或年糕，白族迎宾敬"三道茶"，等等；也包括一些由动作行为表现出来的技艺等，如烹调中的刀工、配菜、调味、火候掌握、盛装点缀等；还包括餐厅的上菜、摆台、桌边服务，就餐或餐会的各类礼仪仪轨、餐后物品处理及利用等餐饮活动中的各种技艺活动。

意识层面的饮食文化指人们在饮食活动中产生、发展、形成的价值观念、审美情趣、消费心理、思维方式等纯意识领域的文化。饮食意识文化是饮食文化体系的核心。

二、传统饮食文化内涵

(一) 精

精，是对中华饮食文化的内在品质概括。孔子说过，食不厌精，脍不厌细。这种文化精神一直流传着。选料、烹调乃至饮食环境都体现着一个“精”字。

(二) 美

美，体现了饮食文化的审美特征。中国的烹饪讲究菜肴美感的传统，不仅对食物的色、香、味、形、器有严格的要求，而且对它们的命名、品味的方式，进餐时的节奏、娱乐的穿插等都有一定的要求。美食、美味、美器、美景的和谐统一带给人们审美愉悦和精神享受。中华饮食之所以能够征服世界，重要原因之一，就是在于它美。

(三) 情

情，是对中华饮食文化社会心理功能的概括。“饮食合欢”实际上是人与人之间情感交流的媒介。一边吃饭，一边聊天，交流信息，乃至可以做生意。在饭桌上可表达惜别或欢迎的心情。感情上的风波，人们也往往借酒菜平息。这是饮食活动对于社会心理的调节功能。

(四) 礼

礼，是指饮食活动的礼仪性。中国饮食文化的历史发展情况表明，自周代以来，社会民众的饮食行为被纳入“礼”的范畴。日常饮食活动体现“礼”的观念，承载“礼”的功能。中国古代饮食礼仪大致可以分为进食之礼、宴饮之礼、待客之礼。比如，传统筵席形成了一整套饮食文化习俗：菜名命名要典雅喜庆，多取谐音，以求吉祥；菜谱要配套完整，有酒、有菜、有主食、有点心、有饮料；先凉后热、先咸后甜、先贵重后一般；头道热菜为主菜，最后一道热菜为饭菜，连同主食一起上，热菜之后为汤菜；各环节都有严格的规矩和礼仪。

在精、美、情、礼这四方面，精与美，侧重于饮食的形象和品质，而情与礼则侧重于饮食的心态、习俗和社会功能。但是，它们不是孤立存在，而是相互依存、互为因果的。唯其“精”，才能有完整的“美”；唯其“美”才能激发“情”；唯有“情”才能有合乎时代风尚的“礼”。四者环环相生，完美统一，便形成中华饮食文化的最高境界。我们只有准确把握“精、美、情、礼”，才能深刻地理解中华饮食文化，才能更好地继承和弘扬中华饮食文化。

三、传统饮食结构

(一) 膳食结构合理，讲究养生之道

中国人注重饮食的营养保健，主张营养成分合理搭配，平衡饮食，以达到阴阳平衡、脏腑协调、补精益气、养身健体的目的。

（二）五味调和，保持阴阳平衡

五味中辛、甘为阳，酸、苦、咸为阴；油炸食物、辛辣食物、油腻肥肉为阳，水生植物、贝壳动物、鸭子螃蟹为阴；花生、芝麻为阳，绿豆、绿茶为阴等。由于自然界的阴阳消长的规律，影响着人体阴阳之气的盛衰，人体必须调和五味，适应大自然的阴阳消长变化。

四、菜系

菜系，也称帮菜，是指在选料、切配、烹饪等技艺方面，经长期演变而自成体系，具有鲜明的地方风味特色，并为社会所公认的菜肴流派。中国饮食文化的菜系，是指在一定区域内，由于气候、地理、历史、物产及饮食风俗的不同，经过漫长历史演变而形成的一整套自成体系的烹饪技艺和风味，并被全国各地所承认的地方菜肴。

中国人讲究并善于烹饪，早在春秋战国时期，中国饮食文化中南北菜肴风味就表现出差异。到唐宋时，南食、北食各自形成体系。发展到清代初期时，鲁菜、川菜、粤菜、淮扬菜，成为当时最有影响的地方菜，被称作四大菜系。后加上浙菜、闽菜、徽菜、湘菜则被称为“八大菜系”。在今天，中国的美食地图发生了很大变化，几乎全国各地都有自己的拿手菜，各地的菜系又处于大的融合之中。

（一）鲁菜

鲁菜影响到整个黄河流域及其以北地区；主要由济南菜、胶东菜、孔府菜构成；对宫廷菜、京菜系的形成有重要影响。

1. 主要特征

（1）取材广泛，胶东菜多取用海产品，而在济南济宁一带，选料则山珍海味、瓜果蔬菽尽入佳肴；

（2）调味极重，纯正醇浓，善于用葱香调味；

（3）善烹海鲜，精于调汤；

（4）精于爆、炒、扒、塌。

2. 代表名菜

代表名菜有爆双脆、葱爆海参、糖醋鲤鱼、清蒸加吉鱼、九转大肠、锅塌豆腐、熘肝尖等。

3. 面点小吃

面点小吃有福山抻面、周村酥烧饼、潍县杠子头火烧、济南扁食、蓬莱小面、济南糖酥煎饼等。

（二）川菜

川菜发源于古代的巴国和蜀国；明清之际因辣椒传入而进一步形成稳定的味型特色。

1. 主要特征

（1）取材广泛；

（2）以麻辣、鱼香、怪味见长，有鲜咸、糖醋、麻辣、酸辣、椒盐、酱香、五香等多种复合味；

(3) 精于小煎、小炒、干烧、干煸。

2. 代表名菜

代表名菜有宫保鸡丁、麻辣豆腐、鱼香肉丝、锅巴肉片、樟茶鸭子、怪味鸡块、干烧岩鱼、干煸牛肉丝等。

3. 面点小吃

面点小吃有赖汤圆、钟水饺、龙抄手、担担面、夫妻肺片、宜宾燃面、火边子牛肉、灯影牛肉等。

(三) 苏菜

苏菜主要由淮扬(淮安、扬州)、京宁(镇江、南京)、苏锡(苏州、无锡)、徐海(徐州、连云港)四部分组成。

1. 主要特征

(1) 选料注重鲜活、鲜嫩;

(2) 讲究刀工;

(3) 造型美观,别致新颖,生动逼真;

(4) 善用火候,精于炖、焖、焖、蒸、烧、烩;

(5) 色彩鲜艳,清爽悦目,清淡适口;重视调汤,浓而不腻。

2. 代表名菜

代表名菜有三套鸭、清炖狮子头、大煮干丝、叫花鸡、松鼠鳜鱼、香松银鱼、生炒蝴蝶片、水晶肴蹄、清蒸鲥鱼、炒软肚、霸王别姬、羊方藏鱼等。

3. 面点小吃

苏式面点荤素兼备,清淡而甜咸适中,造型多而美观;有三丁包子、苏州糕团、蟹黄汤包、淮安茶馓、常熟莲子雪糯饭、芙蓉藿香饺、文蛤饼、太湖船点、黄桥烧饼等。

(四) 粤菜

粤菜主要由广州菜、潮州菜、东江菜三部分组成。

1. 主要特征

(1) 选料广博奇异;

(2) 长于泡、炒、清蒸、煲,尤擅焗、软炒;

(3) 具有“清、鲜、嫩、爽、滑、香”特点。

2. 代表名菜

代表名菜有油泡鲜虾仁、白云猪手、脆皮乳猪、东江盐焗鸡、爽口牛丸、太爷鸡、脆皮炸海蜇等。

3. 面点小吃

粤式面点有各式月饼、糕点、粥品、鸡仔饼、煎堆、粉果、肠粉、蟹黄灌汤饺、红豆沙、双皮奶等。

五、茶文化

我国是茶树的原产地,被誉为“茶的故乡”,制茶、饮茶都源于我国。四千年来,茶一直是中国人最喜爱的饮品。在中国，很多事情是在茶馆中发生的。茶馆是中国人生活中的重要场所。自唐代始，日本的僧人从中国引入茶种，与同时引入的禅宗思想结合，形成了闻名世界的日本茶道。17 世纪时，荷兰人将中国人饮茶的习惯带到欧洲。尤其在英国，下午茶的习俗由此而生。在 19 世纪之前，世界各地饮用的茶叶基本都来自中国，英文里的“tea”，就是借自闽方言。茶，是中国人对世界的重要贡献。

（一）茶的妙用

唐代的茶学大师刘贞亮曾提出茶有“十德”的说法：茶可尝滋味，可以养身体，可以驱腥气，可以防疾病，可以聚生气，可以散闷气，可以促礼节，可以表敬意，可以顺心意，还可以助行道。喝茶，是身体的需要，也是精神的需要。中医说，喝茶能医身体多种疾病，苦涩的茶中，包含对身体极有益的成分，这已得到现代医学的证明。同时，茶可以用来表达敬意，净化心灵，体会生命意义。

喝茶人，首先在取一个“清”字。茶是清洁心灵之物。好茶来自高山，高山之中，云雾蒸腾，清气舒卷，酝酿成透明的叶片，带着露水摘下，大自然的清新气息也随之而来。一杯清茶，汤色清澈，清香馥郁，可以致清导和。

喝茶人在茶中追求“闲”。熙熙攘攘的人世，纷纷扰扰的争执，疲惫不堪的劳累，戕害人的精神和身体。沏一杯清茗，远离喧嚣，此时你会感觉，心灵如夜阑风静的湖面，月光照彻，一片澄明。小小的茶碗，荡开了一片广阔的天地。

喝茶人还讲究一个“敬”字。中国民间有敬茶的习俗。客人来了，无论是渴还是不渴，都要泡上一杯茶，表达一份敬意。

（二）品茶门道

中国人喝茶，一看水，二看茶，三看茶具，四看火。

沏茶需要好水，而最好的水莫过于泉水。相传陆羽行遍天下，尝各地之水，后来以济南趵突泉为天下第一泉，以无锡惠山泉为天下第二泉，以杭州龙井的虎跑泉为天下第三泉。

茶叶的种类很多，从制作方法上，可分为绿茶、红茶、乌龙茶、黑茶、花茶等。著名的绿茶有杭州的龙井茶、江苏的碧螺春和安徽的黄山毛峰、六安瓜片等。红茶是经过发酵的茶，以安徽的祁门红茶、云南的滇红茶最为著名。乌龙茶主要产于福建武夷山和台湾。黑茶以云南的普洱茶为代表。花茶是北方人喜欢饮用的茶饮，如菊花茶、茉莉花茶。

中国人对茶具很讲究，茶具有瓷器的，有陶制的，又有玻璃茶具、木制茶具等。南方太湖之畔宜兴的紫砂陶器茶具受到人们的普遍喜欢。

中国饮茶讲究火候。一要活，煎茶的活火，指的是炭火，炭火无烟火气。二要慢，木炭正好起火缓慢。茶水烧沸之后，一煮如蟹眼，水面生泡，还不宜用来冲茶。这时的开水被称为嫩水，嫩水水气未消，不能急着泡。二煮如松涛，水开，水声大。这时的水略歇片刻，方可泡茶。中国人喝茶有候茶的习俗，因为过开的水，势态旺，会败掉茶香。

中国茶道中，有四观的说法，即观色、香、味、形。一观色，如绿茶讲究新鲜，明前茶、雨前茶最受宠爱。这些早春的茶叶鲜嫩可人，青绿中透出茸茸的黄意，用透明的玻璃杯冲泡最佳。乌龙茶色泽凝重深幽，茶汤厚，用茶壶冲泡，倒出的茶水颜色金黄。二观香，茶一入盅，凑前一嗅，溢出的香味扑鼻，未饮即领其香气；茶一入口即合唇，香味如从口中溢出。三观味，懂茶的人最重苦味。茶本来就有淡淡涩涩的苦味，慢慢品着，尝出甜来。四观形，雨前的龙井茶，嫩嫩的叶子，从云雾中摘来，在白色的茶盏中，水一冲泡，朵朵直立，然后牙尖又慢慢展开，待舒展之后，又徐徐下沉，摇曳生姿。

（三）茶与民俗

中国民间有很多风俗与茶有关。婚俗中就有不少。茶树是种下种子而长成的，不能移栽，由此象征婚姻的忠贞不渝，所以结婚时要种茶树，比喻今后双方不变心。又把订婚礼称为“茶礼”。女子受聘称“吃茶”，“受茶”意味着结婚，“茶金”则是订婚的定金。

六、酒文化

中国是世界上最早酿酒的国家之一，在现代酿酒历史上，我国古代发明的曲蘖酿酒与古阿拉伯人发明的麦芽酿啤酒、古希腊人发明的葡萄酿酒，并称为现代世界酿酒技术的三大来源。中国的名酒非常多，白酒有贵州的茅台，四川的五粮液、泸州老窖、水井坊，山西的汾酒，陕西的西凤酒，安徽的古井贡酒；黄酒有浙江的女儿红、竹叶青、花雕；啤酒有青岛啤酒等。人们饮酒，不仅是身体之需，在一定程度上，还是一种心灵的需要。

（一）酒以成礼

“酒以成礼”是《左传》中的一句话。几千年前，酒便成为中国人祭祀必备之物。在人们交际宴饮中也是不可缺少的。酒与中国的礼仪文化产生了千丝万缕的联系。古人强调喝酒时要循礼自制，反对纵酒失德。“酒德”两字，最早见于《尚书》和《诗经》。《尚书·酒诰》中集中体现了儒家的酒德，比如，“饮惟祀”（只有在祭祀时才能饮酒）、“禁沉湎”（禁止饮酒过度）等。饮酒作为一种食的文化，在远古时代就形成了一种大家必须遵守的礼节。有时这种礼节还非常烦琐。但如果在一些重要的场合下不遵守，就有犯上作乱的嫌疑。又因为饮酒过量，便不能自制，容易生乱，制定饮酒礼节就很重要。

（二）酒与人生

中国有着传统的年节文化。春节、元宵、中秋、重阳……这些节日都要饮酒。春节喝酒，祈福全家新的一年吉祥、顺利、平安；元宵节饮酒，为春节画上句号，规划新一年的奋斗蓝图；中秋饮团圆酒，月圆人也圆；重阳饮酒，祝福老人健康长寿。生意人店铺开张，要举行开张大典。应邀的亲朋好友欢聚在一起饮酒，庆祝买卖兴隆、经营顺利。红白喜庆是大事情。参加婚宴，亲朋好友一般都要饮酒。喜庆场合，以酒表达祝福；八十岁以上的老年人故去，传统视为“老喜丧”，这种场合饮酒，一是寄托对逝者的怀念，二是对家属的关怀。战场上旗开得胜，干事业取得成功，学业上有所成就……为了表达喜悦心情，都要饮酒，以示对成功的庆贺。现代京戏《智取威虎山》里杨子荣唱道：“今日痛饮庆功酒，壮志未酬誓不休。”就是对饮酒庆功的很好表现。酒成了构筑中国人生活情景的重要因素，酒融进了人的灵魂。酒是一个变化多端的精灵，顺境中，它能激起万丈豪情；逆境中，它能抚慰痛苦人生。

（三）酒与艺术

在中国文学史和中国艺术上，很多大文学家、大艺术家都喜欢在酣醉中创作。酒推动他们的艺术生命走向高潮。

酒醉而成传世之作，这样的例子在中国诗史中俯拾即是。“李白斗酒诗百篇”，这在中国差不多是人人都知道的一句话，是杜甫的名句。酒后的李白，情思飘逸，意绪飞扬，酒给了他巨大的创造力。其实杜甫自己也好酒，曾咏出过“酒渴思吞海，诗狂欲上天”这样的豪语。

在书法和绘画中，酒神的精灵更是活泼万端。唐代书法家怀素和张旭齐名，被后人誉为“颠张狂素”。怀素是僧人，他喜欢在芭蕉叶上写字，同时也喜欢饮酒。他的得意书法多在醉后得来。“吴带当风”的画圣吴道子，作画前要喝得大醉，才动笔。元代画家黄公望也是“酒不醉，不能画”。

在中国传统戏曲中，饮酒和吃饭是同义词。戏曲舞台上，吃饭的器皿不是饭碗、菜盘，而是酒壶、酒杯。请客吃饭，不说请用饭，而是说“酒宴摆下”。不管多么隆重盛大的场面，在舞台上表示丰盛筵席的道具也只有几个酒壶和酒杯。

酒还在中国传统音乐中担当重要角色，这一点只需看看宋词的词牌就一目了然。宋词的词牌与酒有关者甚多，例如，醉中真(即浣溪沙)、醉厌厌(即南歌子)、醉梦迷(即采桑子)、题醉袖(即踏莎行)、酹江月(即念奴娇)、貂裘醉(即贺新郎)等。

原典杂辑

恻隐之心，仁之端也；羞恶之心，义之端也；辞让之心，礼之端也；是非之心，智之端也。(出自《孟子·公孙丑章句上·第六节》)

【解释】同情心就是施行仁的开始；羞耻心就是施行义的开始；辞让心就是施行礼的开始；是非心就是智的开始。

第二节 双语阅读

一、以史为鉴

包青天

范仲淹的新政失败以后，北宋的朝政越来越腐败，特别是在京城开封府，权贵大臣贪污受贿的风气十分严重；一些皇亲国戚更是肆无忌惮，不把国法放在眼里。后来，开封府来了个新任知府包拯，这种

The Impartial and Incorruptible Bao Zheng

In the aftermath of the abolition of Fan Zhongyan's reforms, corruption in the central government became more pervasive, notably in the capital Kaifeng, where graft and bribery were rampant in the top echelons of government. Members of the royal family and nobility showed no regard for the law in their wanton pursuit of

情况才有了点改变。

包拯是庐州合肥人，早年做过天长县（今安徽天长）的县令。有一次，县里发生一个案件，有个农民夜里把耕牛拴在牛棚里，早上起来，发现牛躺在地上，嘴里淌着血，掰开牛嘴一看，原来牛的舌头被人割掉了。这个农民又气又心痛，就赶到县衙门告状，要求包拯为他查究割牛舌的人。

这个无头案该往哪里去查呢？包拯想了一下，就跟告状的农民说："你先别声张，回去把你家的牛宰了再说。"

农民本来舍不得宰耕牛，按当时的法律，耕牛是不能私自屠宰的。但是一来，割掉了舌头的牛也活不了多少天；二来，县官叫他宰牛，也用不到怕犯法。

农民回家后，果真把耕牛杀掉了。第二天，天长县衙门里就有人来告发那农民私宰耕牛。

包拯问明情况，立刻沉下脸，吆喝一声说："好大胆的家伙，你把人家的牛割了舌头，反倒来告人私宰耕牛？"

那个家伙一听就呆了，伏在地上直磕头，老老实实供认是他干的。

原来，割牛舌的人跟那个农民有冤仇，所以先割了牛舌，又去告发牛主人宰牛。

打那以后，包拯审案的名声就传开了。

ill-gotten gains. This lawlessness began to change with the arrival of Bao Zheng, the new Governor of Kaifeng.

Bao Zheng was originally from Hefei, and had served a stint as the County Magistrate of Tianchang County (in Anhui Province). In his tenure as County Magistrate, he came across a case in which a peasant had put his ox in the cowshed overnight, and then woke up the next morning to find the ox lying in a pool of blood with its tongue cut out. The angry and pained peasant went to the county government office to file a complaint and ask Bao Zheng to find the perpetrator.

With no leads or suspects, the case appeared to be difficult to solve. After some reflection, Bao Zheng told the plaintiff, "Go home quietly and butcher the ox."

The peasant did not have the heart to kill his ox. Besides, butchering oxen used for tilling was prohibited by law for private individuals. On the one hand, an ox with its tongue cut out would not survive for more than a few days. On the other hand, now that he had the order of the county magistrate to butcher the ox, he should not need to fear the sanction of law.

He went home and butchered the ox. The next day someone filed a complaint with the county government accusing the peasant of illegally butchering an ox.

After hearing the complaint, Bao Zheng's face darkened. He thundered, "You have the nerve to denounce illegal butchering of an ox when it was you who cut out the tongue of that ox in the first place."

The plaintiff, stunned by what he heard, sank to his knees and repeatedly knocking his head on the floor admitted his guilt.

It turned out the person who cut out the ox's tongue had had a feud with the animal's owner. He had been driven by his grudge to cut out the ox's tongue and to denounce the peasant for illegal butchering.

By solving the case, Bao Zheng became widely known for his ability as a judge.

包拯做了几任地方官，每到一个地方，都取消了一些苛捐杂税，清理了一些冤案。后来，他被调到京城做谏官，也提出不少好的建议。宋仁宗想整顿一下开封的秩序，于是把包拯调任开封府知府。

He reduced taxes and solved cases involving wrongful convictions everywhere he went as Chief Magistrate. In his tenure as a Remonstrance Official in the capital, he also proved a source of good advice. In an attempt to clean up Kaifeng, Emperor Renzong appointed Bao Zheng as its Governor.

开封府是皇亲国戚、豪门权贵集中的地方。以前，不管哪个当这差使，免不了跟权贵通关节，接受贿赂。包拯上任以后，决心把这种腐败的风气整顿一下。

Kaifeng was where royalty, nobility and the powerful congregated. Whoever became its governor in the past would cultivate the powerful elite and accept bribes from them. Bao Zheng was determined to change all that and deal a heavy blow to the culture of corruption.

按照宋朝的规矩，谁想要到衙门告状，先得托人写状子，还得通过衙门小吏传递给知府。一些讼师恶棍就趁机敲诈勒索。包拯打破了这条规矩，老百姓如果要诉冤告状，可以到府衙门前击鼓。鼓声一响，府衙就大开正门，让百姓直接上堂控告。这样一来，衙门的小吏要想做手脚也不敢了。

It was a common practice in the Northern Song dynasty for a plaintiff to need someone to prepare a written complaint for him, which a petty official in the bureaucracy would then pass on to the governor. Some officials would seize this opportunity to extort money. Bao Zheng put an end to the practice; now an ordinary citizen with a complaint could simply go to the county building and beat the drum placed in front of the building, and the door would open allowing him to go directly before the presiding judge. This eliminated the possibility of petty officials demanding bribes or committing other shenanigans.

有一年，开封发大水，那里的一条惠民河河道阻塞，水排泄不出去。包拯一调查，发现河道阻塞的原因是有些宦官、权贵侵占了河道，在河道上修筑花园、亭台。包拯立刻下命令，要这些园主把河道上的建筑全部撤掉。有个权贵不肯撤除。开封府派人去催促，那人还强词夺理，拿出一张地契，硬说那块地是他的产业。包拯详细一检查，发现地契是那个权贵自己伪造的。包拯十分生气，勒令那人撤掉花园，还写了一份奏章向宋仁宗揭发。那人一看事情闹大，要是仁宗真的追究起来，也没有他的好处，

One year, devastating floods struck Kaifeng, and the Huimin River could not channel away the floodwater. An investigation revealed that eunuchs and high officials had appropriated parts of the riverbed for their private use, upon which they had built gardens and pavilions, clogging the river. Bao Zheng ordered the owners to immediately dismantle all private structures on the riverbed. One high official balked at the order and refused to dismantle his structures. When officials sent by the Kaifeng government arrived to press for dismantlement, the high official countered with all kinds of specious arguments and produced a deed to prove his ownership of the land. Upon scrutiny, Bao Zheng found the deed to have been forged by the high official. Bao Zheng was furious and ordered him to immediately dis-

只好乖乖地把花园拆了。

mantle his garden, threatening to denounce the forgery in a memorial to the emperor. Realizing that it was not in his interest to have the matter escalate and be reported to the emperor, who might order an inquiry, the official gave in and dismantled the garden.

一些权贵听到包拯执法严明，都吓得不敢为非作歹。有个权贵想通关节，打算送点什么礼物给包拯，旁人提醒他，别白操心了，包拯的廉洁奉公是出了名的。他原来在端州（今广东肇庆）做过官。端州出产的砚台，是当地的特产。皇宫规定，端州官员每年要进贡一批端砚到内廷去。在端州做官的人往往借进贡的机会，向百姓大肆搜刮，私下贪污一批，去讨好那些权贵大臣。搜刮去的端砚比进贡的要多出几十倍。后来，包拯到了端州，向民间征收端砚，除了需要进贡朝廷的以外，连一块都不多要。直到他离开端州，也从没有私自要过一块端砚。

The high officials and powerful figures who used to engage in shady behavior now drew back in fear of the no-nonsense style of law enforcement of Bao Zheng. When a certain high official wanted to cultivate a relationship with Bao Zheng by offering him a gift, others told him to save his money because Bao Zheng was known for his incorruptibility. The official was told the following story: Bao Zheng once served in the government of Duanzhou (modern-day Zhaoqing, Guangdong Province), which was famous for its ink stones. The imperial court demanded that Duanzhou officials fulfill an annual quota of Duanzhou ink stones as a tribute. This annual quota was an opportunity for Duanzhou officials to line their pockets by plundering the community. They saved some ink stones for themselves to grease the palm of high officials. The number of ink stones that went into their private possession was many times the required number for the annual tribute. When Bao Zheng took up his post in Duanzhou he would collect only the number of ink stones required for the tribute to the imperial court, and not one more. He completed his term in Duanzhou without ever demanding one ink stone for himself.

那权贵听了，知道没有空子好钻，也只好罢休。后来开封府的男女老少，没有人不知道包拯是个大清官。民间流传着两句歌谣：“关节不到，有阎罗、包老。”（“阎罗”是传说里管地狱的神。）

The high official understood now that he would not get anywhere with his bribery scheme, so he gave up. The incorruptible Bao Zheng became a household name among residents of Kaifeng, who circulated this ditty, “Don't expect to strike a bargain with either Yanluo (the God of the Netherworld) or with Lord Bao Zheng.”

包拯对亲戚朋友也十分严格。有的亲戚想利用他做靠山，他一点也不照顾。日子一久，亲戚朋友知道他的脾气，也不敢再为私人的事情去找他了。

Bao Zheng applied the same stringent standards to his friends and relatives. He would rebuff all attempts by relatives to ride on his coattails. In time, his friends and relatives would understand the kind of person he was and would no longer dare to seek his help with their private affairs.

宋仁宗很器重包拯，提升他为枢密副使。他做了大官之后，家里的生活照样十分朴素，跟普通百姓一样。过了五年，他得重病死了，留下了一份遗嘱说：后代子孙做了官，如果犯了贪污罪，不许回老家；死了以后，也不许葬在咱包家的坟地上。

Emperor Renzong showed his appreciation for Bao Zheng by making him Deputy Military Affairs Commissioner. Even after reaching such heights in officialdom, he continued to lead a simple, frugal life, not much different from that of an ordinary citizen. Upon his death five years later, he left a will which stated, "if any of my descendants is convicted of corruption while serving in the government, he will not be allowed to return to the ancestral home, and will not be allowed to be buried in the Bao family cemetery."

由于包拯一生做官清廉，不但生前得到人们的赞扬，在他死后，人们也把他当做清官的典型，尊称他"包公"，或者叫他"包待制""包龙图"(包拯得过天章阁待制、龙图阁学士的官衔)，民间流传着许多包公铁面无私、打击权贵的故事，还编成包公办案的戏曲和小说。虽然其中大都是虚构传说，但是也反映了人们对清官的敬慕心情。

(曹余章)

Bao Zheng won praise for his honesty and incorruptibility when he was alive, he became a model of honesty in government service after his death. His honorary titles include "Bao Gong" (Lord Bao), "Bao Daizhi" (daizhi is an edict attendant, assigned to take notes on imperial pronouncements) and "Bao Longtu" (Longtu was the Dragon Diagram Hall, where he was academician). Folk stories about impartial Bao Gong's no-nonsense crusades against malfeasant officials abound, and some have been adapted into opera pieces and novels. While these stories involve more fiction than fact, they reflect society's admiration and longing for honest and clean government.

(Yawtsong Lee)

二、诵读唐诗

泊秦淮

杜牧

烟笼寒水月笼沙，
夜泊秦淮近酒家。
商女不知亡国恨，
隔江犹唱《后庭花》。

Mooring on River Qinhuai

Du Mu

Cold water veiled in mist and shores steeped in moonlight,
I moor on River Qinhuai near wineshops at night.
Where songgirls knowing not the grief of conquered land,
Are singing songs composed by a captive ruler's hand.

(许渊冲译)

【赵其钧赏析】商女，是侍候他人的歌女。她们唱什么是由听者的趣味而定，可见诗说

"商女不知亡国恨"，乃是一种曲笔，真正"不知亡国恨"的是那座中的欣赏者。《后庭花》，即《玉树后庭花》，据说是南朝荒淫误国的陈后主所制的乐曲。这靡靡之音，早已使陈朝寿终正寝了。可是，如今又有人在这衰世之年，不以国事为怀，反用这种亡国之音来寻欢作乐，这怎能不使诗人产生历史又将重演的隐忧呢！

三、重温《论语》

子曰："食不厌精，脍不厌细。"（出自《论语·乡党》）

【今译】饭食不嫌精，牛羊鱼肉不嫌切得细。

【英译】One does not get tired of good quality rice or finely chopped meat.

【现实意义】慢餐文化是将饮食提升为一种精致文化，一种健康的生活方式，强调对食物的尊重、对味觉的重视。毕竟，只有人这种高等动物，才不单单只是为了填饱肚子而吃东西的。愿我们的年轻人，能注意营养平衡、饮食卫生，并能重视餐桌礼仪，成为文质彬彬、食不厌精的健康一代。

原典杂辑

诚者，天之道也；思诚者，人之道也。至诚而不动者，未之有也；不诚，未有能动者也。（出自《孟子·离娄章句上·第十二节》）

【解释】诚是天赋予人的本性；追求诚，是做人的根本准则。一个人做到至诚而不能使人们感动，是从未有过的事；同样，缺乏诚心的人是无法感动别人的。

第三节　拓展练习题

一、单选题

1. 日本人来华时偏爱喝中国的(　　)。

A. 浙江绍兴酒　　B. 贵州茅台酒

C. 北京二锅头　　D. 长城干红葡萄酒

2. 韩国游客对中国白酒最感兴趣的是(　　)。

A. 衡水老白干　　B. 北京二锅头

C. 贵州茅台酒　　D. 四川水井坊白酒

3. 韩国人来华时最喜欢吃的中国菜是(　　)。

A. 鲁菜　　B. 粤菜　　C. 淮扬菜　　D. 川菜

4. 生猛、鲜淡、清美，用料奇特，点心精巧，大菜华贵的菜系是(　　)。

A. 江苏菜　　B. 上海菜　　C. 安徽菜　　D. 广东菜

5. 下列菜肴命名方法属于夸张的是(　　)。

A. 群虾望月　　B. 一品豆腐　　C. 千层油糕　　D. 年年有余

6. 下列菜肴命名方法属于引用的是(　　)。

A. 红酥手　　B. 断桥残雪　　C. 烧南北　　D. 翡翠虾仁

7. 闽菜以福州菜为代表，它以海鲜类为主，口味清鲜淡爽，(　　)是闽菜中最著名的古典名菜。

A. 葱烧海参　　B. 红焖大虾　　C. 佛跳墙　　D. 海蛎煎

8. 一般认为，“三餐制”最早出现于(　　)。

A. 先秦　　B. 汉代　　C. 唐代　　D. 宋代

9. 下列各组菜肴中属于江苏风味的是(　　)。

A. 清炖狮子头　　B. 清蒸加吉鱼　　C. 三套鸭　　D. 蜜汁火方

E. 生熘鱼片

10. 山东菜的特点是(　　)。

A. 取料不拘一格而物尽其用，重鲜活，特别讲究刀工、火工和造型

B. 取料广博奇杂而重“生猛”

C. 注重以当地特产为条件选料，精于制汤和以汤调味

D. 取料广泛，味型丰富，百菜百味

11. 下列茶叶中，按加工工艺依次为不发酵、半发酵和全发酵的是(　　)。

A. 西湖龙井、水仙、大红袍　　B. 黄山毛峰、君山银针、宣红

C. 银针白毫、乌龙茶、单纵　　D. 太湖碧螺春、铁观音、祁红

12. 贵妃鸡、葫芦鸡、叫花鸡分别属于(　　)。

A. 福建菜、西北菜、浙江菜　　B. 上海菜、西北菜、江苏菜

C. 上海菜、东北菜、江苏菜　　D. 广东菜、安徽菜、山东菜

13. 下列四组菜中属于湖南风味的一组是(　　)。

A. 宫保鸡丁，鱼香肉丝，水煮肉片　　B. 三套鸭、叫花鸡、松鼠鳜鱼

C. 麻辣子鸡、生溜鱼片、腊味合蒸　　D. 东坡肉、蜜汁火方、干菜焖肉

14. 君山银针属于(　　)。

A. 绿茶　　B. 白茶　　C. 红茶　　D. 黄茶

15. 茶圣陆羽将普通茶事升格为一种美妙的文化技艺，并提出(　　)的茶道主张。

A. 精行俭德　　B. 廉俭育德　　C. 和诚处世　　D. 正静清圆

16. 号称“川菜第一肴”，并有“过门香”之称的菜肴是(　　)。

A. 鱼香肉丝　　B. 麻婆豆腐　　C. 宫保鸡丁　　D. 回锅肉

17. 下面的小吃分别为四川、浙江、江苏、天津的地方特色(　　)。

A.“狗不理”“宁波汤圆”“龙抄手”“五丁包子”

B.“担担面”“宁波汤圆”“黄桥烧饼”“狗不理”

C.“苏州汤圆”“艾窝窝”“黄桥烧饼”“南翔馒头”

D.“糯米烧卖”“宁波汤圆”“龙抄手”“五丁包子”

18. 被誉为烹饪技术的第一次飞跃，推动人类真正进入烹饪时代的是(　　)。

A. 用火加工食物　　B. 陶器的发明

C. 青铜器的发明使用　　D. 铁器的发明使用

19. 茶叶中，原名“下煞人香”的是(　　)。

A. 西湖龙井　　B. 太湖碧螺春　　C. 黄山毛峰　　D. 安溪铁观音

20. 安溪铁观音是(　　)中的珍品。

A. 绿茶　　B. 红茶　　C. 乌龙茶　　D. 黄茶

二、多选题

1. 我国著名的三大官府菜是指(　　)。

A. 扬州红楼菜　　B. 北京谭家菜

C. 北京清宫菜　　D. 曲阜孔府菜

E. 南京随园菜

2. 下列各组著名菜肴中，属于上海风味的是(　　)。

A. 蜜汁火方　　B. 贵妃鸡　　C. 青鱼甩水　　D. 虾子大乌参

E. 松仁鱼米

3. 我国下列葡萄酒曾被全国评酒会评为国家名酒的是(　　)。

A. 烟台红葡萄酒　　B. 北京中国红葡萄酒

C. 中国长城干白葡萄酒　　D. 烟台雷司令

E. 通化葡萄酒

4. 菜肴中的命名方法有很多种。下列菜名中，(　　)属于以“寓意命名法”命名的菜肴。

A. 母子会　　B. 宫保鸡丁　　C. 叫花子鸡　　D. 龙虎斗

E. 鱼香肉丝

5. 中国饮食文化的基本特征(　　)。

A. 发展历程漫长、文化沉积深厚、结构体系稳定

B. 涉猎学科门类繁多、博大精深、独秀于世

C. 具有鲜明的民族特色，兼收并蓄，生命力旺盛

D. 注重菜肴的色香味形，不注重食物营养

E. 注重调味技术、刀工火候、烹调方法

6. 以下酒类中属于茅香型(又称酱香型)的是(　　)。

A. 茅台　　B. 郎酒　　C. 五粮液　　D. 洋河大曲

E. 汾酒

7. 下列烹调著作出现于明清时期的是(　　)。

A.《食经》　　B.《食疗本草》　　C.《饮膳正要》　　D.《随园食单》

E.《调鼎集》

8. 茶的疗效作用主要有(　　)。

A. 兴奋提神　　B. 抗癌和抗突变作用

C. 利尿、止痢和预防便秘　　D. 提高白细胞

E. 醒酒作用

9. 我国“四大菜系”是指(　　)。

A. 粤菜　　B. 川菜　　C. 鲁菜　　D. 湘菜

E. 苏菜

10. 下列属于北京小吃的是(　　)。

A. 猫耳朵　　B. 驴打滚　　C. 艾窝窝　　D. 狗不理

E. 豆汁

三、填空题

1. 粤菜系由广州菜、________、东江菜三种地方风味组成。

2. 中国四大名面包括北京炸酱面、山西刀削面、武汉热干面、________面。

3. 中国四大小吃群包括________小吃、苏州玄妙观小吃、上海城隍庙小吃、长沙火宫殿小吃。

4. 中国菜肴的命名方法大致可以分为写实类、艺术类、________类、典故类。

5. 中国人以蒸煮为特点的________主食，体现了中庸、儒雅、闲适的和谐文化。

6. 自古以来，文人学士爱酒者给酒起了许多雅致的别名，如金浆、玉醴、琬液、________等。

7. “美食不如美器，美器不如________”这句话极好地体现了饮食对艺术审美的极高要求。

8. 代表中国饮食文化思想的“十美风格”的审美原则指质、香、色、形、器、味、序、境、适、________。

9. 中国八大菜系指的是：鲁菜、扬菜、川菜、________菜、浙菜、徽菜、湘菜和闽菜。

10. 有许多再造食材成为闻名全国的地方特产，如南京板鸭、龙口粉丝、金华火腿、________腊肉、扬州酱菜、山西陈醋等。

四、交流与体验

1. 中国文化里凡事都讲“兆头”，这一点在饮食文化里得到了很好的表现。你能举例说明吗？

2. 中国食材的很多名称命名采用了形容、象征、比喻的手法，既表现了中华民族的机智、幽默和风趣，又渗透了民族文化的精神意识，颇显中国饮食文化的“匠心”。你能举例说明吗？

3. 有人说，绿茶代表了江南的文人气，青涩淡远；红茶颇具闺秀气，温婉安娴；乌龙茶好比修行者的执着，热忱持久；黑茶象征着长者的智慧，历久弥香，回味悠长。你又有何感想呢？

4.《报菜名》是非常经典的相声段子，人们百听不厌，表演者那极见功力的大段贯口表演，实在令人折服。请同学们练练嘴皮子，看谁说得又快又好。

5. 茶艺表演优雅绝伦，表演者每个动作、神态、语言、仪表均应体现一个“美”字。表演者要具备良好的心理素质和较高的文化素养，还要努力创造清静、和美、怡悦、互敬的气氛，要面带微笑、动作轻捷，给人以明朗、放松、欢快的感觉；要态度诚恳、谦和，双手奉茶，以营造一个相互敬重、人人平等的氛围；要通过自己的动作和表演，使品茶者精神放松，启迪生活情趣，去烦涤躁，心灵回归自然，在怡乐的意境中领略茶艺表演的真谛。先观看表演视频，然后对这种美的感受展开讨论。

答案

原典杂辑

不闻不若闻之，闻之不若见之，见之不若知之，知之不若行之。（出自荀子《荀子·儒效》）

【解释】没有听到不如听到，听到不如见到，见到不如认识到，认识到不如去实行。

莫见乎隐，莫显乎微，故君子慎其独也。（出自荀子《礼记·中庸》）

【解释】不要在别人见不到听不到的地方放松对自己的要求，也不要因为细小的事情而不拘小节，所以君子要慎独，即使一个人独处、没有人注意，也要谨言慎行。

第十一章　中国传统节日

课程思政

在中华传统美德中，诚信一直为人们所格外看重，被视为“立人之道”和“立政之本”。

“与朋友交，言而有信。”(《论语·学而》)

“志不强者智不达，言不信者行不果。”(《墨子·修身》)

“立身以至诚作本，读书唯明理为先。”[清·爱新觉罗·胤禛(雍正)题上书房联]

第一节　中国传统节日概述

在中国古老的文明发展史上，自发形成过许多很有意义的节日，这些节日集中反映了博大精深的文化内容，是中华民族弥足珍贵的历史文化遗产，是活在民众中的民族传统文化。作家冯骥才说：“倘若一个民族没有了自己的节日，还能说是一个民族吗？”我们的传统节日文化是中华民族区别于其他民族的重要标志，它反映了中华民族的传统习惯、道德风尚和宗教观念，它是中华民族史一篇华丽的乐章，同时寄托着整个民族对未来的憧憬和希望。在欧美节日日渐时兴而我国传统节日日渐式微的今天，复兴我国传统节日就和保护民族文化一样具有重要意义。

一、主要传统节日

(一) 春节

春节，即农历新年。春节历史悠久，由上古时代岁首祈年祭祀演变而来。在春节期间，全国各地举行各种庆贺新春活动，热闹喜庆的气氛洋溢；这些活动以除旧布新、迎禧接福、拜神祭祖、祈求丰年为主要内容，形式丰富多彩，带有浓郁的地域特色，凝聚着中华传统文化精华。我国过年历史悠久，在传承发展中已形成了一些较为固定的习俗，有许多还相传至今，如办年货、扫尘、贴年红、团年饭、守岁、压岁钱、拜岁、拜年、舞龙舞狮、拜神祭祖、烧爆竹、烧烟花、游神赛会、年例、押舟、祈福、庙会、游锣鼓、上灯酒、赏花灯等习俗。

(二) 元宵节

元宵节，又称灯节，为每年农历正月十五日。正月是农历的元月，古人称“夜”为“宵”，正月十五日是一年中第一个月圆之夜，所以称正月十五为“元宵节”。元宵节主要有赏花灯、吃汤圆、猜灯谜、放烟花等一系列传统民俗活动。此外，不少地方元宵节还增加了耍龙灯、耍狮子、踩高跷、划旱船、扭秧歌、打太平鼓等民俗表演。

(三) 清明节

清明节，又称踏青节、祭祖节等，节期在仲春与暮春之交。清明节是传统的重大春祭节日，扫墓祭祀、缅怀祖先，是中华民族数千年以来的优良传统，不仅有利于弘扬孝道亲情、唤醒家族共同记忆，还可促进家族成员乃至民族的凝聚力和认同感。清明既是一个扫墓祭祖的肃穆节日，也是人们亲近自然、踏青游玩、享受春天乐趣的欢乐节日。清明节气一般是在公历 4 月 5 号前后，即春分后第 15 日。

(四) 端午节

端午节，为农历五月初五日。关于端午节起源的传说很多，其中纪念屈原投江的传说影响最广。端午节的习俗活动有兰汤沐浴，佩挂香囊，饮雄黄酒，门上悬挂菖蒲、艾草，赛龙舟，吃粽子。

古时，粽子又称角黍。汉代以前，粽子不是端午节才吃的食物。直到西晋时，才有端午吃粽子的习俗。端午正值入夏时节，疫病较多，饮雄黄酒可以消除病毒。艾和菖蒲均含有挥发性芳香油，具有驱除蚊蝇和提神、杀毒的作用。

(五) 中秋节

中秋节(图 11-1)，为农历八月十五日，中秋节源于古代对月亮崇拜，“天子春朝日、秋夕月。”(《礼记》)秋夕月即在秋天祭拜月亮，后世发展为赏月、吃月饼等与月亮有关的活

图 11-1　中秋节宣传画

动。中秋赏月在唐代已流行，宋代中秋正式成为节日，宋朝人称中秋为团圆节，中秋之夜，无论贫富之家，都要全家团聚，饮酒赏月。中秋吃月饼的习俗起源于宋代，明代月饼已有市售，并成为礼品。清代月饼形成京式、广式和苏式等地方特色。

（六）重阳节

重阳节为农历九月九日。古人以九为阳数，九月九日，双九重合，故称重阳，又称重九。重阳的节俗活动有登高、赏菊、喝菊花酒、食重阳糕、插茱萸等，其意在于辟邪驱恶，益寿延年。重阳登高早在春秋时代已出现，西汉时宫中每逢九月九日已有插茱萸、饮菊花酒等习俗。重阳节食重阳糕，糕上插有小彩旗，“糕”和“高”谐音，含有吉祥的意义。

1989 年，中国政府决定把重阳节定为老年节（Seniors’ Day）。从那以后，所有政府单位、组织和街道社区每年都会为退休职工组织一次秋游。在水边或山间，老年人自觉地融入自然。年轻一代会在这一天带老人郊游或送礼物给他们。

（七）除夕

除夕是一年中最后一天晚上。“除”为除旧布新之意。除夕有吃团年饭、守岁、吃饺子的风俗。因为北方人习惯在除夕子时吃饺子，意为“岁更交子”；南方人春节喜欢吃年糕，寓意“年年高”。

二、传统节庆文化的内涵

我国历代劳动人民创造和传承的节庆文化，使我们的民族独具特色，生动展示了中国民众的精神世界。传统的节日和庆典，蕴藏着厚重而多彩的文化内涵。在中国古代，民俗文化是个人社会化的重要资源，其中包含的知识经验、礼仪道德、伦理禁忌等内容，对人的具体行为有特殊的教化和约束作用。这种约束强度上弱于法律，广度上却优于法律。一旦内化为个人准则，即可提升民众的自律意识，减少法律约束负担。因此，民俗可以承载比律法更深刻的群体意识和价值观念，成为维系全民心理平衡、保持群体结构稳定的文化要素。民俗中的文学、曲艺和娱乐形式还可以通过娱乐、宣泄和补偿方式，调节个体的生活和心理压力，成为稳定个人心理状态的重要手段。

（一）顺应时节，天人合一

中国传统节日是先人将自然时间进程与社会活动节律有机结合的产物，体现着传统文化天人合一的观念。几乎每个节日都是一个节气。节日的选择体现了人顺应大自然的理念，而节日的庆典则体现了人们祈盼农业生产的风调雨顺。

（二）社交娱乐，联络感情

1. 增强凝聚力

春节回家、清明扫墓、端午节纪念屈原的传统习俗流露出敬祖意识、亲情情结、精忠爱国等思想，这些观念最容易唤起人们对亲人、家庭、故乡、祖国的情感，唤起人们对民族传统文化的记忆，唤起人们同宗同源的民族情及对文化同根性的认同。

2. 构建和谐关系

在踏青、赏月、登高等活动中，人们放松心情，找回童真，发现乐趣。在亲近自然的活动中，人与人之间进行交际，体现出骨肉情深、天伦之乐，形成一种与人为善、和谐相处的人际关系。

3. 体会生活之美

参与节庆活动，人们可以体会生活之美，更加珍爱生命。

三、传统节庆文化面临的挑战和出路

（一）传统节庆文化面临的挑战

1. 传统节日观念的淡薄化使传统节日被忽视

中国民族传统节日根植于农业社会土壤中，它是农业社会的生活节奏与农业时代伦理文化的产物。随着现代生产、居住方式、家庭结构、教育制度和娱乐方式等条件的变化，传统节日失去了其存在的文化依托，民俗的功能及其发挥作用的方式也发生了显著的变化。人们习惯于快节奏，对源自农耕文明的传统节日的礼仪庆典有疏离感，家族意识比较淡薄，对返乡过节甚至感到是一种负担。现代学校教育的推广改变了知识、技术的传播渠道和方式，传统的收徒、传授习俗被现代场景替代，增加了人们对现代技术知识的盲目崇拜，而忽略了传统技艺的地位以及对师长的敬重。许多传统节日没有具体的礼仪庆典活动，节日气氛严重缺失，逐渐简化成为一种日期的标示，这消解了民众对传统节日的文化理解与精神向往，导致民众的传统节日观念逐渐淡漠。

2. 功利性价值导向忽略了节日本身的文化意义

当前存在重视节日的经济价值而忽视文化价值的现象。中国传统节日文化正在被“庸俗化”。

3. 西方文化的冲击改变了人们对传统节日的观念和行为方式

改革开放以来，随着我国对外交往的频繁，西方文化包括节日文化不断进入中国，改变着当代中国人尤其是年轻人的观念和行为方式。随着生活水平的提高，我国的传统节日反倒受到冷落。除夕夜，年夜饭上的饺子早已失去鲜美滋味；原来全国人民期待的春晚，也随着人们审美情趣的改变失去了往日的魅力。相反，洋节却日益受到青睐，在中国的民间故事里不乏和蔼可亲的人物形象，却没有一个像圣诞老人如此流行。

（二）传统节日文化应对挑战的方式

中国传统节日风俗，是中华民族在不同历史发展阶段中社会生活的典礼和仪式，它保留了民族文化中最精致、最具代表性的内蕴，传承着中华民族的价值观，展示着中华民族的精神世界。中国传统节日经过几千年的沧桑一路走来，今天又面临着新时代风雨的洗礼。当今的中国和世界，正在发生数千年来前所未有的巨变。中国传统节日必须与时俱进，推陈出新，才能获取新的生命力。

1. 充分挖掘中国传统节庆中的优秀文化资源，古为今用

中国作为一个有五千年文明史的文化大国和统一的多民族国家，传统节日和节庆文化资源极为丰富。挖掘其中的优秀文化资源，自觉传承民族节日文化，主要应做好四件事：培养民族文化认同感；让传统节日适应时代，创造传统节日新载体新形式；调动民众参与节庆活动积极性；加大民俗文化宣传。

2. 理性看待西方传统节日对中国节庆文化的影响，洋为中用

外来文化的进入，对我们的意识形态、思维观念、行为方式等产生了较大的影响。在当今多元文化并存的世界上，如果能取其精华，剔除糟粕，捍卫传统节日文化的精髓，就能起到提升中华民族的文化素质，满足人民日益增长的文化需求，促进社会主义精神文明建设的作用。

原典杂辑

上善若水，水善利万物而不争。（出自《老子·道经·第八章》）

【解释】最善的人好像水一样。水善于滋润万物而不与万物相争。

第二节　双语阅读

一、以史为鉴

端午节起源

楚国自从被秦国打败以后，一直受秦国欺负，楚怀王又想重新和齐国联合。秦昭襄王即位以后，很客气地给楚怀王写信，请他到武关（在陕西丹凤县东南）相会，当面订立盟约。

楚怀王接到秦昭襄王的信之后，不知道该怎么办。不去呢，怕得罪秦国；去呢，又怕出危险。他就跟大臣们商量。

大夫屈原对楚怀王说："秦国强暴得像豺狼一样，咱们受秦国的欺负不止一次了。大王一去，准上他们的圈套。"

可是怀王的儿子公子子兰却一个劲儿劝楚怀王去，说："咱们为了把秦国当作敌人，结果死了好多

The Origin of the Dragon Boat Festival

Since Chu's defeat at the hands of Qin, it had endured constant humiliation and bullying. This prompted King Huai of Chu to revisit the idea of entering into an alliance with Qi. Upon taking the throne, King Zhaoxiang of Qin wrote a courteous letter to King Huai of Chu inviting him to a meeting at Wuguan (southeast of Danfeng County in Shaanxi Province) in order to conclude a pact.

King Huai of Chu did not know what to do. If he refused, then he risked offending Qin. However, going to the meeting could be dangerous. Therefore, he sought the views of his ministers.

One of his ministers, Qu Yuan, said to King Huai of Chu, "Qin is like a ferocious jackal and we have suffered at its hands more than once. If you go to the meeting, you will be walking into a trap."

However, King Huai's son Gongzi Zilan approved of King Huai of Chu going to the meeting. "Antagonizing Qin has brought us nothing but high casualties and loss of

人，又丢了土地。如今秦国愿意跟咱们和好，怎么能推辞人家呢?”

楚怀王听信了公子子兰的话，就上秦国去了。

果然不出屈原所料，楚怀王刚踏入秦国的武关，立刻被秦国预先埋伏的人马截断了后路。在会见时，秦昭襄王逼迫楚怀王把黔中的土地割让给秦国，楚怀王没答应。秦昭襄王就把楚怀王押到咸阳软禁起来，要楚国大臣拿土地来赎才放他。

楚国的大臣们听到国君被押后，把太子立为新的国君，拒绝割让土地。这个国君就是楚顷襄王。公子子兰当了楚国的令尹。

楚怀王在秦国被押了一年多，吃尽了苦头。他冒险逃出咸阳，又被秦国派兵追捕了回去。他连气带病，没有多久就死在秦国。

楚国人因为楚怀王受秦国欺负，死在外头，心里很不平。特别是大夫屈原，更是气愤。他劝楚顷襄王搜罗人才，远离小人，鼓励将士，操练兵马，为国家和怀王报仇雪耻。

可是他这种劝告不但不顶事，反倒招来了令尹子兰和靳尚等人的仇视。他们天天在楚顷襄王面前说

territory. Now that Qin has shown a willingness for reconciliation, how can we justify not accepting the offer?"

Following Gongzi Zilan's urgings, King Huai of Chu traveled to Qin.

As feared by Qu Yuan, as soon as King Huai of Chu set foot in Qin's territory at Wuguan, he immediately found himself surrounded by Qin ambushers. In the meeting, King Zhaoxiang of Qin pressured King Huai of Chu to cede territory in the Qianzhong area to Qin, but King Huai of Chu would not agree. King Zhaoxiang of Qin therefore had King Huai of Chu taken to Xianyang and put under house arrest. The ministers of Chu were then told to cede the territory in order to ransom their monarch.

When they learned of the detention of their monarch, the ministers of Chu set up the crown prince as the new monarch and refused to cede any territory. The new monarch assumed the title of King Qingxiang of Chu, while Gongzi Zilan became Chu's new prime minister.

King Huai of Chu was detained in Qin for over a year. In one attempt to regain his freedom, he fled Xianyang but was quickly recaptured by the Qin troops sent after him. Depressed and beset by illness, he died in Qin soon after.

The people of Chu were deeply upset by the mistreatment of King Huai of Chu by Qin and his death in an alien land. Qu Yuan was particularly incensed by this event. He urged King Qingxiang of Chu to invite more men of merit into the government and to insulate himself against men of dubious character. He advocated intensified military preparation and boosting troop morale in order to avenge the country and King Huai.

These words of advice, however, fell on deaf ears. Instead, they had the opposite effect of antagonizing Prime Minister Zilan and Jin Shang, who maligned Qu

屈原的坏话。

他们对楚顷襄王说："大王没听说屈原数落您吗？他老跟人家说：大王忘了秦国的仇恨，就是不孝；大臣们不主张抵秦，就是不忠。楚国出了这种不忠不孝的君臣，哪儿能不亡国呢？大王，您想想这叫什么话！"

楚顷襄王听了大怒，把屈原革了职，放逐到湘南去。

屈原抱有救国救民的志向和富国强兵的打算，反倒被奸臣排挤出去，简直气疯了。他到了湘南以后，经常在汨罗江（今湖南东北部）一带一边走，一边唱着伤心的诗歌。

附近的庄稼人知道他是一个爱国的大臣，都挺同情他。这时候，有一个经常在汨罗江上打鱼的渔父，很佩服屈原的为人，但就是不赞成他那愁闷的样子。

有一天，屈原在江边遇见渔父。渔父对屈原说："您不是楚国的大夫吗？怎么会弄到这等地步呢？"

屈原说："许多人都是肮脏的，只有我是个干净人；许多人都喝醉了，只有我还醒着。所以我被赶到这儿来了。"

渔父不以为然地说："既然您觉得别人都是肮脏的，就不该自命清高；既然别人喝醉了，那么您何必独自清醒呢！"

屈原反对说："我听人说过，

Yuan whenever they had a chance in front of King Qingxiang.

"You should know that Qu Yuan is very critical of you. He likes to tell people that you are not a dutiful son because you have forgotten our grievance with Qin. He questions the loyalty of the ministers simply because they do not advocate resisting Qin. According to him, this is a recipe for the country's downfall," they said to King Qingxiang of Chu.

King Qingxiang of Chu duly sacked Qu Yuan and sent him into exile in southern Hunan.

Qu Yuan was deeply distraught that his enthusiasm for the revitalization of the country and improving the lot of the people had only earned him the fate of being edged out by other ministers. While in exile in the south of Hunan, he was often seen roaming the banks of the Miluo River singing sad songs.

The local farmers knew that he was a patriotic minister and sympathized with his situation. One fisherman making a living on the Miluo River had great admiration for Qu Yuan's integrity, but disapproved of his gloom.

One day when Qu Yuan ran into the fisherman on the riverbank, the latter said to him, "Weren't you a minister of Chu? How did you end up here?"

"Many were the unclean, I alone am spotless; many were the drunk, I alone am sober. That's why I have been banished to this part of the world," Qu Yuan replied.

"Why set yourself apart by emphasizing your purity when you see corruption all around you? If you find yourself surrounded by drunkenness, why insist on being the only one who remains sober?" the fisherman said disapprovingly.

"I've heard that people who have just washed their

刚洗头的总要把帽子弹弹，刚洗澡的人总是喜欢掸掸衣上的灰尘。我宁愿跳进江心，埋在鱼肚子里，也不能拿自己干净的身子跳到污泥里，去染得一身脏。”由于屈原不愿意随波逐流活着，到了公元前278年五月初五那天，他终于抱着一块大石头，跳到汨罗江里自杀了。

hair always take care to dust their hats before wearing them, and that people who have just taken a bath shake the dirt from their clothes before putting them back on. I would rather throw myself in the river and become fish food than compromise my purity by jumping into a muddy mire," Qu Yuan replied. Thus on the fifth day of the fifth month in 278 BC Qu Yuan threw himself into the Miluo River and drowned.

附近的庄稼人，得到这个信儿，都划着小船去救屈原。可是一片汪洋大水，哪儿有屈原的影儿。大伙儿在汨罗江上捞了半天，也没有找到屈原的尸体。

The local peasants rowed their boats toward the scene in an attempt to rescue him, but he was nowhere to be found. They spent long hours trawling the Miluo River without ever finding his remains.

渔父很难受，他对着江面，把竹筒子里的米撒了下去，算是献给屈原的。

Saddened by the tragedy, the fisherman scattered rice from bamboo containers into the river as sacrifice to Qu Yuan.

到了第二年五月初五那一天，当地的百姓想起这是屈原投江一周年的日子，又划了船把竹筒子盛了米撒到水里去祭祀他。后来，他们又把盛着米饭的竹筒子改为粽子，划小船改为赛龙舟。这种纪念屈原的活动渐渐成为一种风俗。人们把每年农历五月初五称为端午节，据说就是这样来的。

When the fifth day of the fifth month came around the next year, the local people remembered the anniversary of Qu Yuan's death and once again rowed their boats to the middle of the river to scatter rice as an offering to Qu Yuan. The bamboo containers holding the rice evolved over time into zongzi (cooked glutinous rice wrapped in large dried leaves) and the boat trips became dragon boat races. This is how the celebration of Qu Yuan has gradually developed into a national custom; May 5 of the lunar calendar has since been designated as the Dragon Boat Festival.

屈原死后，留下了一些优秀的诗歌，其中最有名的是《离骚》。他在诗歌里，痛斥卖国的小人，表达了他忧国忧民的心情，对楚国的一草一木，都寄托了无限的深情。后来人们认为屈原是一位我国古代杰出的爱国诗人。

（林汉达，曹余章）

Qu Yuan left some memorable verses to posterity, the most famous of which is *Li Sao*. In his verses, he scolded those unprincipled officials who betrayed the country's interests and described his deep concern for the well-being of his country and people. His poetry was marked by a profound attachment to Chu. Qu Yuan is now considered an outstanding patriotic poet of ancient China.

(Yawtsong Lee)

二、诵读唐诗

夜雨寄北

李商隐

君问归期未有期，
巴山夜雨涨秋池。
何当共剪西窗烛，
却话巴山夜雨时。

Written on a Rainy Night to My Wife in the North

Li Shangyin

You ask me when I can come back but I don't know,
The pools in western hills with autumn rain o'erflow.
When by our window can we trim the wicks again,
And talk about this endless, dreary night of rain.

（许渊冲译）

【霍松林赏析】独剪残烛，夜深不寐，在淅淅沥沥的巴山秋雨中阅读妻子询问归期的信，而归期无准，其心境之郁闷、孤寂，是不难想见的。作者跨越这一切去写未来，盼望在重聚的欢乐中追话今夜的一切。于是，未来的乐，自然反衬出今夜的苦；而今夜的苦，又成了未来剪烛夜话的材料，增添了重聚时的乐。

三、重温《论语》

子曰："人而无信，不知其可也。大车无輗，小车无軏，其何以行之哉?"（出自《论语·为政》）

【今译】孔子说："做人若没有信用，不知他还能怎么样。这就好比牛车和马车，若没有了插在辕木和横木之间的接榫，还怎么能行走呀!"

【英译】Confucius says, "If a person cannot keep his word, he will not be able to achieve anything. In the same way, if a carriage or cattle-drawn cart does not have its axel fastened securely to the wheels by means of a joint, it will not be able to move."

【现实意义】古代车由牛马拉动，接榫可以使车子灵活而顺利地拐弯，不致翻车。人与人之间的信任是一个社会正常运作的基本条件，一个人如果不守信用，别人就难以跟他打交道，他也就难以立身处世了。如果一个家庭、公司、社会、国家出现了"信任危机"，那它就会像没有接榫的车子那样陷于瘫痪甚至翻车。

第三节　拓展练习题

一、单选题

1. 下列诗句都是描写节日的名句，按其所描写节日的先后顺序，排列正确的是(　　)。

①九日黄花酒，登高会昔闻②千门万户曈曈日，总把新桃换旧符③玉颗珊珊下月轮，殿前拾得露华新④去年元夜时，花市灯如昼

A. ④②③①　　B. ④②①③　　C. ②④①③　　D. ②④③①

2. 按风俗礼仪，农历九月九重阳节吃(　　)。

A. 长寿面　　B. 鸳鸯面　　C. 素斋面　　D. 茱萸面

3. 二十四节气中唯一既是节气又是节日的是(　　)。

A. 立春　　B. 清明　　C. 冬至　　D. 立冬

4. 经历了由宫廷到民间，由中原到全国的发展过程的节日是(　　)。

A. 春节　　B. 中秋节　　C. 端午节　　D. 元宵节

5. 具有一定防病作用的端午节习俗是(　　)。

A. 挂钟馗像　　B. 吃粽子

C. 赛龙舟　　D. 在门窗上插艾和菖蒲

6. 从类型划分，春联属于对联的(　　)。

A. 节令联　　B. 喜庆联　　C. 杂感联　　D. 趣巧联

7. 春秋时期有(　　)个节气。

A. 4　　B. 6　　C. 8　　D. 10

二、多选题

1. 汉族传统节日端午节的主要活动有(　　)。

A. 贴春联　　B. 龙舟竞技　　C. 插柳　　D. 吃粽子

E. 吃月饼

2. 下列民间传统节日中，源自道教纪念日的有(　　)。

A. 春节　　B. 中元节　　C. 中秋节　　D. 重阳节

E. 腊八节

3. 中国传统节日是根据(　　)选定。

A. 岁时变化规律　　B. 月亮的变化

C. 天干地支纪日　　D. 民族心理

E. 大众意愿

三、填空题

1. 从________代开始元旦才称年，成为节庆之名。

2. 除夕饭不但要丰盛，更要有吉祥内涵，必须有________，必须有鱼。

3. 元宵节始于________。

4. 清明节是古代墓祭日和________合二为一的节日。

5. ________是端午节的应节食品。

四、交流与体验

1. 岁时节日遵循自然物候基础和农业社会的作息规律，它对于现代社会中人们的生活有何意义？

2. 选择一个本章未介绍的传统节日，发掘它的起源和习俗，并分享给大家。

3. 在现代社会生活中，怎样传承中国的传统节日？

4. 随着市场经济的发展，消费成了传统节日的一项重要内容，商家也在充分利用传统节日为自己造势，恨不能让所有传统节日都变成消费节。作家冯骥才说："由于忽视了这些传统节日中的文化和精神价值……我们将这些传统的节日推向了市场，有的甚至成了'黄金周'。"你认为在社会主义市场经济的大环境中，如何处理好传统节日文化与商业化之间的关系？

5. 中国社会调查事务所的一份调查显示，53.6%的年轻人是为了快乐才喜欢"洋节"的，60.7%的女性认为"洋节轻松自在，中国传统节日过得很累"，这说明洋节能更好地满足人们放松和释放情绪的心理需求。实际上，在我国传统节日中，娱乐内容十分丰富。据记载，在唐玄宗开元盛世年间，长安的灯市规模浩大，燃灯5万盏，花灯式样繁多，还出现了多达20间、高150尺的巨型灯楼。成千上万的宫女和民间少女在灯火下载歌载舞，这种举城欢庆的盛况，恐怕连今天的巴西狂欢节也望尘莫及。你认为舶来的"洋节"是否会淡化传统节日的色彩？

6. 过年的时候，家家户户都要写春联、贴春联。春联的纸张、内容、张贴位置等都是有讲究的，请在了解春联习俗的基础上，写一副春联并张贴。

7. 年画里蕴含着节日文化内涵。请选择一幅经典的年画作品，说说它蕴含的文化内涵。

8. 在班内举办以"传统节庆活动海报设计"为主题的海报设计比赛。要求分小组查阅资料，深入探讨，形成主题鲜明、图文并茂的海报效果。

答案

原典杂辑

"有物混成，先天地生。寂兮寥兮，独立而不改，周行而不殆，可以为天地母。吾不知其名，强字之曰道，强为之名曰大。大曰逝，逝曰远，远曰反。故道大，天大，地大，人亦大。域中有四大，而人居其一焉。人法地，地法天，天法道，道法自然。"（出自《道德经》第二十五章）

【解释】有一混沌之物，先于天地而生。无声无形，独立永恒存在，循环运行而不停息，可以成为天下万物的源头。我不知道它的名称，暂且称其为"道"，勉强命名为"大"。广大则周流不息，周流不息则蔓延无边，蔓延无边则复归本原。所以说，道大、天大、地大、人也大。宇宙之中有四者为大，人为其中之一。人取法于地，地取法于天，天取法于道，道之取法，自然无为。

第十二章　中国古代建筑

课程思政

友善对于和谐人与人的关系、和谐人与自然的关系，在竞争中成就事业，都有重要作用。友善要求人们相互礼让，互帮互助，善待自然，尊重自然，爱护环境。

“立爱惟亲，立敬惟长。”（《尚书·伊训》）

“仁义为友，道德为师。”（清·史襄哉《中华谚海》）

“善为至宝，一生用之不尽；心作良田，百世耕之有余。”（清·史襄哉《中华谚海》）

第一节　中国古代建筑概述

只要有人类活动的地方，就有建筑。建筑不仅仅是人类赖以生存的实用生活设施，更是他们表达思想意念的重要载体。在一定程度上建筑记录了人类文明发展的足迹。更形象地说，建筑是反映社会生活和社会文化心理的最明亮的镜子，从建筑中，人们可以“读”出一个时代、一个地区、一个民族发展的几乎所有的印记。我们可以把中国的传统建筑称为“土木的史书”。

中国哲学强调人与自然的和谐，“天人合一”的思想集中体现在中国古代建筑艺术的追求上。建筑物的选址、结构、布局，受到自然条件的制约；建筑物的形制、体量、材料、色彩、装饰，被赋予一定的象征意义，用来表现社会的等级与秩序，表现人对自然的崇敬。中国古建筑不但体系纷呈，形式典雅，风格多姿，而且具有极大的艺术价值。

一、灵活机动的梁柱结构

远古时代，中国先民的居所一度是洞穴。这类例子在当代中国的西北地区仍然存在。用树干和树枝搭建的居所则是“巢居”。后来，人们伐树以作柱子和梁，于是就出现了梁柱结构的建筑形式。这种建筑形式开始发展很慢，直到原始社会末期，才得到很快发展和普遍使用。

由于建筑结构上的优点，此类建筑形式逐步成为中国古代建筑的基本形式。约公元1世纪左右，砖石结构的建筑开始发展成为中国另一类重要的建筑形式。

梁柱结构的建筑通常用木料支撑。竖的柱子，横的梁和纵向的檩是这种结构的主要框架。所有连结处都用雌雄榫，拆装方便，且能承重。浙江省余姚河姆渡村的原始建筑遗址，用实物向人们证明了我国早在7000年前就开始使用雌雄榫了。后来，人们又发明了斗拱这一典型的中国式的托架体系，斗拱成为古代中国建筑梁柱结构的一个显著特征。

梁柱结构的特征之一是由梁和柱承担重量。俗话说“墙倒屋不塌”。由于墙不承重，因而可根据需要只作为分间的隔墙。门和窗，不论大小都可按要求在墙上找到合适的位置。有时，只用于装饰用的墙，稍加组合，就可使院内亭台门窗别开生面，独具一格。

梁柱结构的另一个重要特点是它的防震性。中国是多地震国，这一点尤显重要。正因为此，中国有相当数量的木结构建筑，经历了多次大震后，仍然傲然耸立，历逾千年而不毁。山西省应县木塔就是活的见证。此塔建于1056年，高67米，是世界现存最古老最高的木塔之一。此塔建成200年后，发生了一次强烈地震，延续7天之久，可此塔依然巍巍屹立。天津蓟县独乐寺里的观音阁高23米，建于1000年前，由于雌雄榫和斗拱的合理使用，使这座古阁经历了8级地震而无损。1976年灾难性的唐山地震，对它也是秋毫无伤。

二、和谐对称、灵活多样的建筑格局

中国古典建筑的格局是根据周围环境的需要而确定的。其主要特点是布局对称，形式多样，风格宏伟庄严。皇家宫殿、神坛、官府及宗教建筑等都是基于统治者和宗教教义对宏伟壮观和崇高威严的需要而对称布局的。比如，北京的紫禁城，它是中国现存最大最完整的古建筑群。它的主要建筑太和殿、中和殿及保和殿建于南北中轴线上，而文华殿、武英殿则分列在中轴线两旁，形成两翼。又如，闻名遐迩的山东曲阜孔庙建筑群，也是这种布局形式。其主要建筑处于南北1公里的中轴线上，而居室、花园、亭院甚至小村庄、城镇、城市都是根据周围的山丘、河流、地理环境、自然条件(气候、降雨、日照、风向等等)及当地社会风俗而规划布局的。中国式建筑的规律是符合当地自然条件而占地利之先，适宜当地文化风情和民族习惯而享人和之优。这种规律的建筑已源远流长，在中国沿袭发展了千年之久。

三、典雅庄重而又艺术色彩浓厚的建筑形式

中国的古典建筑具有浓厚的艺术形式，且显得高贵尊严，富丽堂皇而又典雅别致。紫禁城内的太和殿和天坛里的祈年殿就是其典型代表作。全木制的大厅，雄踞于宏伟的大理石平台之上，周围宽阔规整，显得庄严肃穆，雄伟壮观，给人以一种敬畏之感。而其侧影典雅优美，加上艺术技法的应用，使其产生一种刚中含柔的效果。

中国古建筑优美和多样的建筑形式。可以从八个方面总结如下：

(一) 台基

台基是高出地面的建筑物底座，又称基座。其主要作用为防潮、防腐，承托建筑物，

增强单体建筑的高大雄伟。可分为普通台基和须弥座两类。一般房屋用单层台基，隆重的殿堂用两层或三层台基。

1. 普通台基

早期用素土或灰土或碎砖三合土夯筑而成，后也用砖石，常用于小式建筑。但在台基上建汉白玉栏杆的则用于大式建筑和宫殿建筑中的次要建筑。

2. 须弥座

须弥座又称金刚座，由佛座演变而来，形态比较复杂，用砖或石砌成，一般用于宫殿和著名寺院中的主要殿堂建筑，是我国古代表示建筑级别的标志之一。初始的须弥座形式很简单，没有多少装饰。后来逐渐出现了凹凸线脚和莲瓣、卷草纹饰等，装饰性很强，造型也日益复杂，并建有汉白玉栏杆等。

（二）开间

四根柱围合成的空间称为“间”，木构建筑正面两檐柱间的水平距离称为“开间”，或称“面阔”，各开间宽度的总和称为“通面阔”，建筑的纵深间数称“进深”。中国古代建筑的开间数大部分是单数，而且开间越多表明等级越高，如北京故宫太和殿的开间为十一间。

（三）大梁

大梁即横梁，是架于木头圆柱上的一根最主要的木头，以形成屋脊。其断面大多为矩形和圆形，用松木、楠木或杉木制成。是传统木结构建筑中骨架的主件之一。

（四）斗拱

斗拱(图 12-1)是我国木结构建筑特有的结构构件，由斗形木块和弓形的肘木纵横交错层叠构成。一般置于柱头或额枋与屋面之间，在结构上挑出屋檐，并将屋面的大面积荷载经斗拱传递到柱上。它有一定的装饰作用，又是建筑屋顶和屋身立面上的过渡。此外，它还是封建社会中森严等级制度的象征和重要建筑的尺度衡量标准。

图 12-1　斗拱

（五）彩画

木构表面涂油漆，初为保护木材，起到防腐、防潮、防蛀的功效。后来逐渐突出其装饰性。彩画的造型与分类主要表现在梁枋上，常用的有和玺、旋子、苏式三大类。

1. 和玺彩画

和玺彩画(图 12-2)是最高级彩画，仅用于宫殿、坛庙的主殿、堂、门。其主要特点是画面由各种不同的龙凤图案组成，间补以花卉图案，其中主要线条及龙等用沥粉贴金。著名的如北京天坛的祈年殿，其画面金碧辉煌，十分壮丽。

图 12-2　和玺彩画

2. 旋子彩画

旋子彩画(图 12-3)仅次于和玺彩画，常用于宫殿、坛庙的次要殿堂和寺庙中。其主要特点是在藻头内使用卷涡纹的花瓣，即所谓的旋子。此种彩画有的贴金粉，有的不贴金粉。

图 12-3　旋子彩画

3. 苏式彩画

苏式彩画(图 12-4)等级最低，一般用于住宅和园林。枋心又称包袱，常绘以山水风景、人物故事、花鸟虫鱼、博古器物等，基本上不用金。

图 12-4　苏式彩画

（六）屋顶

屋顶是中国古代建筑最有特色的部分，尤其是展翅的大屋顶，有很强的民族特征。通过依梁架层叠的方法，以及角梁、翼角、椽、飞椽、脊吻等的应用，使屋顶中直线和曲线巧妙结合，形成向上微翘的飞檐，不但扩大了采光面，有利于排泄雨水，而且增添了建筑物灵动轻快的美感。

1. 庑殿顶

庑殿顶是四面斜坡，有一条正脊和四条斜脊，且四个面都是曲面，又称四阿顶。重檐庑殿顶(图 12-5)是古代建筑中最高级的屋顶式样。一般用于皇宫、庙宇中最主要的大殿，可用单檐，特别隆重的用重檐。著名的如北京故宫的太和殿。

图 12-5　重檐庑殿顶

2. 歇山顶

歇山顶(图 12-6)的等级仅次于庑殿顶。它由一条正脊、四条垂脊和四条戗脊组成，故称九脊殿。其特点是把庑殿顶两侧侧面的上半部突然直立起来，形成一个悬山式的墙面，或者说转折成垂直的三角形墙面。歇山顶常用于宫殿中的次要建筑和住宅园林中，也有单檐、重檐的形式。如北京故宫的保和殿就是重檐歇山顶。

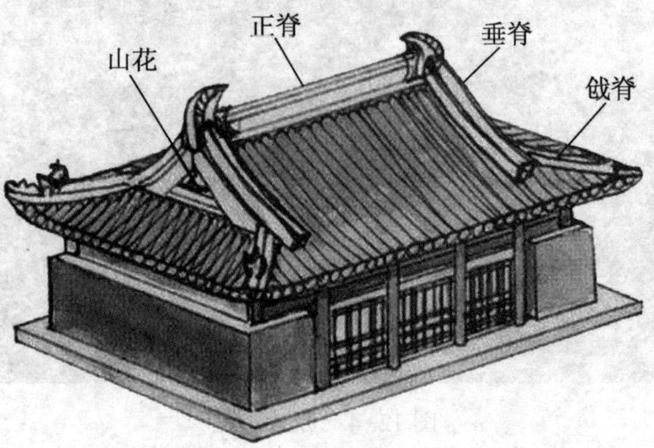

图 12-6　歇山顶

3. 悬山顶

悬山顶（图 12-7）：屋面双坡，两侧伸出山墙之外。屋面上有一条正脊和四条垂脊，又称挑山顶，是我国一般建筑（如民居）中最常见的形式。

图 12-7　悬山顶

4. 硬山顶

硬山顶（图 12-8）：屋面双坡，两侧山墙同屋面齐平，或略高于屋面。山墙大多用砖石承重墙。常用于我国居住建筑中。

图 12-8　硬山顶

5. 攒尖顶

攒尖顶(图 12-9)的特点是屋面较陡，无正脊，数条垂脊交合于顶部，上再覆以宝顶，平面大多为正方形、圆形和正多边形。多用于面积不太大的建筑屋顶，如塔、亭、阁等。北京天坛的皇穹宇就是单檐攒尖顶，宝顶鎏金。

图 12-9　攒尖顶

6. 盝顶

盝顶(图 12-10)屋面呈四角或八角形，梁架结构多用四柱，顶部是在平顶的屋顶四周加上一圈外檐。

图 12-10　盝顶

(七) 藻井

藻井是中国传统建筑中天花板上的一种装饰。名为“藻井”，含有五行以水克火，预防火灾之意。一般都在寺庙佛座上或宫殿的宝座上方。是平顶的凹进部分，有方格形、六角形、八角形或圆形，上有雕刻或彩绘，常见的有“双龙戏珠”。

(八) 山墙

山墙是建筑两侧上部呈山尖形的墙面，除硬山建筑外，均止于檐下。山墙超出屋面就成为各种式样的马头墙(图 12-11)，马头墙又称封火山墙，其特点是两侧高出屋面的山墙随屋顶的斜坡面而呈阶梯形，起着装饰和减少风势、延缓房屋火情蔓延的作用。

图 12-11　徽派马头墙

四、灿烂夺目的色彩

中国古建筑在色彩上斑斓纷呈，有的颜色对比强烈，有的素雅别致。皇宫和神坛的红墙绿瓦在周围绿树蓝天的映衬下，绚丽辉煌。黄、绿、蓝、紫、黑、白几种颜色的琉璃瓦是中国古建筑的主要建筑材料。屋檐下面的阴影部分则用镀金、蓝、绿色的图案装饰起来，使整座建筑显得辉煌不凡。古建筑的内部也装饰得五彩缤纷。横梁、立柱、屋顶都用各种图案装饰起来，有些墙上则画有壁画甚至贴有锦缎。

普通民居的色彩也很引人注目。在中国南方，白墙灰瓦的房屋在周围青山绿水的映衬下显得清新洒脱。而在山峦起伏的北方大地，房屋的墙是土色的，瓦是灰色的，在周围环境的陪衬下则有和谐柔美之感觉。

五、优美绝伦的雕刻

雕刻装饰艺术也是中国古典建筑的一个重要组成部分。雕梁画栋的历史可上溯至 2000 多年前。砖雕、石雕、金属雕刻的内容往往差异很大。它们包括动物图案，植物花草，流行传说，甚至于杜撰幻想的东西。河南安阳的唐代砖塔就布满雕刻；紫禁城保和殿后有一石刻即雕有九条龙；孔庙的大成殿有 28 根盘龙石柱，石柱底部则是雕刻的莲花宝座，支撑边沿和后翼的 18 根石柱则刻有盘龙、祥云的浮雕，支撑前檐的 10 根石柱上刻的是二龙戏球浮雕，盘龙底下则是山峦、大海和海浪，龙周围流云密布。鸱吻是中国古代神话传说中的神兽，好在险要处东张西望，也喜欢吞火。在宫殿正脊两端安两个相对的鸱吻，能避火灾(图 12-12)。在岔脊上，还装饰一些小兽，这些小兽排列有着严格的规定，数量因建筑等级的高低而不同，最多 10 个。只有金銮宝殿(太和殿)才能十样齐全。垂脊的顶端为骑凤仙人，后面依次排列：龙、凤、狮子、天马、海马、狎鱼、狻猊、獬豸、斗牛、行什(图 12-13)。这些精美的雕刻具有极高的艺术价值。

图 12-12　太和殿鸱吻

图 12-13　太和殿屋脊兽

六、如诗如画的园林

园林是在一定的空间上，利用改造天然山水风貌，或者人为地开辟山水风貌，结合植物栽培、建筑布置，遵循科学原理和美学规律，创造出的可供人们游赏和休息的风景区。中国的园林建筑历史悠久，在三千多年前的周朝，就有了最早的宫廷园林。此后，中国古典园林大体有三种类型：一是皇家园林，整体色彩富丽堂皇，规模宏大，常包进真山真水景观，充分显示皇家的气派和皇权的至尊，如北京颐和园、河北承德的避暑山庄等；二是私家园林，规模较小，常用假山假水，建筑小巧玲珑，色彩淡雅，如苏州的拙政园、留园、沧浪亭、北京恭王府、上海豫园等；三是寺庙园林，往往位于郊野或名山之中，深奥幽静，雅致古朴，如杭州的虎跑、成都的杜甫草堂。中国古典园林重在体现“天人合一”的观念，将山水地形、花草树木、庭院、廊桥及楹联匾额等精巧布设，使得山石流水处处生情，意境无穷。

（一）中国古典园林的特色

1. 顺应自然的指导思想

造园深受儒道家自然审美观的影响。园林中的“天人合一”，即在尊重自然的前提下改造自然，创造和谐的园林形态。改造不是简单地模仿大自然，而是大自然写意的艺术创作。具体的指导思想包括：叠山理水，融于自然；树木花卉，表现自然；建筑经营，顺应自然。

2. 诗情画意的艺术风格

中国园林一开始就滋生在东方文化的肥田沃土中，深受绘画、诗词和其他艺术的影响。空间富有诗情画意。每个观赏点，看来都是一幅不同的画，深远而有层次。入画的元素有山石、建筑、水池、树木等。

3. 以小托大，力求含蓄的造园手法

小中见大，含蓄为美，追求幽静深邃的意境。具体来讲，第一是分隔空间，以有限面积，造无限空间；第二是虚实对比，加大空间深度，增加风景层次；空间对比，小中见大；通过花木掩映、山石掩映、建筑掩映实现含蓄。

（二）中国古典园林的构景要素

1. 山

假山可分为土山、石山、土石混合山三种类型。叠山艺术，是指假山的堆叠，需具备一些技巧。首先，要选石。选石得当，从而可以更好地表现设计匠意。叠石要有宾主和层次之感；要有起伏和来龙去脉；要曲折回抱，疏密虚实。布局假山的常见思路：(1)作为主题建筑的对景。要考虑山的体量，把山上所需花木的大小、高矮考虑进去，使假山的整个体量与空间相适应，使山体显得高耸与灵秀。但须注意，山的主峰忌正对建筑大厅，应稍偏高，使对景具有画面布局的意趣。(2)山水相依。如果以山体为主，水为辅，则山体宜临水面，造成峭壁悬崖，悬葛垂萝与水中倒影，虚实相辅，景色更加深沉。如果以水为主体，则居于辅助地位的山，应离水岸有一定距离。山水之间，用平冈缓坡相联系，造成一个过渡地带。(3)置于粉墙前。以粉墙为背景，嵌石于墙内，饰以树木花草。

2. 水

如果说，山石是园林之骨，那么，水则是园林的血脉。理水艺术，一是注重水源，因水成景。拙政园就是因水成景的。当时采用了“高方欲就亭台，低凹可开池沼”的方法，在水面上利用挖池泥土堆了两座岛山，作为前后水面的分隔，各式建筑，均依水而置。整个静水佳景，纵深很大，层次丰富，景观深远。二是讲究开合聚散，有静有动。

3. 植物

中国传统园林对花木的选择标准有四：姿美、色美、味香、寓意。“竹”虚心有节，挺拔常绿，不畏严寒，这些形象上的特征和古代士大夫文人所追求的高尚品德非常巧妙地统一了起来，积淀了千年园林文化中竹的情思。古代文人常将松柏比作君子、大夫。园林的古梅虬枝，扭曲盘桓，尤其是植于粉墙前的老梅，投影于墙，堪称天然水墨古梅图。一般园林的梅景多是以点栽孤赏为主。

要求四季常有绿，月月有花香，根据时令变化进行种植。

植物配置不排列成行，随意配置，有孤植、对植、丛植等。有时采用夸张、象征的手法，三五株便成一个丛林。

4. 动物

在我国古典园林中的所有以小动物为主题的景致中，鱼的地位最高。

5. 建筑

园林建筑的基本单元包括亭、廊、榭、舫、桥、墙、厅堂、楼阁、轩、台。亭是可眺览、休息、遮阳、避雨的开敞的小型景点建筑。廊有分隔空间和导游的功能，起到廊引人随，移步换景的作用。榭建于水边或花畔。舫是从现实生活中模拟、提炼出来的建筑形象。园林中的桥，联系着风景点的水陆交通，组织游览线路，点缀水景。园林中的墙，有乱石墙、磨砖墙、漏砖墙、白粉墙等数种。迎风摇曳的竹，参差高下的树、窈窕玲珑的湖石，被日光或月光映在粉墙之上，就是一幅绝妙的构图。厅堂是全园的主体建筑，通常建于水面开阔处。阁是四周开窗、造型轻巧的建筑物。轩是有窗的长廊或小室。台是高平的建筑物。

6. 匾额、楹联与刻石

在中国古典园林中，匾额、楹联和题刻是不能少的重要点缀。它们在很大程度上体现出了游人本身的审美感受，使其加深对风景美的顿悟。

匾额是指悬挂于门楣上的题字横额。匾额，常用银杏木阴刻，填以石绿；或用木阴刻后髹漆敷色，也有用砖刻的，雅洁可爱。字体以篆隶行书为多，较少用正楷，取其古朴与自然。

楹联是指门两侧柱上的对子，是由山水风景诗发展而来的，对园林的自然美和建筑美进行了高度的概括，起到了画龙点睛的作用。

刻石指山石上的题诗刻字。还有一些风景园林的山崖绝壁上，直接刻写了历代名家的题词和诗文，称作摩崖石刻。

（三）中国古典园林的构景手法

1. 抑景

抑景（图 12-14）是弱化景观的一种景观组织手法。中国传统艺术讲究含蓄，所以园林造景不会让你一走进门口就看到最好的景色，最好的景色往往藏在后面，这叫做“欲扬先

图 12-14　抑景

抑”“先藏后露”。

2. 对景

对景(图 12–15)是强化景观的一种景观组织手法。凡是与观景点相对的景称为对景。古典园林中对景运用较为普遍，对景形式也是多种多样的，有正对、侧对、互对。

图 12–15 对景

3. 借景

借景(图 12–16)是远景的一种处理手法。把园外或远处的景，组合到园内或景观画面中来，使空间推展极远，予人以不尽之意，从而突破有限的空间而达到无限。

图 12–16 借景

4. 框景

框景(图 12-17)是前景的一种处理手法。把围墙或建筑的门窗框架作为画框看，把门窗外面的真实山水风景或是竹石小景，纳入画框，当做挂在墙上的中堂或尺幅画。成功的框景离不开门窗框架的透漏空灵和造型的玲珑精美。

图 12-17　框景

5. 漏景

漏景(图 12-18)指在园林的围墙上，或走廊的墙上，常常设以漏窗，漏窗中常装饰有镂空的几何图案或动植物图形。透过漏窗的窗隙，可见墙外的美景。

图 12-18　漏景

6. 添景

在中间添加过渡景的手法叫做添景(图 12-19)。如颐和园内，在昆明湖和万寿山之间湖畔多种垂柳，主要是运用了添景的构景手法。

图 12-19　添景

7. 夹景

远景在水平方向视界很宽，但其中又并非都很动人，因此，为了突出理想景色，常将左右两侧以树丛、树干、土山或建筑等加以屏障，于是形成左右遮挡的狭长空间，这种手法叫夹景(图 12-20)。夹景是一种带有控制性的构景方式，具有引导视线、增加景深、突出景物的特点。

图 12-20　夹景

自先秦至19世纪中叶以前基本上是一个封闭的独立的体系，2000多年间风格变化不大，通称为中国古代建筑艺术。和欧洲古代建筑艺术比较，中国古代建筑艺术植根于深厚的传统文化，表现出鲜明的人文主义精神。建筑艺术的一切构成因素，如尺度、节奏、构图、形式、风格等，都是从当代人的审美心理出发，为人所能欣赏和理解，没有大起大落、怪异诡谲、不可理解的形象。

原典杂辑

克明俊德，以亲九族。九族既睦，平章百姓。百姓昭明，协和万邦。（出自《尚书·尧典》）

【解释】尧是一个伟大的人，他能够弘扬“大德”，让家族和睦；家族和睦之后又协调百姓，也就是协调各个家族之间的关系，实现社会和睦；社会和睦之后再协调万邦诸侯，也就是各个邦国的利益，让各个邦国都能够和谐合作。

第二节　双语阅读

一、以史为鉴

祈年殿

祈年殿是天坛的主体建筑，建于明永乐十八年（1420年），但该殿自修建以来，已几经变化。最初命名为大祀殿，是一座长方形的大殿；明嘉靖八年（1529年），建成三重顶圆殿，名为“大享殿”，殿顶覆盖上青、中黄、下绿三色琉璃，寓意天、君、百姓。1752年，清朝乾隆皇帝把它改成鎏金宝顶的三重檐蓝瓦圆殿，更名“祈年殿”。1889年，原建筑被闪电引起的火灾烧毁，数年后重新建成。

The Hall of Prayer for Good Harvests

The Hall of Prayer for Good Harvests, the crown jewel of the Temple of Heaven, has undergone several times of changes since it was first built in 1420, the 18th year of the reign of Emperor Yongle in the Ming Dynasty. At that time the hall was named Dasidian (the Hall of Grand Sacrifices) and it was rectangular in shape. However, in 1529, the 8th year of the reign of Emperor Jiajing, it was rebuilt into a cone-shaped structure with triple eaves with its name changed to Daxiangdian (the Hall of Grand Treatment to Heaven). Originally, the triple eaves were painted in different colors. The top was blue, which symbolized Heaven, the middle was yellow to symbolize the emperor and the bottom was green to represent commoners. In 1752, topped by a golden orb, its cascading roofs were all painted dark blue, representing the color of heaven and its name changed to the Hall of Prayer for Good Harvests by Qianlong Emperor. The original building was set ablaze by a bolt of lightning in 1889. The current building was faithfully rebuilt with lumber imported from Oregon several years after the incident.

大殿坐落在一个约5900平方米面积的圆形台基上。台基分三层，每层都有雕花的白石栏杆，远远看去像镶在台基上的美丽花边。祭坛南端的三层台阶上装饰着巨大的浮雕，被称为"丹陛石雕"。浮雕代表龙凤在云端漫步，象征着古人丰富的想象力和无限的上天愿望。每层丹陛石雕两旁都是9级的台阶。

The hall is situated on a circular platform with an area of about 5,900 square meters. The base is divided into three layers, each with carved white stone railings, which look like beautiful lace inlaid on the base from a distance. The three-layer steps on the south end of the altar are decorated with a huge relief, known as the Danbi Stone Carving (Imperial Stone Carving). The relief's carvings represent the dragon and phoenix roaming above the clouds, symbolizing the ancient people's rich imagination and infinite longing to go to Heaven. On either side of the Danbi is the double stairways of which there are 9 steps per level.

大殿高38米，直径32米，不用大梁大檩和钉子，全靠28根大木柱支撑。

The hall is 36 m (118 ft) in diameter and 32 m (105 ft) tall. This wooden tower was erected without a single nail, or any cross-beam, but it's held in place by an ingenious system of supporting beams and 28 massive pillars.

里层四根龙井柱象征着一年中的四个季节；外围一圈12根象征的是一年中的12个月；墙内又有12根，象征的是一天之中的12个时辰；内外24根象征着一年中的24个节气。

The four central pillars represent the seasons, the 12 inner pillars symbolize the months of the year, and the 12 outer pillars symbolize traditional divisions of a single day. Combined together, the twelve middle and twelve outer pillars represent the traditional solar terms.

大厅最神圣的部分是中央的祭坛和两侧的辅助祭坛。中央祭坛上供奉着玉皇大帝的牌位。辅助祭坛是供奉帝王祖先牌位用的地方。而西边的宝座是供皇帝行礼后休息时坐的。

The most sacred part of the hall is the Altar in the center, and the ancillary altars on its sides. The tablet of the God of Heaven is consecrated on the Altar in the center. The ancillary altars are used for consecrating the memorial tablets of the emperor's ancestors. The throne in the west of the hall is for the emperor to have a rest when he finishes his praying to heaven for good harvest.

殿内地板的正中铺有一块奇特的天然大理石，它的天然花纹好似

In the middle of the interior floor is a circular marble with natural dragon and phoenix pattern, which

一龙一凤，俗称龙凤石。殿顶中央雕饰有代表皇帝的龙形图案，与地面的龙凤石相对。	faces the caisson in the form of a single golden dragon representing the emperor in the cupola.
祈年殿前有东西配殿各9间，原为收藏祀神牌的地方。当时为了便于祭天，连日月星辰、风雨雷云等都要设牌配礼。	On both sides of the Hall of Prayer for Good Harvest there are two annex halls, each with 9 rooms. which used to be the places for storing the sacrifical tablets of other gods besides the Jade Emperor. When the ceremony of praying for good harvest was to be held, the tablets of the Gods of the Sun, Moon, Stars, Rain, Clouds and Thunder were also consecrated accessorily.

二、诵读唐诗

秋朝览镜	**Sleepless Autumn Night**
薛稷	Xue Ji
客心惊落木， 夜坐听秋风。 朝日看容鬓， 生涯在镜中。	Stranger startled by leaves flowing, Autumn night wind kept on blowing. At daybreak temples did appear, A mirror tells a short career.
	（沈小平译）

【沈小平赏析】题为“秋朝览镜”，而诗歌起始却写了前夜之事，“客心惊落木，夜坐听秋风”二句交代了诗歌的背景，诗人客居他乡，窗外落叶纷纷，惊动了正在沉思的诗人，诗人索性抛开手中的杂事，一心静坐于窗前，倾听窗外的秋风。秋风瑟瑟，引发诗人无限故园情思！“惊”字用得尤为传神！主客颠倒，明明是“落木”飘零而下“惊”了客居他乡的诗人的“心”，诗人却偏反用，更添一份客居他乡的孤寂与落寞，增加了诗歌的艺术表现力。

“朝日看容鬓，生涯在镜中”二句是一夜静坐后第二天的结果。一夜的静坐，一夜的思念，第二天，镜中所现的诗人已明显衰老，和前一天容颜对比强烈，引发了诗人“生涯在镜中”的无限感慨，人生苦短可见一斑。全诗语言质朴又不乏生动。

译诗的头两行的节奏(rhythm)为四音步扬抑格(trochaic tetrameter)，后两行的节奏为四音步抑扬格(iambic tetrameter)。押韵格式(rhyming scheme)为两行转韵(aabb)，其中头两个尾韵(end rhyme)为女韵，也叫双韵，即押韵押在两个音节上(后一音节非重读)，听起来幽婉。首行的头两个词押头韵(alliteration)。第三行的 temples 的意思是“2 flat places on each side of the forehead 两鬓”。(此译析发表于《海外英语》2009 年第 3 期)

三、重温《论语》

齐景公问政于孔子。孔子对曰：“君君臣臣，父父子子。”公曰：“善哉！信如君不君，

臣不臣，父不父，子不子，虽有粟，吾得而食诸？”（出自《论语·颜渊》）

【今译】齐景公向孔子咨询为政之道。孔子回答说：“君要像君，臣要像臣，父要像父，子要像子。”齐景公说：“说得好呀！如果国君不遵守国君的规矩，臣下不遵守臣下的规矩，父亲不守父亲的规矩，儿子不守儿子的规矩，即使有粮食，我能吃得到吗？”

【英译】Duke Jing of Qi asks Confucius about governance. Confucius answers, “The ruler should behave like a ruler, the minister a minister, the father a father, and the son a son.” The Duke says, “Well said. How suppose the ruler does not behave like a ruler, the minister not a minister, the father not a father, and the son not a son, then even if there is food, I do not want to eat it.”

【李泽厚札记】这是视为经典的著名篇章。以前被用来维护传统伦常。今日意义则在其抽象性，即强调社会群体必须有结构秩序，人毕竟生活在群体中，任何个体均以这种群体秩序为生存前提和条件。原子式的个体“绝对自由”，永远是幻想。一定的规范、辨别、区分的结构秩序，始终是人类和个体所必需的，只有这样，大家才可能有饭吃，而不是混战一团。“君君”“臣臣”，即“君以礼使臣，臣以忠事君”，在其位，谋其政。“父父”“子子”，即父亲对子女的抚爱和子女对父母的“孝敬”。人类社会秩序的维持即是“正名”。“名”之如此重要，因为它们即是礼制的现实载体。“名”是规范，是义务，是行为，是活动。

第三节　拓展练习题

一、单选题

1.“爽借清风明借月；动观流水静观山”是（　　）。

A. 拙政园远香堂联　　B. 拙政园荷风四面亭联

C. 拙政园梧竹幽居联　　D. 拙政园水阁内联

2. 关羽被道教尊为关圣帝君。旧时关帝庙数量之多居全国庙宇之首，其中规模最大、保存最完整的关帝庙坐落在（　　）。

A. 河南洛阳　　B. 湖北当阳　　C. 山西运城　　D. 陕西西安

3. 故宫是世界上现存规模最大、最完整的古代木构建筑群，为明清两代的皇宫，清代后期（　　）殿作为殿试的场所。

A. 太和　　B. 中和　　C. 保和　　D. 交泰

4. 与其他几个性质不同的书院是（　　）。

A. 应天府书院　　B. 白鹿洞书院

C. 东林书院　　D. 集贤殿书院

5. 以下著名古建筑中，属于我国现存最早的藏书楼的是（　　）。

A. 黄鹤楼　　B. 岳阳楼　　C. 滕王阁　　D. 天一阁

6. 在下列宫殿建筑中，属于唐代的有（　　）。

A. 未央宫　　B. 建章宫　　C. 大明宫　　D. 长乐宫

7. 下列我国古代园林中，依次为皇家园林和私家园林的一组是(　　)。

A. 恭王府花园、可园　　B. 承德避暑山庄、寄畅园

C. 北京北海公园、承德避暑山庄　　D. 个园、何园

8. 下列中国古代园林中属岭南类型名园的是(　　)。

A. 何园　　B. 沧浪亭　　C. 清晖园　　D. 豫园

9. 屋面双坡，两侧山墙同屋面齐平或略高于屋面，这种形式的屋顶称为______。

A. 庑殿顶　　B. 歇山顶　　C. 硬山顶　　D. 悬山顶

10. 我国四大名石中的“冠云峰”位于(　　)。

A. 苏州留园　　B. 苏州拙政园　　C. 上海豫园　　D. 江苏寄畅

11. 以下关于宫殿外陈设的叙述，错误的是(　　)。

A. 石狮摆放一般为左雌右雄　　B. 嘉量象征着国家的统一和强盛

C. 日晷是用来显示时间的工具　　D. 华表起源于诽谤木

12. 下列属于宫殿中宫内陈设的一组是(　　)。

A. 太平有象、甪端、仙鹤、盘龙香亭、如意　　B. 华表、石狮、铜角鹤

C. 嘉量、日晷　　D. 香炉、铜路灯、江山社稷亭

13. 江西南昌滕王阁为我国江南三大名楼之一，(　　)为其作的名文更使它名传千古。

A. 崔颢　　B. 王勃　　C. 范仲淹　　D. 李白

14. 对中国古代建筑的特点描述不正确的是(　　)。

A. 木质框架结构巧妙而科学　　B. 建筑装饰千姿百态

C. 建筑设计体现了人定胜天思想　　D. 建筑组群布局向平面展开

15. 在扬州瘦西湖中划船，远方的主景是白塔，通向白塔的两岸是长堤春柳。从湖中看两岸长堤春柳与远方白塔形成的构景手法是(　　)。

A. 对景　　B. 夹景　　C. 借景　　D. 添景

16. 通过葡萄、石榴、老梅等图案的窗隙，可见园外的美景。这类窗户的构景作用是(　　)。

A. 对景　　B. 障景　　C. 借景　　D. 漏景

17. 北京颐和园内，在昆明湖和万寿山之间的湖畔种有垂柳，这些垂柳的构景手段是(　　)。

A. 对景　　B. 框景　　C. 借景　　D. 添景

18. 中国古代园林发展的转折点是(　　)。

A. 春秋战国时期　　B. 秦汉时期

C. 魏晋南北朝时期　　D. 唐宋时期

19. 中国古典园林迎门经常挡以假山，这是哪种构景手法(　　)。

A. 抑景　　B. 对景　　C. 框景　　D. 借景

20. 我国现存规模最大，历史最悠久的孔庙是在(　　)。

A. 山西　　B. 河南　　C. 山东　　D. 陕西

21. 规格最高的一种彩画，以各种姿态的龙、凤和草形图案组合而成，只有皇家宫殿和显要寺庙才能使用的是(　　)。

A. 和玺彩画　　B. 旋子彩画　　C. 苏式彩画　　D. 中式彩画

22. 古代标准量器，放置在宫殿前，表帝王秉公办事的是(　　)。

A. 华表　　B. 嘉量　　C. 日晷　　D. 吉祥缸

23. 中国佛塔可分为楼阁式、密檐式、覆钵式和金刚宝座式等类型，应县木塔属于(　　)。

A. 楼阁式　　B. 密檐式　　C. 覆钵式　　D. 金刚座式

24. 中国的古代建筑按屋顶的建筑形式区分等级，以下从高到低排列正确的是(　　)。

A. 重檐庑殿顶，重檐攒尖顶，悬山顶，硬山顶

B. 单檐庑殿顶，重檐歇山顶，悬山顶，硬山顶

C. 重檐攒尖顶，单檐歇山顶，硬山顶，悬山顶

D. 单檐庑殿顶，单檐歇山顶，硬山顶，悬山顶

25. 在苏州园林中，被认为是“文人园”代表作的园林是(　　)。

A. 留园　　B. 拙政园　　C. 寄畅园　　D. 网师园

26. 河南登封嵩岳寺塔属于下列类型塔中的(　　)。

A. 密檐塔　　B. 单层塔　　C. 阁楼式塔　　D. 小乘佛教佛塔

27. 佛教对中国建筑影响颇深，其中在装饰点缀方面表现最为突出的是(　　)。

A. 石狮子　　B. 莲花纹　　C. 宫廷式建筑　　D. 塔

28. “三坊一照壁”“四合五天井”这是形容我国哪里的民居(　　)。

A. 晋陕民居　　B. 湘西民居　　C. 白族民居　　D. 江浙民居

29. (　　)代开始常利用自然山峰作为坟丘，使神道至陵前逐步升高，展示出雄伟壮阔的气势。

A. 秦　　B. 汉　　C. 唐　　D. 宋

30. 北京的卢沟桥属于(　　)的代表。

A. 梁式桥　　B. 拱式桥　　C. 悬臂桥　　D. 索桥

31. 宗教建筑类型包括：寺观、佛塔、(　　)、经幢。

A. 祠堂　　B. 石窟　　C. 神牌　　D. 牌坊

32. 园林中将视线两侧较为贫乏的景观，利用树丛、树列、山石、建筑等加以隐蔽，形成较为封闭的狭长空间，突出空间端部的景物，这种左右两侧起隐蔽作用的前景称为(　　)。

A. 抑景　　B. 夹景　　C. 借景　　D. 对景

33. 无论皇家园林还是私家园林，以小见大、打破空间局限的最重要方法是(　　)。

A. 借景　　B. 添景　　C. 漏景　　D. 框景

34. 中国土木结构的建筑历程分为雏形期、发展期、成熟期和总结期，其中成熟期的时段是(　　)。

A. 秦—汉　　B. 汉—魏　　C. 隋—宋　　D. 元—清

35. 个园原为清代画家石涛故居寿芝园旧址。园中的(　　)在扬州古代园林中别具特色，在国内也属罕见。

A. 水景　　B. 山水景色　　C. 四季假山　　D. 城市山林

36. 穿斗式建筑的优点是(　　)。

A. 减少室内对视线的阻碍　　B. 用料较少

C. 使室内空间更具连续性　　D. 减少了隐性围合空间

37. 大量运用龙凤图案，间补以花卉图案，主要线条及龙、珠宝都用沥粉贴金的彩画是(　　)。

A. 和玺彩画　　B. 旋子彩画　　C. 苏式彩画　　D. 和子彩画

38. 奉先寺中的卢舍那大佛是中国石窟史上空前绝后的佛像杰作，是(　　)艺术的代表作。

A. 敦煌石窟　　B. 云冈石窟　　C. 龙门石窟　　D. 麦积山石窟

39. (　　)保存有北魏至清各代洞窟。以数以千计的敷彩泥塑造像著称于世，有塑像馆之誉。

A. 敦煌石窟　　B. 龙门石窟　　C. 麦积山石窟　　D. 云冈石窟

40. (　　)是寺庙佛座上方或宫殿宝座上的凹进部分，含五行以水克火，预防火灾之意。

A. 平棊　　B. 平闇　　C. 藻井　　D. 天花板

41. (　　)以960平方米元代道教壁画著称于世，有道教壁画艺术宝库之誉，与佛教艺术宝库敦煌石窟交相辉映。

A. 北京白云观　　B. 成都青羊宫　　C. 芮城永乐宫　　D. 沈阳太清宫

42. 北京天坛由四组建筑组成，其中用于祭天的建筑是(　　)。

A. 圜丘坛　　B. 祈年殿　　C. 皇穹宇　　D. 斋宫

43. 在明代帝陵规制中具有承上启下作用的帝陵是(　　)。

A. 明定陵　　B. 明长陵　　C. 明献陵　　D. 明显陵

44. 在桥梁建筑中采用了“垒址于渊、种蛎固基”方法的著名石桥是(　　)。

A. 河北赵州桥　　B. 苏州宝带桥　　C. 泉州洛阳桥　　D. 程阳永济桥

45. 江南园林之中，被陈从周先生誉为“国内孤例”的是(　　)。

A. 拙政园　　B. 豫园　　C. 个园　　D. 留园

46. “墙倒屋不倒”体现了中国古代建筑(　　)的特点。

A. 以木构架为主　　B. 布局合理　　C. 造型优美　　D. 装饰丰富

47. 匾额是中国古建筑中的重要组成部分，是中华民族独特的民俗文化精品。中华民族的传统道德往往在古代的匾额中有所体现，下列匾额题字与建筑物对应不正确的一组是(　　)。

A. 旁求俊乂——贡院　　B. 万世师表——孔庙

C. 还我河山——岳飞庙　　D. 明镜高悬——武侯祠

48. “风声、雨声、读书声，声声入耳；家事、国事、天下事，事事关心”，这副由顾宪成撰写的名联在中国可谓家喻户晓，曾激励过多少爱国志士为理想而奋斗。这副对联所在地是(　　)。

A. 湖南岳麓书院　　B. 江西白鹿洞书院

C. 河南嵩阳书院　　D. 江苏东林书院

49. (　　)是前景的一种处理手法。

A. 抑景　　B. 借景　　C. 框景　　D. 对景

50. 我国以龙墙著称的园林是(　　)。

A. 颐和园　　B. 承德避暑山庄　　C. 豫园　　D. 拙政园

二、多选题

1. 我国古代建筑中常用的木构架方式主要有(　　)。

A. 立柱式　　B. 抬梁式　　C. 斗拱式　　D. 穿斗式

E. 地坑式

2. 下列关于“月色”的天气景观中，赏月地点与月色搭配组合正确的是(　　)。

A. 无锡——二泉映月　　B. 杭州西湖——三潭印月

C. 云南大理——象山夜月　　D. 南京夫子庙——文德桥半边月

E. 桂林漓江——平湖秋月

3. 中国古代园林的特色是(　　)。

A. 总体布局、组合要合乎自然

B. 园林建筑，顺应自然

C. 每个山水景象要素的形象组合要合乎自然规律

D. 整齐一律，均衡对称

4. 在中国园林中，可临水观景的建筑有(　　)。

A. 榭　　B. 书房　　C. 轩　　D. 舫

5. 明清皇宫建筑的特点是________。

A. 出檐深远　　B. 斗拱尺度和比例大　　C. 斗拱比例缩小　　D. 出檐较浅

E. 减柱方法基本上不采用

6. 木结构建筑在中国广泛应用的原因有(　　)适宜中国的地理环境和资源特征。

A. 取材方便、适应性强　　B. 抗震性好、施工快捷

C. 便于修缮，实用至上　　D. 便于修缮、抗震性好

E. 取材方便、实用至上

7. 中国传统建筑空间处理方式，以下表述正确的有(　　)。

A. 坛庙以十字轴线展开

B. 民居以横轴为主、纵轴为辅

C. 园林建筑强调抑扬顿挫，有前序、高潮、尾声的空间变化

D. 宫殿建筑以曲折轴线展开

E. 坛庙以直线轴线展开

8. 书院即私人或官府设立的供人读书、讲学的场所，由(　　)三部分建筑组成，讲究风景环境的选址。

A. 讲学　　B. 藏书　　C. 供礼　　D. 精舍

E. 供堂

9. 下列关于园林植物象征意义的表述，正确的是(　　)。

A. 竹子象征人品清逸和气节高尚　　B. 松柏象征坚强和长寿

C. 梅花象征洁净无瑕　　D. 兰花象征幽居隐士

E. 玉兰、牡丹象征荣华富贵

10. 下列诸塔中属于密檐式塔的是(　　)。

A. 西安小雁塔　　B. 河南登封嵩岳寺塔

C. 云南大理千寻塔　　　　　　　　　　D. 西安大雁塔

E. 山西应县木塔

三、填空题

1. 中国古代园林中的桥，有拱桥、曲桥、平桥和________桥等类型。

2. 在中国古代建筑的基本构件中，最高等级的台基是由________相叠而成，最高等级的彩画是________彩画。

3. 在上海大观园内，登大观楼可观赏怡红院、潇湘馆、蘅芜院；同样，登怡红院、潇湘馆、蘅芜院也可观赏大观楼。这种构景手段称________。

4. 坐在苏州网师园的集虚斋内，透过月洞门可见园内的假山花木等美景。该月洞门的构景作用是________。

5. 无锡寄畅园因园外惠山的景色而显得更加秀丽。产生这一效果的构景手法是________。

6. ________在造园艺术上包含两层内容：一是总体布局、组合要合乎自然；二是每个山水景象要素的形象组合要合乎自然规律。

7. 中国古代园林中的植物有一定的象征意义，________象征人品清逸和气节高尚，松柏象征坚强和长寿，莲花象征洁净无瑕，________象征幽居隐士。

8. 所谓“左祖”，是在宫殿左前方设祖庙，祖庙是帝王祭礼祖先的地方，称________。所谓“右社”，是在宫殿右前方设________，是帝王祭祀土地神和粮食神的地方。

9. 明朝计成所著的《________》是从规划与设计的角度论述园林建造的理论性专著。

10. 中国古代建筑彩画画面特点的区别是：和玺彩画由各种不同的________图案组成；旋子彩画图案为简化形式的涡卷瓣旋花；________彩画图案为山水、人物故事、花、鸟、虫、鱼。

四、交流与体验

1. 中国古典园林的组成要素有哪些？

2. 中国古典园林，尤其是江南私家园林，讲究诗情画意的境界。以一座园林为例，分析其中透露出的诗情和画意。

3. 选取一处市内著名的建筑景观，扮演导游，讲解该建筑的历史沿革、建筑特色及其所体现的文化内涵。

4. 利用寒暑假游览祖国的风景名胜，留心其建筑风格、园林布局、楹联匾额、绘画雕塑等，用相机拍摄下来，做成幻灯片，分享给大家。

5. 盲目的地产开发对于古建筑保护而言，不啻为一场灾难。大家怎样看待那些历经沧桑，铭刻着祖先智慧和童年记忆的古老建筑？

附录一　中国传统文化双语词汇

一、我国历史朝代①

夏 the Xia Dynasty（c. 21st—16th century BC）
商 the Shang Dynasty（c. 16th—11th century BC）
西周 the Western Zhou Dynasty（c. 11th—771 BC）
东周 the Eastern Zhou Dynasty（770—221 BC）
春秋 Spring and Autumn Period（770—475 BC）
战国 Warring States Period（475—221 BC）
秦 the Qin Dynasty（221—206 BC）
西汉 the Western Han Dynasty（206 BC—24 AD）
东汉 the Eastern Han Dynasty（25—220）
三国 Three Kingdoms（220—280）
　魏 the Wei Kingdom（220—265）
　蜀 the Shu Kingdom（221—263）
　吴 the Wu Kingdom（222—280）
西晋 the Western Jin Dynasty（265—316）
东晋 the Eastern Jin Dynasty（317—420）
南北朝 Southern and Northern Dynasties（420—589）
　南朝 Southern Dynasties（420—589）
　　宋 the Song Dynasty of Southern Dynasties（420—479）
　　齐 the Qi Dynasty of Southern Dynasties（479—502）
　　梁 the Liang Dynasty of Southern Dynasties（502—557）
　　陈 the Chen Dynasty of Southern Dynasties（557—589）
　北朝 Northern Dynasties（386—581）
　　北魏 the Northern Wei Dynasty of Northern Dynasties（386—534）
　　东魏 the Eastern Wei Dynasty of Northern Dynasties（534—550）

---

①三皇五帝始，尧舜禹相传。夏商与西周，东周分两段。春秋与战国，一统秦两汉。三分魏蜀吴，两晋前后延。南北朝并立，隋唐五代传。宋元明清后，王朝至此完。

西魏 the Western Wei Dynasty of Northern Dynasties(535—557)

北齐 the Northern Qi Dynasty of Northern Dynasties(550—577)

北周 the Northern Zhou Dynasty of Northern Dynasties(557—581)

随 the Sui Dynasty(581—618)

唐 the Tang Dynasty(618—907)

五代 Five Dynasties (907—960)

后梁 the Later Liang Daynasty(907—923)

后唐 the Later Tang Daynasty(923—936)

后晋 the Later Jin Daynasty(936—947)

后汉 the Later Han Daynasty(947—950)

后周 the Later Zhou Daynasty(951—960)

北宋 the Northern Song Daynasty(960—1127)

南宋 the Southern Song Daynasty(1127—1279)

元 Yuan (1271—1368)

明 Ming (1368—1644)

清 Qing (1636—1911)

二、天干地支

干支[①] the Heavenly Stems and Earthly Branches (two sets of signs, with one taken from each set to form 60 pairs, designating years, formerly also months and days)

天干 Heavenly Stems

甲 jia (first of the ten Heavenly Stems)

乙 yi (second of the ten Heavenly Stems)

丙 bing (third of the ten Heavenly Stems)

丁 ding (fourth of the ten Heavenly Stems)

戊 wu (fifth of the ten Heavenly Stems)

己 ji (sixth of the ten Heavenly Stems)

庚 geng (seventh of the ten Heavenly Stems)

辛 xin (eighth of the ten Heavenly Stems)

壬 ren (ninth of the ten Heavenly Stems)

癸 gui (tenth of the ten Heavenly Stems)

地支 Earthly Branches

子 zi (first of the twelve Earthly Branches)

丑 chou(second of the twelve Earthly Branches)

---

①天干(甲、乙、丙、丁……)和地支(子、丑、寅、卯……)的合称。以十干同十二支循环相配，成甲子、乙丑、丙寅、丁卯……六十组，通称“六十甲子”。古代用来表示年、月、日和时的次序，周而复始，循环使用。现今夏历的年和日仍用干支计。

寅 yin（third of the twelve Earthly Branches）
卯 mao（fourth of the twelve Earthly Branches）
辰 chen(fifth of the twelve Earthly Branches)
巳 si（sixth of the twelve Earthly Branches）
午 wu（seventh of the twelve Earthly Branches）
未 wei(eighth of the twelve Earthly Branches)
申 shen（ninth of the twelve Earthly Branches）
酉 you（tenth of the twelve Earthly Branches）
戌 xu(eleventh of the twelve Earthly Branches)
亥 hai（twelfth of the twelve Earthly Branches）

三、生肖

生肖[①] Chinese Astrology (According to legend, the King of Jade invited 12 animals to visit him in heaven. As the animals rushed to be the first to arrive, the rat snuck a ride on the ox's back. Just as the ox was about to cross the threshold, the rat jumped past him and arrived first. This is why the rat was given the first place in the astrological chart.)

鼠 Rat (1924-1936-1948-1960-1972-1984-1996-2008-2020): Charming and hardworking, Rats are goal settlers and perfectionists. Rats are quick to anger, ambitious, and lovers of gossip.

牛 Ox (1925-1937-1949-1961-1973-1985-1997-2009-2021): Patient and soft-spoken, Oxen inspire confidence in others. Generally easygoing, they can be remarkably stubborn, and they hate to fail or be opposed.

虎 Tiger (1926-1938-1950-1962-1974-1986-1998-2010-2022): Sensitive and thoughtful, Tigers are capable of great sympathy. Tigers can be short-tempered, and are prone to conflict and indecisiveness.

兔 Rabbit (1927-1939-1951-1963-1975-1987-1999-2011-2023): Talented and articulate, Rabbits are virtuous, reserved, and have excellent taste. Though fond of gossip, Rabbits tend to be kind and even-tempered.

龙 Dragon (1928-1940-1952-1964-1976-1988-2000-2012-2024): Energetic and excitable, short-tempered and stubborn, Dragons are known for their honesty, bravery, and ability to inspire confidence and trust.

蛇 Snake (1929-1941-1953-1965-1977-1989-2001-2013-2025): Snakes are deep, possessing great wisdom and saying little, Snakes can often be vain and selfish while retaining sympathy for those less fortunate.

---

①亦称"属相"。用于纪年的一种方法。中国古代术数家拿十二种动物来配十二地支，子为鼠，丑为牛，寅为虎，卯为兔，辰为龙，巳为蛇，午为马，未为羊，申为猴，酉为鸡，戌为狗，亥为猪。后以为人生在某年就肖某物，如子年生的肖鼠，丑年生的肖牛，故名。

马 Horse（1930-1942-1954-1966-1978-1990-2002-2014-2026）：Horses are thought to be cheerful and perceptive，impatient and hot-blooded. Horses are independent and rarely listen to advice.

羊 Sheep（1931-1943-1955-1967-1979-1991-2003-2015-2027）：Wise，gentle，and compassionate，Goats are elegant and highly accomplished in the arts. Goats can also be shy and pessimistic，and often tend toward timidity.

猴 Monkey（1932-1944-1956-1968-1980-1992-2004-2016-2028）：Clever，skillful，and flexible，Monkeys are thought to be erratic geniuses，able to solve problems with ease. Monkeys are also thought of as impatient and easily discouraged.

鸡 Rooster（1933-1945-1957-1969-1981-1993-2005-2017-2029）：Roosters are capable and talented，and tend to like to keep busy. Roosters are known as overachievers，and are frequently loners.

狗 Dog（1934-1946-1958-1970-1982-1994-2006-2018-2030）：Dogs are loyal and honest and know how to keep secrets. They can also be selfish and stubborn.

猪 Pig（1935-1947-1959-1971-1983-1995-2007-2019-2031）：Gallant and energetic，Pigs have a tendency to be single-minded and determined. Pigs have great fortitude and honesty，and tend to make friends for life.

四、二十四节气

立春 the Beginning of Spring（1st solar term）

雨水 Rain Water（2nd solar term）

惊蛰 the Waking of Insects（3rd solar term）

春分 the Spring Equinox（4th solar term）

清明 Pure Brightness（5th solar term）

谷雨 Grain Rain（6th solar term）

立夏 the Beginning of Summer（7th solar term）

小满 Grain Full（8th solar term）

芒种 Grain in Ear（9th solar term）

夏至 the Summer Solstice（10th solar term）

小暑 Slight Heat（11th solar term）

大暑 Great Heat（12th solar term）

立秋 the Beginning of Autumn（13th solar term）

处暑 the Limit of Heat（14th solar term）

白露 White Dew（15th solar term）

秋分 the Autumnal Equinox（16th solar term）

寒露 Cold Dew（17th solar term）

霜降 Frost's Descent（18th solar term）

立冬 the Beginning of Winter(19th solar term)

小雪 Slight Snow(20th solar term)

大雪 Great Snow(21st solar term)

冬至 the Winter Solstice(22nd solar term)

小寒 Slight Cold(23rd solar term)

大寒 Great Cold(24th solar term)

二十四节气歌[1] A Rhyme of the Twenty-four Solar Terms

五、手工业、工艺美术

手工业 handicraft

手工艺 craftsmanship

青田石雕 Qingtian stone carving

浮雕木刻 wood carving in relief

泥人 clay figurine

面人 dough figurine

漆器 lacquer ware

脱胎漆 bodiless lacquer

彩陶 painted pottery

青花瓷 blue and white porcelain

景泰蓝 cloisonne

绢画 silk painting

剪纸 paper-cut

风筝 kite

刺绣 embroidery

十字绣 cross-stitch embroidery

平绣 plain embroidery

缎 satin

织锦 brocade

唐三彩 China Tang tri-colored glazed pottery

鼎 ding, a cauldron with three or four legs

六、文学名著

旧体诗 classical poetry

---

①立春雨水渐，惊蛰虫不眠，春分近清明，采茶谷雨前；立夏小满足，芒种大开镰，夏至才小暑，大暑三伏天；立秋处暑去，白露南飞雁，秋分寒露至，霜降红叶染；立冬小雪飘，大雪兆丰年，冬至数九日，小寒又大寒。

民歌 folk song；ballad

古体诗 a form of pre-Tang poetry，usu. having five or seven characters to each line，without strict tonal patterns or rhyme schemes

律诗 a poem of eight lines，each containing five or seven characters with a strict tonal pattern and rhyme scheme

五(七)言诗 a poem with five（seven）characters in a line

绝句 a poem of four lines，each containing five or seven characters，with a strict tonal pattern and rhyme scheme

赋 descriptive prose interspersed with verse

散曲 detached songs

词(曲)牌 tune；names of tunes of ci poems

传奇 short stories of the Tang and Song dynasties（618-1279）

楚辞 Elegies of Chu

《资治通鉴》History as a Mirror

《汉书》History of the Han Dynasty

《三国志》History of the Three Kingdoms

《海国图志》Illustrated Records of the Maritime Nations

《无家别》The Homeless

《新婚别》Lament of the New Wife

《资政新编》New Guide to Government

《垂老别》The Old man Returns to War

《桃花扇》Peach Blossom Fan

《桃花源记》Peach Blossom Stream

《项脊轩志》A Record of the Xiangji Pavilion

《史记》Records of the Historian

《三国通俗演义》The Romance of Three Kingdoms

乐府诗 Yuefu poems

《左传》Zuo Qiuming's Commentary on the Spring and Autumn Annals

四书 The Four Books

《论语》The Analects of Confucius

《孟子》The Book of Mencius

《中庸》The Doctrine of the Mean

《大学》The Great Learning

五经 The Five Classics

《诗经》The Book of Odes；The Book of Songs

《尚书》The Book of History

《易经》The Book of Changes

《礼记》The Book of Rites

《春秋》The Spring and Autumn Annals
《战国策》Intrigues of the Warring States
《楚辞》Elegies of Chu
《离骚》The Lament; Encountering Sorrow
《九歌》Nine Odes
《国殇》The Ode to the Fallen
《九章》The Nine Elegies; The Nine Songs
《天问》The Heavenly Question
《史记》The Historical Records
《汉书》The History of the Han Dynasty
《文心雕龙》Carving a Dragon at the Core of Literature
《窦娥冤》Dou E's Grievance; Snow in Midsummer
《西厢记》The Western Chamber
《三国演义》Romance of the Three Kingdoms
《水浒》The Outlaws of the Marsh; The Water Margin; All Men Are Brothers
《西游记》The Pilgrimage to the West; Story of a Journey to the West
《牡丹亭》The Peony Pavilion
《长生殿》The Palace of Eternal Youth
《聊斋志异》Strange Stories from a Chinese Studio
《桃花扇》The Peach Blossom Fan
《儒林外史》The Scholars
《红楼梦》A Dream of Red Mansion; Dream of the Red Chamber; The Story of the Stone
《老子注》Annotations to "Lao Zi"
《乐》Book of Music
《论语孟子集注》Collected Commentaries on "The Analects" and "Mencius"
《水经注》Commentary on "Waterways Classic"
《大学中庸章句》Commentary on the Great Learning and the Doctrine of the Mean
《宋论》Comments on the History of the Song Dynasty
《四库全书》The Complete Library of the Four Treasures
《五经大全》The Complete Works of the Five Classics
《四书大全》The Complete Works of the Four Books
《通典》A Comprehensive Study of History
《诗品》Critique of Poetry
《日知录》Daily Accumulated Knowledge
《论衡》Balanced Dialogues
《明史稿》A Draft History of the Ming
八股文 Eight-legged essay
《颜氏家训》Family Admonitions

吕氏春秋 Lu's Almanac
《永乐大典》Thy Yong Le Canon

七、戏剧

戏剧 drama
京剧 Peking opera
木偶戏 puppet show
皮影戏 shadow show
地方戏 local opera
黄梅戏 Huangmei opera
沪剧 Shanghai opera
越剧 Shaoxing opera
粤剧 Guangdong opera
评剧 Northeast opera；pingju opera
湖南花鼓戏 huagu opera
湘剧 Xiangju opera
淮剧 Huaiju opera
剧作家 playwright
京剧唱腔 rhyme scheme of Peking opera
做功 acting
道白 dialoguing
台步 stage walk
亮相 strike a pose on the stage
翻筋斗 turn a somersault
象征性的 symbolic
程式化的 stylized
小鼓 small drum
搭板 wooden clappers
拔 cymbals
锣 gong
京胡 Peking opera fiddle
二胡 two-stringed Chinese fiddle
二簧 er-huang, one of the two chief types of music in traditional Chinese operas
西皮 xipi, one of the two chief types of music in traditional Chinese operas
道具 properties；props

化妆 make-up
服装 costume

八、音乐

民间音乐 folk music
曲艺 quyi (balladry; story-telling and crosstalk)
古典音乐 classical music
民歌 folk song
民谣 ballad
乐器 musical instruments
弦乐器 stringed instruments
弓弦乐器 bowed stringed instruments
拨弦乐器 plucked instruments
击弦乐器 hammered string instruments
管乐器 wind instruments
木管乐器 wood-wind instruments; wood-winds
胡琴 huqin (Chinese violin)
琵琶 pipa(4-stringed Chinese lute)
三弦 sanxian(3-stringed Chinese guitar)
月琴 yueqin(4-stringed full-moon-shaped Chinese mandolin)
扬琴 yangqin(dulcimer)
筝 zheng (many-stringed zither-like instrument)
瑟 se (25-stringed horizontal harp)
笙 sheng (Chinese wind pipe)
笛子 dizi (Chinese flute, 8-holed bamboo flute)
萧 xiao (Chinese vertical bamboo flute)
唢呐 suona (Chinese cornet; a woodwind instrument)
古琴 guqin (Chinese zither)
大鼓 bass drum
小鼓 side drum; snare drum
腰鼓 waist drum

九、舞蹈

中国民间舞蹈 Chinese folk dance
秧歌 yangko (dance)
扭秧歌 do the yangko dance

灯舞 lantern dance
龙舞 dragon dance
狮子舞 lion dance
剑舞 sword dance
扇子舞 fan dance
荷花舞 lotus dance
采茶舞 tea-picking dance
腰鼓舞 drum dance
长鼓舞 long-drum dance
芦笙舞 bagpipes dance

十、杂技

杂技 acrobatics
杂技表演 acrobatic performance
杂技演员 acrobat
杂技团 acrobatic troupe
古彩戏法 traditional（Chinese）magic
魔术师 magician；conjuror；juggler
丑角 clown
踩高跷 stilt walk

十一、曲艺

民间文学 folk literature
民间传说 folk legend；popular legend；folklore
民间故事 folktale；folk story
相声 comic dialogue；cross talk
说相声 perform a comic dialogue
双簧 a two-man act，with one speaking or singing while hiding behind the other who does the acting
山东快书 Shandong clapper ballad
快板儿 clapper talk
快板儿书 story recited to the rhythm of bamboo clappers
苏州评话 storytelling in Suzhou dialect；story recited to the rhythm of bamboo clappers
评弹 storytelling and ballad singing in Suzhou dialect
弹词 storytelling（in various southern dialects）to the accompaniment of stringed instruments

十二、美术

美术 fine arts；art
绘画 painting
画家 painter
水彩画 water color
壁画 mural painting；fresco
风景画 landscape painting
木刻 woodcut
国画 traditional Chinese painting
中国水墨画 Chinese ink painting
画笔 painting-brush
画轴 scroll
扇面 fan leaf
画廊 gallery
书法 calligraphy
书法家 calligrapher
小篆 small-seal style
大篆 big-seal style
楷书 regular style
隶书 clerical writing；official style
年画 new year picture；new year painting
画水彩画 paint in water colors
调色 mix colors
淡；浅 light
深；暗 dark
写生 paint from life
国画手法 technique in the traditional Chinese painting
写意 free sketch
画框 frame
装裱 mounting；to mount a picture by pasting it on paper backing
题跋 annotations or remarks on a painting
题诗 poem inscribed on a painting
风景画家 landscape painter；landscapist
壁画家 muralist
粗犷、雄浑的线条 in bold and rough lines
构图 composition

雕刻；雕塑 carving；sculpture
石雕 stone carving；stone sculpture
泥塑 clay figure modeling
浮雕 relief
塑像 statue
雕刻师；雕刻家 carver；sculptor
与真人大小相等的泥塑 life-size clay figure
面部表情 facial expression
造型 form
清明上河图 The Riverside Scene in Pure Brightness

十三、体育运动

体育运动 sports；physical culture；physical education
群众性体育活动 mass sports activities
体育锻炼 physical training
健身运动 body-building
体育疗法 sports therapy
保持健康 keep fit
球类运动 ball games
水上运动 aquatic sports
冰上运动 ice sports
室内运动 indoor sports
夏季运动 summer sports
冬季运动 winter sports
武术 wushu；martial arts
拳术 quanshu；barehanded exercise；Chinese boxing
太极拳 t'ai chi
打太极拳 do t'ai chi
练拳 practice shadow boxing
少林拳 shaolinquan
螳螂拳 mantis boxing
猴拳 monkey boxing
气功 qigong；breathing exercises
功夫 kung fu
拳法 fist position
指法 finger position
掌法 hand position

腿法 leg position
步伐 footwork；steps
象棋 xiangqi；Chinese chess；Chinese-rule chess
棋手 chess player
棋子 piece
车 chariot
马 horse
炮 cannon
士 guard
象 elephant
兵；卒 soldier
将；帅 commander
围棋 weiqi；Go
段 dan
放风筝 kite flying
钓鱼 angling
打猎 hunting
拔河 tug-of-war
跳绳 rope skipping
爬绳 rope climbing
踢毽子 shuttercock playing
秋千 swing
跷跷板 seesaw；teeterboard
滑梯 slide
铁环 hoop
捉迷藏 hide-and-seek

十四、文物

历史文物 historical relics；cultural relics
文物保护和发掘工作 protection and excavation of historical relics
出土文物 unearthed relics；unearthed cultural objects
文化遗址 historical culture sites
遗迹 remains
距今……年 dates back to …
极为罕见的文物 extremely rare relics
保存完整 in a good state of preservation；be fairly well preserved
古墓 ancient tomb

木佣 wooden figurine

陶俑 pottery figurine

泥佣 earthen figurine

武士佣 figurine of warrior

殉葬品 sacrificial objects

石器 stone vessel

八卦① Eight Trigrams (eight combinations of three whole or broken lines formerly used in divination)

彩陶 painted pottery

瓷器 porcelain

釉瓷 glazed porcelain

如意 ru-yi (an S-shaped ornamental object, usu. made of jade, formerly a symbol of good luck)

字画卷轴 scrolls of calligraphy and painting

竹简 inscribed bamboo slips

开元通宝 Kai Yuan Tong Bao coin

半坡遗址 Banpo site

大汶口文化 Dawenkou Culture

良渚文化 Liangzhu culture

甲骨文 Oracle-bone inscriptions

仰韶文化 Yangshao culture

十五、文字

文字 characters; script; writing; written language

象形文字 pictograph; hieroglyph

表意文字 ideograph

汉字 Chinese character

六书 the six categories of Chinese characters

象形 pictographic characters or pictographs

指事 self-explanatory characters; indicative characters

会意 associative compounds

形声 morpheme-phonetic characters

假借 phonetic loan characters; characters adopted to represent homophones

转注 mutually explanatory or synonymous characters

简体字 simplified Chinese character

---

①☰乾三连，☷坤六断，☳震仰盂，☶艮覆碗，☲离中虚，☵坎中满，☱兑上缺，☴巽下断。

部首 radical

韵母 simple or compound vowel

声母 initial consonant

笔画 strokes of a Chinese character

笔顺 order of strokes observed in calligraphy

点 dot

横 horizontal

竖 vertical

撇 left-falling stroke

捺 right-falling stroke

折 turning stroke

钩 hook stroke

普通话 putonghua；Mandarin Chinese；standard Chinese

四声 four tones

平声 level tone

阴平 high-level tone

阳平 rising tone

上声 falling-rising tone

去声 falling tone

甲骨文 inscription on bones or tortoise shells of the Shang Dynasty（c. 16th–11th century BC）

金文；钟鼎文 inscriptions on ancient bronze objects

石鼓文 inscriptions on drum-shaped stone blocks of the Warring States Period（475–221 BC）

竹书 inscriptions on bamboo slips

大篆 big-seal style，an ancient style of calligraphy，current in the Zhou Dynasty（c. 11th century–256 BC）

小篆 small-seal style，an ancient style of calligraphy，adopted in the Qin Dynasty（221–207 BC）for the purpose of standardizing the script

隶书 official script，an ancient style of calligraphy current in the Han Dynasty（206 BC – AD 220），simplified from xiaozhuan

楷书 regular script

草书 characters executed swiftly and with strokes flowing together；cursive hand

行书 running hand

文房四宝 the four treasures of the study（writing brush，ink stick，ink slab and paper）

书画 painting and calligraphy

碑帖 a rubbing from a stone inscription

碑文 an inscription on a tablet

对联 antithetical couplet

横幅 horizontal scroll of painting or calligraphy

横批 a horizontal scroll bearing an inscription

十六、中医(药)

中医 doctor of traditional Chinese medicine; traditional Chinese medical science
中医基本知识 basic knowledge of traditional Chinese medicine
《黄帝内经》Huang Di Nei Jing (The Yellow Emperor's Classic of Internal Medicine)
《神农草本经》The Herbal Canon of Shen Nong; Emperor Shen Nong's Materia Medica
《伤寒论》Shang Han Lun (Treatise on Fevers)
《本草经集注》Annotations to "Emperor Shen Nong's Materia Medica"
《针灸甲乙经》Classic of Acupuncture and Moxibustion
《脉经》Classic on Pulse
整体观念 concept of the whole
辨证施治 determination of treatment based on the differentiation of symptoms and signs
审因施治 to ascertain the causes of a disease and give treatment
对症下药 to suit the medicine to the illness; to suit the remedy to the case
阴阳 yin and yang
五行(水、火、金、木、土)wuxing, five elements (water, fire, metal, wood and earth)
经络 jing and luo (channels and collaterals)
四诊 four methods of diagnosis
望诊 observation of the patient's complexion, expression, movements, tongue, etc.
闻诊 auscultation and smelling
问诊 interrogation
切诊 pulse feeling and palpation
切脉 feeling the pulse
脉象 pulse condition; type of pulse
触诊 tapping, or pressing or stroking various parts of the patient's body
舌苔 fur on the tongue
表证 symptoms indicating that the internal organs of the human body organs of the human body have not been attacked by exogenous harmful factors
里证 symptoms indicating that the internal organs are affected
草药 herbal medicine
饮品 medical herb in pieces
汤剂 herb soup; medicinal broth
第一服 first draught
冲剂 medicine to be taken after being mixed with boiling water, wine, etc
丸剂 pill
蜜丸 a bolus made of powdered Chinese medicine and honey

散剂 powder medicine

药膏 medical ointment

中药学 traditional Chinese pharmacology

《本草纲目》Ben Cao Gang Mu (*Compendium of Materia Medica*) (Li Shizhen 1518-1593)

针灸 acupuncture and moxibustion

拔火罐①cupping②cups

《开宝本草》Pharmacopoeia of the Kaibao Period

《千金要方》Precious Prescriptions

《千金翼方》Supplement to "Precious Prescription"

《肘后备急方》Prescriptions for Emergencies

《外科正宗》Principle of Surgery

刮痧 treatment of acute gastroenteritis by scraping the patient's neck, chest or back with a coin or something of the like moistened with water or vegetable oil

揪痧 treatment of sunstroke or angina by repeatedly pinching the patient's neck or the bend of the arm until signs of blood congestion appear

捏积 a method of treating digestive disorders in children by kneading or massaging the muscle along the spine

拔毒 to draw out pus by applying a plaster to the affected part

《五禽戏》Five Animals' Games

十七、宗教

宗教 religion

宗教信仰 religious belief

三教(指儒、释、道)Confucianism; Buddhism; Taoism

法师 master, a title of respect for a Buddhist or Taoist priest

大乘 Mahayana doctrine; the Greater Vehicle

小乘 Hinayana doctrine; the Little Vehicle

禅宗 Chan Sect; Zen Sect

三论宗 the Three-Treatises

法相宗 Dharmalaksana

华严宗 Avatamsaka

律宗 Vinaya

天台宗 Tiantai

密宗 Tantra

净土宗 Pure Land

观音菩萨 the Guanyin Bodhisattva; the Goddess of Mercy

弥勒 Maitreya

韦陀 Weito，the temple guardian

罗汉 Luohan；Buddhist Saint；Arhat

金刚 Vajra

四大天王 the Four Devarajas（heavenly guardians）

哼哈二将 the Two Ferocious Gigantic guardians

佛经 Buddhist scriptures

佛学 Buddhism

四谛 the four“truths”of life：Buddhism suffering，the cause of suffering，the extinction of suffering and the way leading to the extinction of suffering

清规戒律 disciplinary rules

禅①dhyana；deep meditation；②Buddhist things

禅定 dhyana；to sit in deep meditation

参禅 to try to reach understanding of Chan（Zen）；to practice meditation

禅偈 a gatha（short verse）containing a Chan message

慈悲 mercy；compassion

因缘 cause；principal and subsidiary causes

因果报应 karma；retribution for sin；punitive justice

德行 beneficence；good deed

居士 a person practising Buddhist at home；lay Buddhist

香火 public worship at Buddhist temples

《华严经》Avatamsaka-sutra

菩提达摩 Bodhidharma

《金刚经》Diamond Sutra

敦煌石窟 Dunhuang Grottoes

莫高窟 Mogao Grottoes

天师 the Celestial Master

龙门石窟 Longmen Grottoes

利玛窦 Matteo Ricci

神道 Spirit Way

雍和宫 The Lama Temple

天王殿 The Hall of Heavenly Kings

大雄宝殿 The Mahavira Hall

十八、世界遗产

明清故宫(北京故宫、沈阳故宫)Imperial Palaces of the Ming and Qing dynasties in Beijing and Shenyang

秦始皇陵及兵马俑坑 Mausoleum of the First Qin Emperor

莫高窟 Mogao Caves
泰山 Mount Tai
周口店北京人遗址 Peking Man Site at Zhoukoudian
长城 The Great Wall
黄山 Mount Huang
黄龙风景名胜区 Huanglong Scenic and Historic Interest Area
九寨沟风景名胜区 Jiuzhaigou Valley Scenic and Historic Interest Area
武陵源风景名胜区 Wulingyuan Scenic and Historic Interest Area
武当山古建筑群 Ancient Building Complex in the Wudang Mountains
布达拉宫历史建筑群 Historic Ensemble of the Potala Palace
承德避暑山庄及周围寺庙 Mountain Resort and its Outlying Temples, Chengde
曲阜三孔 Temple and Cemetery of Confucius and the Kong Family Mansion in Qufu
庐山国家公园 Lushan National Park
峨眉山-乐山大佛 Mount Emei Scenic Area, including Leshan Giant Buddha Scenic Area
平遥古城 Ancient City of Pingyao
苏州古典园林 Classical Gardens of Suzhou
丽江古城 Old Town of Lijiang
颐和园 Summer Palace
天坛 Temple of Heaven
大足石刻 Dazu Rock Carvings
武夷山 Mount Wuyi
皖南古村落——西递、宏村 Ancient Village in Southern Anhui-Xidi and Hongcun
明清皇家陵寝 Imperial Tombs of the Ming and Qing dynasties
龙门石窟 Longmen Grottoes
青城山—都江堰 Mount Qingcheng and the Dujiangyan Irrigation System
云冈石窟 Yungang Grottoes
三江并流保护区 Three Parallel Rivers of Yunnan Protected Areas
高句丽王城、王陵及贵族墓葬 Capital Cities and Tombs of the Ancient Koguryo Kingdom
澳门历史城区 Historic Centre of Macao
四川大熊猫栖息地——卧龙、四姑娘山和夹金山 Sichuan Giant Panda Sanctuaries-Wolong, Mount siguniang, and Jiajin Mountains
殷墟 Yin Xu
开平碉楼与村落 Kaiping Diaolou and Villages
中国南方喀斯特 South China Karst
福建土楼 Fujian Tulou
三清山国家公园 Mount Sanqingshan National Park
五台山 Mount Wutai
丝绸之路 Silk Road

十九、非物质文化遗产

非物质文化遗产 World Intangible Heritage

羌年 Qiang New Year Festival

黎族传统纺染织绣技艺 Traditional Li textile techniques：spinning，dyeing，weaving and embroidering

中国编梁木拱桥营造技艺 Traditional design and practices for building Chinese wooden arch bridges

中国雕版印刷技艺 China engraved block printing technique

中国书法 Chinese calligraphy

中国剪纸 Chinese paper-cut

中国传统木结构营造技艺 Chinese traditional architectural craftsmanship for timber-framed structures

中国朝鲜族农乐舞 Farmers' dance of China's Korean ethnic group

《格萨尔》史诗① Epic of King Gesar

侗族大歌 Grand song of the Dong ethnic group

花儿② Hua'er

玛纳斯③ Manas

呼麦④ Mongolian art of singing：khoomei

南音⑤ Nanyin

热贡艺术⑥ Regong arts

中国传统桑蚕丝织技艺 Sericulture and silk craftsmanship of China

端午节 The Dragon Boat Festival

妈祖信俗 The Mazu belief and customs

中国篆刻 The art of Chinese seal engraving

---

①藏族长篇英雄史诗。产生于11世纪，内容主要分三部分：第一部分描述天神之子在奇异的境界里诞生的经过；第二部分是史诗中心部分，描述雄狮国王格萨尔率领岭国军队，南征北战，降妖伏魔，为民除害；第三部分写格萨尔年老传位，重返天国。

②流行于青海、甘肃、宁夏的一种山歌，是当地汉、回、土、撒拉、东乡、保安等族的口头文学形式之一。在青海又称"少年"，对其中的词称"花儿"，演唱称"漫少年"。声调高亢舒长，即兴编词。

③柯尔克孜族民间英雄史诗。世代口头传颂。主要通过玛纳斯家族数代的活动和业绩，叙述古代柯尔克孜族人民团结一致，铲除妖魔及抵抗卡勒玛克、克塔依等异族侵略者的斗争历史，反映了他们的生活习俗和意识形态等。

④是阿尔泰山周围地区诸多民族的一种歌唱方式，又称喉音唱法、双声唱法。一个歌手纯粹用自己的发声器官，在同一时间里唱出两个声部。

⑤亦称"南曲"。曲艺曲种。流行于福建泉州、厦门、晋江、龙海和台湾省，以及东南亚华侨聚居区。

⑥热贡艺术是中国藏传佛教艺术的重要组成部分和颇具广泛影响的流派，从十五世纪开始，发祥于青海省黄南藏族自治州同仁县境内隆务河流域。数百年来，这里有大批艺人从事民间佛教绘塑艺术，从艺人员之众多，群体技艺之精妙，都为其他藏区所少见，故被誉为"藏族画家之乡"，而同仁地区在藏语中称为"热贡"，因此这一艺术便统称为"热贡艺术"。

南京云锦织造技艺 The craftsmanship of Nanjing Yunjin brocade
龙泉青瓷传统烧制技艺 The traditional firing technology of Longquan celadon
宣纸传统制作技艺 The traditional handicrafts of making Xuan paper
藏戏 Tibetan opera
西安鼓乐 Xi' an wind and percussion ensemble
粤剧 Yueju opera
昆曲 Kunqu opera
古琴音乐 The Guqin and its music
新疆维吾尔木卡姆① The Uyghur Muqam of Xinjiang
蒙古族长调民歌 Urtiin Duu-traditional folk long song

二十、哲学

天 Heaven②：客观的自然；精神的本原。

道 The Way, The Way of Heaven, Dao, Tao③：万物产生、变化的总规律。

理 Principle④：事物的特殊规律。

则 Rule⑤：规章。

气 Qi⑥：一种极细微的物质，是构成世界万物的本原；一种精神状态、道德境界。

质 Stuff⑦：指一事物之所以是该事物并区别于他事物的规定性。

玄 Abstruse⑧：玄学即是研究幽深玄远问题的学说。玄就是总天地万物的一般规律“道”，它体现了万物无穷奥妙的变化作用。“玄之又玄”即用以递进否定的方法形容“道”体的幽深神妙以及创生万物过程的深奥难测。

虚，太虚 Empty Space⑨：深玄之理；气的一种清虚无形状态。

一，太一 One, the Ultimate One⑩：指元气。宇宙万物的本原、本体，天地未分前的混沌之气。即道家所称的“道”，“道者，至精也，不可为形，不可为名，强为之名，谓之太一”。

---

①新疆维吾尔木卡姆艺术是一种集歌、舞、乐于一体的大型综合古典音乐艺术形式。

②It comprises two aspects: on one hand it is an objective infinite reality, the “sky”; on the other it is “God,” or the supreme concept.

③It means a path along which one can travel and the norm that people or things must respect. The way may be the Way of Heaven or the Human Way.

④The term originally meant the lines running through a piece of jade. It was extended to mean the norm of human conduct and of the natural world.

⑤It is understood as the standard, not only “law of nature”. The term applies both to the moral and the natural spheres.

⑥Qi is the original material out of which all things are formed by coagulation. It exists independent of the mind. It is the condition for life, but at the same time it is present in inanimate objects, but at the same time it is present in inanimate objects.

⑦It means the internal material of which something is composed while “form” is said of the external appearance. The five agents are stuff; yin and yang are qi.

⑧It means “profound, far, and mysterious.” “Abstruse on abstruse” refers to the Way.

⑨It means “empty” or an inner world, freed from the things of everyday business.

⑩The Laozi uses “one” as a cosmological principle. The most fundamental principle is the Way, but this generates the “one”, which in turn gives rise to heaven and earth (the two) and thence to yin-yang and qi (the three) and so to the myriad things.

元 Origin①：气，元气；万物之本。

反 Return②：回转；违反。

命 Destiny③：上天的意志和命令；自然界的必然性。

有无 Being and Beingless④："有"指事物的存在，有有形、有名、实有等义；"无"指事物的不存在，有无形、无名、虚无等义。老子提出"天下万物生于有，有生于无"(《老子·四十章》)，把"无"看作是产生"有"的精神本原。

自然 Spontaneous⑤：道法自然的意思就是大道以其自身为原则，自由不受约束。

太极 Supreme，Ultimate⑥：所谓太极即是阐明宇宙从无极而太极，以至万物化生的过程。其中的太极即为天地未开、混沌未分阴阳之前的状态。易经系辞："是故易有太极，是生两仪"。两仪即为太极的阴、阳二仪。

变化，易，动静 Change⑦：事物超出极限的、显著的变化是"变"，事物初生的、细微的变化是"化"。

象 Image⑧：形状；现象；象征(《周易》用卦、爻等符号象征自然变化和人事休咎)。

道器 Way and Vessel⑨："道"是无形象的，含有规律和准则的意义；"器"是有形象的，指具体事物或名物制度。

势 Influence and Principle⑩：冲击的力；情势；形势、气势；权力。

体用 Substance and Function⑪：①体，指形体、形质、实体；用，指功能、作用、属性。②体，指本体、本质；用，指现象。③体，指根本原则；用，指具体方法。

和，太和 Harmony⑫：中国传统思维的一个重要理念。认为对立面的和谐、统一，是事

①It means the root of the myriad things. The origin is like the source.

②The term "fan" may mean "to return as the seasons return to the beginning of their sequence" or it can mean "to be opposed to."

③The original meaning is the mission or gift granted by a higher authority to a lower person. According to Mencius, the decree of heaven is something outside human ability to command. Wang Fuzhi argued that all people could create their own destiny.

④"Being" is used of individual objects and phenomena. Such beings exist independent of the human observer. "Beingless" is used to describe a change of state. Early Daoist philosophy applied "beingless" to whatever went beyond all oppositions, was formless, anonymous, and without a rule. This "beingless" is certainly not a mere zero.

⑤The term "zi ran" is composed of two characters, the first meaning "self" and the second "what is so." Chapter 25 of the Laozi contains the following line: Humans imitate the earth; the earth imitates heaven; heaven imitates the Way; the Way imitates what is so of itself.

⑥The term "supreme ultimate" is used to refer to the unseparated state of heaven and earth.

⑦Change is a universal phenomenon. Within heaven and earth all is in a state of flux. This is most evident from the changes of the seasons. Change is here defined in terms of advancing and retreating, opening and shutting.

⑧The term xiang was originally the picture of an elephant. It was borrowed to mean "image". Symbols are representations of things. Phenomena are real but need not have form.

⑨The Way is prior in time and is without substance, whereas "vessel" is subsequent in time and has substance.

⑩The term shi means "influence, tendency, strategic power, authority."

⑪It refers to the relation between an object and its inherent movement or activity, between the fundamental metaphysical nature of a thing and its expression, between moral principles and their being carried out by individuals.

⑫The term he describes the unity of any nonidentical objects. According to the Laozi, harmony is the basic principle of the universe and things cannot leave harmony and still exist. Supreme harmony is the state in which each thing is in its correct place and nothing interferes with another.

物存在、发展的基础和最佳状态。西周末史伯最先提出“和实生物”的观点。孔子进一步强调了“和”的社会功能，提出“君子和而不同”(《论语·子路》)，崇尚不同意见的协调，反对无原则的趋同。后《中庸》又推出“和也者，天下之达道也”，以突出“和”的普遍意义。

仁 Benevolence：古代儒家的一种含义极广的道德范畴。孔子言“仁”，以“爱人”为核心，包括恭、宽、信、敏、惠、智、勇、忠、恕、孝、悌等内容；而以“己所不欲，勿施于人”和“己欲立而立人，己欲达而达人”为实行的方法。

义 Justice 正义：指思想行为符合一定的标准。

五伦 Five Human Relationships：亦称“五常”。封建宗法社会以君臣、父子、夫妇、兄弟、朋友为“五伦”。应当遵守的行为准则是：父子有亲、君臣有义、夫妇有别、长幼有序、朋友有信。

德性之知 Innate Moral Knowledge①：与“见闻之知”相对。指所谓天赋的道德观念。北宋张载《正蒙·大心》：“德性所知，不萌于见闻。”认为这是人生所固有的，无须接触外界事物，只要通过内心修养就可以把它发挥出来，并认为它高于“见闻之知”。后为宋明理学家所利用和发挥。

格物致知 Research：接触事物是获得知识的方法。

名，正名 Naming，Rectification，Concept：辨正名称、名分。孔子提出“正名”主张，说：“名不正，则言不顺；言不顺，则事不成；事不成，则礼乐不兴；礼乐不兴，则刑罚不中；刑罚不中，则民无所措手足。”

言意之辩 Language and intention②：王弼认为言不能表达本体世界，强调“得意在忘象，得象在忘言”。西晋欧阳建则认为“诚以理得于心，非言不畅，物定于彼，非名不辩”。

三表 Three Tests③：亦称三法。墨子认为认识和检验真理有三个标准，即要有历史根据，要符合人民的感觉经验，要符合国家和人民的利益。

物 Thing

无极，无穷 Limitless，Ultimate of nonbeing

阴阳 Yin-yang

五行 Five Agents

生 Life④

诚 Integrity

宇宙 Dimension

精神 Essence and Spirit

两端 Dual Ends

---

①“That which is known by virtuous nature” and the “mind that has the Way” are phrases that refer to innate moral knowledge. The mind is ultimately geared to moral realities and needs to keep itself focused on them.

②Wang Bi held that language does not suffice to fully express meaning while Ouyang Jian argued that language adequately expresses ideas.

③The first is to appeal to ancient authority. The second is to look at the experience of ordinary people. The third is to appeal to practical implementation.

④It represents a shoot sprouting out of the ground. It is used to talk about all forms of life and coming into life. It is all right to mourn the fact of death but not necessary to fear it because what has life must inevitably die.

同异 Identity and Difference
一体 The Whole
合一 Unity
公 Public Interest
兼爱 Nondiscrimination
中庸 Moderation①
德，道德 Virtue，Power
当然 Moral Obligation
贵，良贵 Value
权 Authority
分，名分 Rights and Duties
性，气质 Human nature
情 Emotions
才 Talent
心 Mind / Heart
意，意志 Intention，will
良心，良知 Conscience，Innate Moral Knowledge
知，智 Knowledge，Wisdom
思，虑 Thought
心术 Technique of the Mind
真，诚 Authenticity
孔子 Confucius
四维 Four Social Bonds
孟子 Mencius
理学 Neo-Confucianism
程宋理学 Neo-Confucianism of Cheng Hao，Cheng Yi and Zhu Xi
《神灭论》On the Destructibility of the Soul

二十一、其他

炎黄子孙 Yan Huang Zisun or descendants of the Yan and Huang emperors
安济桥 Anji Bridge
《茶经》Book of Tea
《营造法式》Building Formulas

①In daily life one need the principle of neither going to excess nor falling short. It is applicable to food，drink，and clothing，for instance. But scientific development may require breaking through traditional concepts. Social progress depends even more on breaking out of the shackles of tradition. In this respect the concept of moderation and harmony becomes an obstacle to progress.

御史台 Censorate

尚书省 Chancery

丞相 Cheng Xiang or prime minister

指南针 Compass

《农政全书》A Complete Treatise on Agriculture

《大明历》Daming Calendar

都江堰 Dujiang Weir

行中书省 Executive secretariat

《天工开物》Expositions of the Works of Nature

《农桑辑要》The Fundamentals of Agriculture and Sericulture

成吉思汗 Genghis Khan

巡抚 Governor

总督 Governor-general

大运河 Grand Canal

御史中丞 Grand Censor

门下省 Grand Council

大学士 Grand Secretaries

长城 Great Wall

文字狱 Literary inquisition

《齐民要术》The Manual of Importance Arts for the People

《九章算术》The Nine Chapters on the Mathematical Art

五四运动 May 4th Movement

枢密院 Military Council

维新运动 Modernization Movement

《农书》On Agriculture

造纸术 Paper-making

郡县制 Prefectural system

印刷术 Printing

军机处 Privy Council

六部 Six Boards: the Board of Civil Service, of Revenue, of Rite, of War, of Justice and Works

刑部 Supreme Court

太尉 Tai Wei or marshal

《授时历》Time-Telling Calendar

交子 jiaozi or the first Chinese paper currency

圆明园 The Old Summer Palace; Yuanmingyuan

颐和园 The Summer Palace

明十三陵 The site for the Ming Tombs
牌坊 The Memorial Arch
碑亭 Stele Pavilion
麒麟 The Qilin
獬豸 The Xiezhi
鼓楼 Drum Tower
钟楼 Bell Tower
紫禁城 The Forbidden City
天坛公园 Temple of Heaven
祈年殿 The Hall for the Prayer of Good Harvests
圜丘 The Circular Altar
地坛公园 Temple of Earth
午门 The Meridian Gate
太和殿 The Hall of Supreme Harmony
中和殿 The Hall of Middle Harmony
保和殿 The Hall of Preserving Harmony
九龙壁 The Nine Dragon Screen
石舫 The Marble Boat

附录二　吴文化双语词汇

长江三角洲 The Yangtze Delta

苏南运河 Southern Jiangsu Canal

第一福地 First blessed land

第八洞天 Eighth fairyland

碧螺春 Biluochun tea

宜兴紫砂壶 Yixing boccaro teapot

阳澄湖大闸蟹 Yangcheng Lake hairy crabs

江南粮仓 Jiangnan granary

苏湖熟，天下足 Suzhou and Huzhou have a bumper grain harvest, and the whole country is not worried about food and clothing.

梅花 Plum blossom

杜鹃花 Azalea

桂花 Sweet-scented osmanthus

月季花 Chinese rose

广玉兰 Magnolia grandiflora

樟树(香樟)Camphor tree

南山竹海 Nanshan Bamboo Sea

淹城遗址 the Yan City Ruins

天下第一舟 No. 1 Boat dating back to the Spring and Autumn Period

高城墩 Gaochengdun Remains

三山岛遗址 Sanshan Island Site

丁沙地文化 Dingshadi Culture

《盛世滋生图》Suzhou's Golden Age

东林书院 Donglin Academy

唐荆川率军抗倭(砖雕)Tang Jingchuan led the army to fight Japanese (brick carving)

寒山寺 Hanshan Temple

《枫桥夜泊》A Night Mooring by Maple Bridge

天宁寺 Tianning Temple

金山寺 Jinshan Temple

灵山大佛 Grand Buddha at Lingshan

江南园林 Jiangnan gardens
游廊 Veranda
框景 Frame scene
花窗 Lattice window
花砖铺地 Tile floor
沧浪亭 The Surging Waves Pavilion
狮子林 Lion Grove Garden
拙政园 Humble Administrator's Garden
留园 Lingering Garden
苏州虎丘山 Tiger Hill
无锡鼋头渚 Tortoise Head Garden
常州天目湖景区 Changzhou Tianmu Lake Scenic Area
枫桥 Maple Bridge
周庄双桥 Zhouzhuang Double Bridge
乱针绣 random stitch embroidery
苏绣《白孔雀》Su Embroidery "White Peacock"
苏扇 Su fan
惠山泥人 Huishan clay figurine
惠山大阿福 Huishan chubby figurine
常州梳篦 Changzhou comb
桃花坞年画 Taohuawu New Year Picture
无锡"肉骨头" Wuxi "spareribs"
无锡油面筋 Wuxi Oil Gluten
南式麻糖 Southern sesame candy
扎神仙 Try one's luck
孵茶馆 Stay up late in a teahouse
吴语 Wu dialect
昆曲 Kunqu Opera
苏剧 Jiangsu local opera
锡剧 Xi Opera
沪剧 Shanghai Opera
评弹 Pingtan, storytelling and ballad singing in Suzhou dialect
《牡丹亭》Peony Pavilion
《长生殿》The Hall of Eternal Life
苏州观前街 Guanqian Street, Suzhou
常州南大街 Changzhou South Street
瞿秋白纪念馆 Qu Qiubai Memorial Hall
水乡 Water village

松鼠鳜鱼 Squirrel shaped mandarin fish, de-boned and sliced into pieces that remain attached to the fish then fried. When cooked, it looks a bit like a squirrel's tail and is garnished with shrimp, mixed vegetables and covered with a rich sweet sauce.

碧螺虾仁 Biluo shrimp, shrimp cooked with Biluo tea which adds a unique flavor

桂花焐熟藕 guihuawushu'ou, made from lotus root steamed with sticky rice and white and brown sugar

东方威尼斯 Venice in the Orient

鱼米之乡 A land of fish and rice

人间天堂 A paradise on earth

丝绸之府 Prefecture of silk-goods

吃在太监弄 Eunuch Lane is the best place to eat.

江南织造局 Southern Yangtze Silk-fabrics Bureau

家家养蚕，户户刺绣 Every household raises silkworms to do embroidery in Suzhou.

湖石 Water-washed rockeries

吴门画派 The Wu School of Scholar-artists

学界泰斗钱钟书 Literary giant Qian Zhongshu

民间音乐家华彦钧(即瞎子阿炳) Folk musician Hua Yanjun(A'bing the blind)

《二泉映月》The Moon Over Huishan Spring

常州三杰 The "three outstanding CPC leaders from Changzhou"

数学大师华罗庚 The late famous mathematician

中国"桥梁之父"茅以升 Mao Yisheng: the Father of Bridges in China

美术巨匠刘海粟 Great art master Liu Haisu

东方"居里夫人"吴健雄 Wu Jianxiong known as Oriental "Madame Curie"

当代"毕昇"王选 Wang Xuan known as contemporary "Bi Sheng"

《园冶》The Art of Gardening

苏州府学 The Prefectural Academy in Suzhou

廉石[①] Uncorrupted Stone

"南方夫子"言子[②] Yanzi revered as a "Sage in the south of the Yangtze"

昆山三宝：昆石、琼花、并蒂莲 Three renowned treasures in Kunshan: Kunshan stone, hibiscus rhododendron and twin lotus-flowers

真山真水(鼋头渚公园) Real hills and waters (at Turtle Head Park)

真山假水(锡惠公园) Real hill and artificial waterscape (Xihui Park)

假山假水 (寄畅园) Manmade hills and unreal waterscape (Jichang Garden)

假山真水(蠡园) Artificial hill and real water (Li Garden)

借景 Borrowing scenes

---

①三国时吴人陆绩(187—219年)，在外为官清廉，返乡时身无长物，船家恐船易翻，故用一块巨石镇船，被誉为"廉石"。此石现存苏州博物馆，上有明监察御史樊祉楷书题字"廉石"两个大字以及题记。

②姓言名偃(前506—前443)，字子游，是孔子弟子中唯一的吴人，尤以文学著称，被后人尊为"南方夫子"。

理水 Disposition of water

叠石 Putting up rockeries

引泉 Conducting spring water

藕花深处 Deep Recess of Lotus Flowers

红梅春晓 Red Plum at Spring Dawn

文笔夕照 Wenbi Pagoda at Sunset

红梅阁 The "Red Plum Pavilion"

文笔塔 Wenbi Pagoda

舣舟亭 The "Boat Mooring Pavilion"

淳化阁帖 The Model Calligraphy of Chunhua Storage

天目湖度假区的"三绝"The "Three Peerless" in the area of Tianmu Lake Holiday Resort

常州大麻糕 Large sesame cake in Changzhou

加蟹小笼馒头 Steamed bread with crab-oil

常州银丝面 Silver-thread noodles, Changzhou style

"天下第一泉"中泠泉 Zhongling Spring appraised as "No. 1 Spring under Heaven"

"书法之山"焦山 Jiaoshan reputed for "Hill of Calligraphies"

茅山道士 The Taoists at Maoshan

留青竹刻 The Liuqing Bamboo Carving

古刹钟声 Chimes in the Ancient Temple

孟河医派 Menghe School of Traditional Chinese Medicine

青果巷 The Qingguo Alley

篦箕巷 Comb Alley (Biji Alley)

文亨桥 Wenheng Bridge on the Grand Canal

季札挂剑 Jizha Hangs His Sword

齐梁陵墓石刻 Stone Sculpture at the Imperial Mausoleum of Qi and Liang (479-557) of the Southern Dynasties

参 考 文 献

[1] Yawtsong Lee. *Tales from 5000 Years of Chinese History*[M]. Shanghai：Shanghai Press and Publishing Development Company，2010.

[2] 北京大学哲学系中国哲学教研室．中国哲学史[M]．北京：北京大学出版社，2003. 10.

[3] 北京外国语学院英语系《新编汉英分类词汇手册》编写组．新编汉英分类词汇手册[M]．北京：外语教学与研究出版社，1983. 6.

[4] 本书编写组．导游基础知识[M]．北京：中国旅游出版社，2010. 5.

[5] 曹小鸥，陈彦青．艺舟双楫：丹青与墨韵[M]．南京：江苏人民出版社，2017. 1.

[6] 陈奇峰．格言说核心价值观[M]．广州：广东人民出版社，2014. 11.

[7] 程爱民．中国概况[M]．上海：上海外语教育出版社，2018. 7.

[8] 程裕祯．中国文化要略[M]．北京：外语教学与研究出版社，2017. 5.

[9] 冯雪燕，杨汉瑜．中国传统文化[M]．济南：山东大学出版社，2018. 8.

[10] 冯友兰著；赵复三译．中国哲学简史：英汉对照[M]．北京：外语教学与研究出版社，2015. 5.

[11] 冯玉珠．饮食文化旅游开发与设计[M]．杭州：浙江工商大学出版社，2017.

[12] 国家旅游局人事劳动教育司．模拟导游教程[M]．北京：中国旅游出版社，1997. 11.

[13] 郭齐勇．中国儒学之精神[M]．上海：复旦大学出版社，2009. 1.

[14] 胡恒庆．中国传统文化[M]．北京：中国人民大学出版社，2017. 8.

[15] 黄德宽．书同文字：汉字与中国文化[M]．南京：江苏人民出版社，2017. 1.

[16] 黄伯荣，廖序东．现代汉语[M]．兰州：甘肃人民出版社，1979. 8.

[17] 李国娟．对高校开展中华优秀传统文化教育的思考[J]．教育探索，2014(12)：95-96.

[18] 李建珊，贾向桐．天工开物：科技与方术[M]．南京：江苏人民出版社，2017. 1.

[19] 李宽松，罗香萍．中国传统文化概论[M]．广州：中山大学出版社，2018. 9.

[20] 李翔海．内圣外王：儒家的境界[M]．南京：江苏人民出版社，2017. 1.

[21] 李泽厚．论语今读[M]．北京：生活·读书·新知三联书店，2008. 6.

[22] 廖名春．《周易》经传十五讲[M]．北京：北京大学出版社，2012.

[23] 林汉达，曹余章．上下五千年[M]．上海：上海人民出版社，2002.

[24] 刘小南．现代汉语千题解[M]．哈尔滨：黑龙江教育出版社，1987. 7.

[25] 骆文伟．中国传统文化概论[M]．北京：清华大学出版社，2019. 1.

[26] 穆之秀等．导游人员资格考试 3+1 过关宝典[M]．南京：南京大学出版社，2010. 6.

[27] 上海市中国特色社会主义理论体系研究中心．文化自信：创造引领潮流的时代精神[M]．上海：上海人民出版社，2017.

[28]《社会主义核心价值观党员干部读本》编写组．社会主义核心价值观党员干部读本[M]．南京：南京大学出版社，2015. 3.

[29] 沈小平．秋朝览镜[J]．海外英语，2009(3)：31.

[30] 沈小平．新概念英语 3 同步学案[M]．北京：中国石化出版社，2015. 11.
[31] 司冰琳．金声玉振：黄钟大吕的古乐[M]．南京：江苏人民出版社，2017. 1.
[32] 孙中堂，邓婷．悬壶济世：医学与养生[M]．南京：江苏人民出版社，2017. 1.
[33] 王春林．和而不同：儒释道与中国文化[M]．郑州：中州古籍出版社，2015.
[34] 王国雨．优秀传统文化与大学生人文素养[M]．北京：对外经济贸易大学出版社，2014. 1.
[35] 王红．中华优秀传统文化与中华民族伟大复兴[M]．北京：人民出版社，2018.
[36] 王霁．中国传统文化[M]．北京：清华大学出版社，2014. 11.
[37] 王宁．中国文化概论[M]．长沙：湖南师范大学出版社，2000. 10.
[38] 王易．传统文化与思想政治教育创新[M]．北京：中国人民大学出版社，2018.
[39] 夏征农，陈至立．辞海[M]．上海：上海辞书出版社，2010. 4.
[40] 香港耀中教育机构文化委员会．论语今译时析一百四十则：英汉对照[M]．西安：西安交通大学出版社，2007.
[41] 萧涤非等．唐诗鉴赏辞典[M]．上海：上海辞书出版社，2004. 12.
[42] 解玉峰．花雅争胜：南腔北调的戏曲[M]．南京：江苏人民出版社，2017. 1.
[43] 徐克谦．中国传统思想与文化[M]．桂林：广西师范大学出版社，2007.
[44] 徐兴无．龙凤呈祥：中国文化的特征、结构与精神[M]．南京：江苏人民出版社，2017. 1.
[45] 许渊冲，陆佩弦，吴钧陶编．唐诗三百首新译[M]．北京：中国对外翻译出版公司，2017. 1.
[46] 闫广芬．君子之学：养成圣贤的教育传统[M]．南京：江苏人民出版社，2017. 1.
[47] 杨朝阳．儒家文化常识[M]．南昌：江西人民出版社，2016. 1.
[48] 杨英杰，刘筱筱．风土人情：民俗与故乡[M]．南京：江苏人民出版社，2017. 1.
[49] 姚宝荣，魏周．模拟导游教程[M]．北京：中国旅游出版社，2012. 8.
[50] 姚小平．汉英词典[M]．北京：外语教学与研究出版社，2010. 7.
[51] 叶朗，朱良志．中国文化读本：普及本[M]．北京：外语教学与研究出版社，2016. 5.
[52] 尤金・劳．旅游指南(在中国)[M]．北京：五洲传播出版社，2012. 10.
[53] 张呈富，王士均编，保罗・怀特译．轻松学常用语[M]．北京：新世界出版社，2001. 7.
[54] 张岱年著，(英)赖登(Ryden，E)译．中国古典哲学概念范畴要论[M]．北京：外文出版社，2002. 11.
[55] 张建．中国传统文化[M]．北京：高等教育出版社，2014. 8.
[56] 张竟荣，宋旭民，邱燕．中国传统文化概论[M]．北京：国家行政学院出版社，2019. 2.
[57] 赵益，王楚．抱朴归真：道教的修炼[M]．南京：江苏人民出版社，2017. 1.
[58] 郑铁生(中)，陈法春(英)．中华文化概览：汉英双语[M]．天津：天津教育出版社，2010. 8.
[59] 中共中央党史研究室．中国共产党的九十年[M]．北京：中共党史出版社：党建读物出版社，2016. 6.
[60] 中共中央宣传部《党建》杂志社．力量中国：文化工作者谈文化[M]．北京：人民出版社，2012. 11.
[61] 中华战略文化论坛丛书编委会．社会主义核心价值观与中华战略文化[M]．北京：时事出版社，2010. 7.
[62] 周德丰，李承福．仁义礼智：我们心中的道德法则[M]．南京：江苏人民出版社，2017. 1.
[63] 周桂钿．十五堂中国国学课[M]．北京：北京师范大学出版社，2014. 1.